道路水泥混凝土的细观结构与耐久性

周胜波　谭　华　主　编
熊剑平　荣学文　李庚飞　副主编

人民交通出版社股份有限公司
北　京

内 容 提 要

本书以提高道路水泥混凝土的耐久性为目的,针对长期处于交通荷载以及环境温、湿度作用下的道路水泥混凝土的耐久性病害,以由内而外、由细观结构到宏观性能的研究为基础,通过定量化的分析手段以及灰色相关分析理论和多元相关性分析方法,构建了基于混凝土耐久性细观损伤的关键因子与宏观性能之间的一体化数学模型,并建立了基于损伤因子的混凝土寿命预测模型。

本书可供从事公路、城市道路和机场道面水泥混凝土工程研究、设计的相关人员参考。

图书在版编目(CIP)数据

道路水泥混凝土的细观结构与耐久性/周胜波,谭华主编.—北京:人民交通出版社股份有限公司,2020.8

ISBN 978-7-114-16519-1

Ⅰ.①道… Ⅱ.①周…②谭… Ⅲ.①水泥混凝土路面—结构性能—研究 Ⅳ.①U416.216

中国版本图书馆 CIP 数据核字(2020)第 074983 号

书　　名:道路水泥混凝土的细观结构与耐久性
著 作 者:周胜波　谭　华
责任编辑:张一梅
责任校对:孙国靖　龙　雪
责任印制:刘高彤
出版发行:人民交通出版社股份有限公司
地　　址:(100011)北京市朝阳区安定门外外馆斜街 3 号
网　　址:http://www.ccpcl.com.cn
销售电话:(010)59757973
总 经 销:人民交通出版社股份有限公司发行部
经　　销:各地新华书店
印　　刷:北京虎彩文化传播有限公司
开　　本:787×1092　1/16
印　　张:11.25
字　　数:267 千
版　　次:2020 年 8 月　第 1 版
印　　次:2020 年 8 月　第 1 次印刷
书　　号:ISBN 978-7-114-16519-1
定　　价:35.00 元

前　　言

水泥混凝土作为高等级公路路面的重要建筑材料，具有强度高、能源消耗低、经济效益和社会效益好、使用寿命长等突出特点，因此铺筑水泥混凝土路面符合建设资源节约型和环境友好型公路交通的要求。水泥混凝土路面在我国高速公路、城市道路、机场道面以及乡村和林区道路等建设中得到了广泛应用。但经过多年的实践，水泥混凝土的耐久性能仍不能按照设计预期达到理想效果，远低于20~30年的设计使用寿命。这是由于水泥混凝土的设计制备更多是基于表观性能的方法，对于混凝土内部结构的认识程度还远远不足。水泥混凝土的耐久性严重制约了其在道路工程中的应用。

按预定性能设计道路水泥混凝土一直是道路工作者和混凝土材料研究者的目标，道路水泥混凝土不仅承受交通荷载，而且直接暴露于自然环境中，在运行过程中要经受环境温湿度变化的影响，因此道路水泥混凝土耐久性要在与实际工况（包括温度、湿度和荷载）相匹配的环境下进行研究才更有意义。此外，材料的宏观性能取决于内部结构，尤其是细观尺度水平的结构特征，从细观尺度来看，混凝土是包括粗集料、砂浆以及大量孔隙和裂隙等原生缺陷组成的多相复合材料。作为一种多孔微裂缝介质材料，孔结构特征对其性能有着重要的影响，同时微裂缝的尺寸、分布及连通性也与混凝土的物理力学性能及耐久性有着密不可分的关系，因此必须从水泥混凝土的细观尺度出发对损伤进行量化，并建立与宏观性能之间的相关性，才能更有效地对混凝土的耐久性劣化过程、损伤机理进行深入分析，对工程实践应用的指导性意义更重要。

鉴于当前行业对道路水泥混凝土细观结构与宏观性能之间关系认识评价方法的实际需求，通过分析比较国内外在提高混凝土耐久性能的成果和表征混凝土内部结构的方法，结合我国不同气候区域对混凝土耐久性能劣化的影响特点，对分区指标与耐久性能之间的关系进行了评价。采用数字图像学的交叉学科理论方法，对混凝土细观结构进行了定量化的分析，研究了混凝土在荷载、自然环境和内部结构相互作用过程中的基本变化规律，成功地建立了混凝土内部结构损伤变量与宏观性能之间的关系，为道路水泥混凝土材料组成设计和新材料、新技术、新工艺的研发以及混凝土施工、养生、维修等提供理论基础和技术支撑。通过建立不同指标下道路水泥混凝土的使用寿命预估模型，为道路服务期间的行车安全性评价提供必要的理论依据。

全书由广西交科集团有限公司周胜波、谭华担任主编，广西交科集团有限公司熊剑平、李庚飞、陕西华山路桥集团有限公司荣学文担任副主编。参加本书编写工作的有:周胜波(编写第1章和第6章)、谭华(编写第2章)、熊剑平(编写第3章)、李庚飞(编写第5章),荣学文(编写第4章)。此外,西安建筑科技大学侯新凯教授、长安大学申爱琴教授、广西大学梁军林教授等对本书的编写给予了悉心指导和帮助,在此致谢!

由于编者知识水平有限,编写成书过程中难免存在疏漏和不足,敬请读者不吝指正。

作　者

2020年1月

目 录

第1章　绪　　论

早在19世纪20年代水泥混凝土已开始应用于铺筑道路路面。多年来,水泥混凝土路面作为高等级公路的主要路面结构形式,在各国特别是发达国家得到了快速发展。美国49%左右的高速公路是水泥混凝土路面,比利时的高速道路水泥混凝土路面达到了50%。与沥青路面相比,水泥混凝土路面具有强度高、能源消耗低、经济效益和社会效益好、使用寿命长等突出特点。因此,铺筑水泥混凝土路面符合建设资源节约型和环境友好型公路交通的要求。水泥混凝土路面在我国高速公路、城市道路、机场道面以及乡村和林区道路等建设中得到了广泛应用。自20世纪70年代以来,我国道路水泥混凝土路面里程每年大约以25%的速度迅猛增长。2019年,水泥混凝土路面占我国有铺装路面里程的比例达65%以上,我国已成为世界上道路水泥混凝土路面拥有里程最多的国家,而且“十三五”规划实施期乃至今后更长一段时间,水泥混凝土路面里程仍将快速发展。

但是,由于材料性能、设计方法和施工工艺等原因,国内早期修建的水泥混凝土路面在较短时间内均出现了不同程度的破损或开裂,使用寿命远低于20~30年的设计使用寿命,道路水泥混凝土出现了“耐久性危机”,影响了道路的使用性能,增加了运营成本和环境负担。这与道路水泥混凝土本身的寿命长、养护费用低、环境友好等优点相悖,严重制约了其应用和可持续发展。

1.1　环境工况下水泥混凝土路面疲劳耐久性问题

公路是建设在不同地理区域的空间线形带状结构物,地理、气候、水文以及地质等自然条件的不同,对道路水泥混凝土性能产生不同的影响。其中,温度变化对混凝土耐久性的影响较为突出。在我国西北、华北和东北等地区,道路水泥混凝土耐久性主要受季节性冻融破坏影响。如黑龙江省公路局曾对GZ15绥芬河—满洲里、G202黑河—大连、S209黑河—洛古河等公路的部分路段进行了病害调查,发现由于黑龙江年平均温度低(-6~4℃)、低温周期长(5~6个月),水泥混凝土路面的冻害比较严重,表现为混凝土表面颜色加深、局部区域出现很多微裂缝,并伴随着表面的剥蚀现象发生,如图1-1所示。对沈大、沈本、沈山以及沈四等高速公路的水泥混凝土路面的调查发现,收费广场以及服务区的道路表面破损严重,表面砂浆层剥落、粗集料暴露以及路面板出现裂缝和断板问题。同样现象在其他气候较温和地区的冬季也会出现。如地处华中地区的宜昌平均年温差41.8℃,极端最低温度-9.8℃,混凝土年均冻融18次;鲁北地区,冬季温度常常在0℃以下,最低温度达-20℃以下,混凝土低温冻胀破坏现象较为常见;河北黄壁庄水库溢洪道混凝土发生冻融现象,且破坏程度日趋严重。

相比之下,在我国的华南地区,温度常年处在0℃以上,因此水泥混凝土基本不会受到冻融的影响。但是,道路在使用一段时间后也出现了不同程度的耐久性能降低问题,这应该归结于干湿交替环境对混凝土造成的破坏。混凝土在潮湿环境下吸湿水分产生微弱膨胀,在干燥环境下又失水引起收缩变形,收缩受到约束时,内部就会出现许多微裂缝。当这种干湿循环作用长期影响下,裂缝不断变宽变长,且新裂缝也会不断产生,使混凝土内部形成网状体系,导致混凝土宏观开裂,使混凝土的抗渗性和抗化学侵蚀性能大大降低,各种侵蚀反应加剧,混凝土劣化速度加快。南方炎热潮湿地区的水泥混凝土路面状况可以形容为"雨天跷跷板,晴天蹦蹦跳"。在地下水位变化区、潮汐区和溅浪区,特别是盐分较大的湖泊或海水区,工程混凝土破坏实例屡见不鲜。如 1984 年调查浙江沿海地区的钢筋混凝土路面,有 56% 的混凝土发生胀裂、剥落和钢筋腐蚀现象;建设在我国青海察尔汗盐湖地表的混凝土在干湿循环和盐类侵蚀综合作用下,数月后受侵蚀;上海的打浦路运营不足 20 年就发生了钢筋路面保护层剥落现象;德国易北河上建造的 Stern 桥,由于干湿循环和盐类腐蚀作用,桥梁建成后不足 2 年,桥墩膨胀,桥梁面层开裂破坏,最终拆掉重建;破坏严重。除温度破坏外,干湿循环区域的混凝土破坏也很广泛,甚至有些地区破坏情况较严重,不仅给国家带来经济损失,且严重威胁着人们的生命财产安全,应引起工程界的广泛重视。

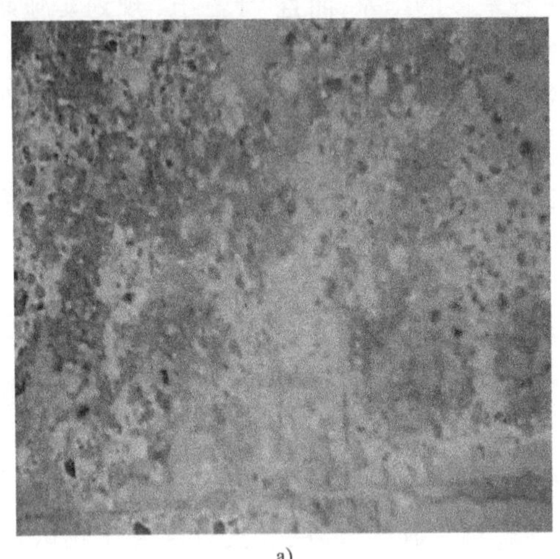

a)

b)

图 1-1 冻害后的水泥混凝土路面颜色变深、表面脱皮

1.2 细观结构特征对混凝土耐久性影响

混凝土材料性能强烈体现了跨层次的特性,通常其研究尺度可分为微观尺度、细观尺度和宏观尺度,其中细观尺度是指亚微米到厘米之间的范围。从细观结构层次来看,混凝土可以看作是由砂浆基体、粗集料和界面过渡区 3 部分组成的非均质复合材料,在其内部夹杂着大量的孔隙、微裂缝等缺陷,而这些缺陷的特征则反映了混凝土损伤的程度。

1.2.1 孔结构对混凝土性能的影响

混凝土是一类复杂的多孔介质材料,内部含有大量不同尺度、不同形状的孔隙,其强度、抗冻性以及抗渗性等性能都与孔结构有着密切的关系，如图1-2所示。

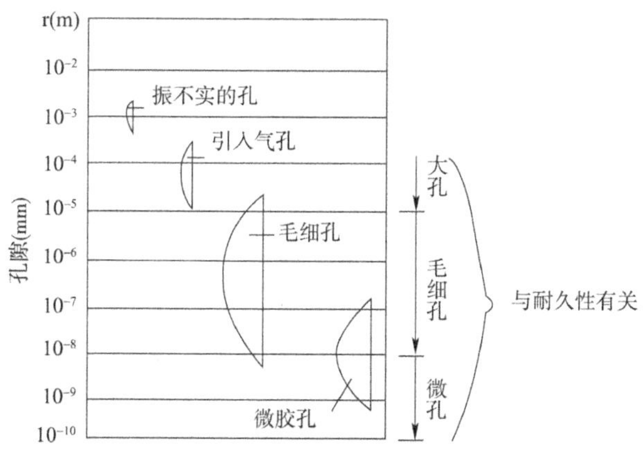

图1-2 混凝土中与耐久性有关的孔隙种类

孔结构与混凝土强度之间的关系模型有很多。法国的Feret首先提出混凝土的抗压强度是混凝土中水泥绝对体积与水泥、水以及空气三相绝对孔隙体积之和之比的二次方[式(1-1)]，水和空气的含量越大，强度越低。T. C. Powers提出反映水泥石强度与孔隙率关系的胶空比指数形式关系式[式(1-2)]，指数的数值为2.5~3.0。T. C. Hansen以T. C. Powers的试验数据及假设基础为依据，建立的混凝土强度与水泥石以及孔隙率的组合模型中混凝土强度与($1-1.22p^{213}$)成正比例关系[式(1-3)]。Wittmann教授根据Griffith断裂理论准则提出的硬化水泥浆体的强度公式，也是以孔隙率为主要参数。此外，Balshin(1949年)、Ryshkewitch(1953年)、Schiller(1971年)和Hasselmann(1985年)等学者也提出了水泥基材料强度与总孔隙率之间关系的半经验公式，分别见式(1-4)~式(1-7)。

$$f_c = k\left(\frac{C}{C+W+V_a}\right)^2 \tag{1-1}$$

式中：k——经验常数；

C、W、V_a——水泥、水、空气质量。

$$f_c = kX^n \tag{1-2}$$

式中：X——胶空比。

$$f_c = f_0(1-1.22V_p^{\frac{2}{3}}) \tag{1-3}$$

式中：V_p——孔隙体积；

f_0——混凝土孔隙率为0时的抗压强度。

$$f_c = f_0(1-p)^A \tag{1-4}$$

式中：p——孔隙率；

f_c——混凝土孔隙率为p时的抗压强度。

$$f_c = f_0\exp(1-cp) \tag{1-5}$$

式中：c——经验常数。

$$f_c = b\ln\frac{f_0}{p} \tag{1-6}$$

式中:b——经验常数。

$$f_c = f_0(1 - ap) \tag{1-7}$$

式中:a——经验常数。

式(1-1)~式(1-7)不足之处是将孔隙率作为影响混凝土强度的唯一因素,而除孔隙率外,孔的其他属性(如孔径、孔分布、孔形及取向等)对混凝土的强度均有影响。P. K. Mehta指出控制混凝土强度的因素并不是内部孔隙率,而是孔径及其分布;I. Older 通过线性回归分析建立了强度与孔径分布之间的关系式;唐路平从建立孔结构物理模型入手,利用 Griffith 断裂力学理论和复合材料理论建立了多孔材料强度与孔径分布关系的数学模型;Rakesh Kumar 引入平均孔径,提出了强度与孔隙率和平均孔径之间的关系式。

抗冻性是道路水泥混凝土重要的耐久性能指标。T. C. Powers 提出气泡间距系数可以作为衡量混凝土抗冻性的参数;赵霄龙指出混凝土经历冻融循环后,总比孔容增大,最可几孔径向大孔方向移动,大孔含量增多,临界孔径和平均孔径呈增长趋势,同时孔级配分布由小孔向大孔方向转移集中,从而造成了混凝土耐久性劣化;张士萍采用引气剂细化混凝土内部的孔隙,使大孔减少、微小孔增多,使得抗冻耐久性得到提高,孔结构参数中除平均孔径、最可几孔径、孔隙率跟抗冻性有关外,孔径分布比例对混凝土抗冻性也有较大的影响,但多数是定性的描述,还需要进一步研究实现定量化描述。

1.2.2 裂缝结构对混凝土性能的影响

除了孔隙的成核发展,混凝土性能劣化的另外一个本质因素是微裂缝的产生、累积并扩展。20 世纪 60 年代,科学家通过 X 射线摄影并借助显微镜观察,首次证实了粗集料和砂浆界面处微裂缝的存在。不同的环境损伤因子对混凝土微裂缝产生和发展的影响程度不同,静态压荷载主要是增加裂缝的长度、宽度和面积分数,疲劳荷载增加了裂缝的数量,冻融循环则减少了裂缝生长的扭曲度,而且微裂缝密度增加的方向通常与荷载方向垂直;同时,不同条件下微裂缝产生对混凝土性能影响不同,静态压荷载造成的裂缝损伤明显降低了混凝土的抗渗性,冲击载荷造成的裂缝对抗渗性只有轻微的影响,而疲劳荷载作用下微裂缝更多的影响混凝土的抗弯强度。

普通环境下放置 10 年的混凝土的传输性能、水的渗透性随着裂缝密度的增加明显增加,而水分的吸水率随着裂缝密度增加不明显;荷载作用后混凝土微裂缝长度与电通量之间,在抗压强度荷载水平低于 75% 时,混凝土中的微裂缝不会影响混凝土的整体渗透性;在单轴受压并卸载的情况下,混凝土内部微裂缝的发展和恢复与荷载水平关系密切,在单轴受压加载荷载水平小于 0.4 时,比裂缝面积发展较小,且卸载后比裂缝面积几乎全部恢复,当应力比超过一定水平时,比裂缝面积会迅速增大;比裂缝面积的变化趋势与氯离子扩展系数一致;微裂缝宽度小于 50μm 时对渗透性影响很小,微裂缝宽度增大到 50~200μm 时,混凝土渗透性大大增加,而裂缝宽度大于 200μm 后混凝土的渗透性加速增大。

微裂缝对混凝土的破坏过程影响解释为微裂缝首先在粗集料与砂浆基体的界面上成核,在较高荷载水平下微裂缝开始分叉并向砂浆区域扩展,并连接孔隙后形成新的更大裂缝。在粗集料阻裂的作用下，裂缝沿着曲折路径发展，最后不同类型裂缝相互交叉贯通引起混凝土破坏。在这个过程中，裂缝密度、宽度和长度等的变化直接影响了混凝土的强度、抗冻以及抗渗性能。

1.2.3 界面区对混凝土性能的影响

混凝土性能除受到孔缺陷和裂缝缺陷的影响处，还受到粗集料与水泥砂浆基体之间界面过渡区结构的影响。界面过渡区具有两个明显的特征：水化产物特别是钙矾石(AFt)和氢氧化钙(CH)晶体在该区域富集生长，而且该区域具有一定的宽度，大约为30μm或者更大；相对于水泥基体，该区域结构多孔疏松、强度低，是水分子和离子迁移的主要通道，常被认为是混凝土性能的薄弱环节。

采用背散射电子显微镜研究粗集料间平均空间因子以及相邻界面区重叠程度，结果显示抗压强度、相对动弹性模量以及氯离子渗透性都将受到界面区宽度以及相邻界面区重叠程度的影响。不同界面处理工艺下改变混凝土中集料-水泥石黏结强度，在四点弯曲下集料-水泥石界面对混凝土强度和韧性有一定的影响，强化集料-水泥石界面可以改善混凝土抗压强度、降低韧性，弱化细集料-水泥石界面，可以使初始缺陷均匀地分布在砂浆基体中细集料表面，将宏观分离裂缝诱导为弥散裂缝，裂缝均布蔓延释放大量的破坏能，同时有效裂缝长度增加，延迟了裂缝的失稳扩展，从而提高了混凝土韧性；基体和粗集料结合力对混凝土强度和脆性的影响，提高界面的黏结强度可以改善混凝土的抗拉强度，但对抗压强度影响不大。

冻融环境下高性能混凝土界面区的存在增强了冻融循环期间孔隙溶液的运动，从而引发和加速了混凝土的冻融损伤，界面区宽度小以及Ca/Si原子比例小的混凝土将具有较好的抗冻耐久性能；冻融循环条件下，冻融循环期间混凝土界面过渡区由于孔隙率以及强度低，其变形程度要比粗集料和基体都大，并且界面区变形程度与裂缝之间有较好的相关性。

界面过渡区同样对砂浆氯离子渗透性具有明显的影响。水泥浆体中存在的粗集料界面区会明显地改变内部结构，提高氯离子的迁移速度。界面区氯离子渗透系数将比水泥砂浆基体中氯离子渗透系数大6～12倍。界面过渡区存在微裂缝，随着粗集料尺寸的增加，界面区开裂现象将变得更加严重，而渗透性随着裂缝开度的三次方变化，界面区对混凝土的渗透性影响非常明显。

界面过渡区对于混凝土耐久性能有重要影响。目前界面过渡区结构对性能的影响研究多数停留在唯象学阶段，关于混凝土界面区结构特征与宏观性能之间的定量关系仍存在许多需要解决的问题，针对混凝土性能劣化过程中界面区结构随性能的动态变化过程更是鲜有研究。

1.3 道路水泥混凝土耐久性提升及宏、细观一体化研究

水泥混凝土是道路工程建设大量使用的建筑材料，其内部结构中含有固态、液态和气态等多种相态，存在孔隙、空隙、裂缝和界面过渡区等结构缺陷和薄弱区，是影响其使用寿命的

重要因素。由水泥、碎石、砂和水制备的混凝土称为普通混凝土。在工程耐久性和品质要求越来越高的背景下,普通混凝土已不能满足工况复杂的道路使用寿命和耐久性能的技术和使用要求。因此,在道路水泥混凝土耐久性提升措施中,引入矿物掺合料等组分。随着资源保护、公路建设品质提升的迫切要求,耐久性高性能道路水泥混凝土应用技术已成为推动水泥混凝土路面建设技术进步的主要措施。

道路水泥混凝土直接暴露于行车荷载和大气环境中,其性能的劣化和使用环境中荷载、温度和湿度状况等多因素有着密切的关系,因此在道路水泥混凝土的耐久性提升和设计制备过程中,除考虑预期的交通荷载作用等级外,还要考虑与所处自然环境的适应性。

此外,材料的性能是由其结构决定的,建立材料结构与性能之间的关系一直都是材料科学研究的中心内容。为提升道路水泥混凝土的设计和施工水平,提供道路水泥混凝土宏、细观一体化研究成果已是行业迫切需求。当前,国内外学者大都从细观和微观结构层次出发来开展混凝土的力学性能和耐久性能研究,混凝土内部结构与宏观性能之间的关系研究成果还很少,而这正是混凝土材料断裂力学亟待解决的问题。要使混凝土科学技术脱离经验束缚,就要从材料的结构本质出发,将材料宏观性能失效过程与结构内部缺陷发生、发展的机理建立联系,从而在材料结构与性能之间架起桥梁。

第2章 影响道路水泥混凝土耐久性的温度和湿度工况

道路为车辆提供良好的行驶条件,不仅要求其具有安全、舒适运行功能,而且要求其具有足够的强度和刚度,足以抵抗行车荷载所产生的各种应力与应变,这是道路水泥混凝土性能设计的主要控制指标。同时,道路水泥混凝土还需要具有足够的气候稳定性,在温度和湿度等自然因素综合影响下应能保持足够的耐久性能。

2.1 道路水泥混凝土耐久性指标与气候分区

温度的高低不同在道路结构内部相应产生了不同的温度梯度,包括正温度梯度和负温度梯度,而湿度不同则会使混凝土表面蒸发速率存在明显差异,因此,物理场水平会明显影响混凝土性能劣化速度。我国地域纬度跨越大、距海洋距离差异大以及地势高低不同,全国气候类型变化多样、地域性差异明显,根据气温和降水的不同,可将我国气候划分为温带大陆性气候、温带季风气候、高原山地气候、亚热带季风气候以及热带季风气候5个气候区,不同气候分区以及相应地气候特点见表2-1,由此可见,除荷载受地域影响不大外,温度、湿度都存在明显地域化特点。

我国不同气候区域的气候特点 表2-1

气候类型	气候特点	分布规律	代表地区
温带大陆性气候	冬季严寒,夏季炎热,干旱少雨,年温差大	北纬40°~65°之间内陆与大陆东岸	乌鲁木齐、兰州、银川、呼和浩特
温带季风气候	夏季温热多雨、冬季寒冷干燥、季风显著	北纬35°~55°的亚欧大陆东岸	秦岭—淮河以北,东北和华北地区
高原山地气候	地形高、气温冷	中纬度和低纬度高原地区	青藏高原、云贵高原、内蒙古高原和黄土高原
亚热带季风气候	夏季高温多雨,冬季温和湿润	北纬25°~35°亚热带大陆东岸	东部秦岭淮河以南、热带季风气候以北地带
热带季风气候	全年高温,干季温暖干燥少雨,雨季高温多雨	北纬10°~25°之间的大陆东岸	台湾南部、广东南部、广西南部、海南岛、云南西双版纳

因此,为掌握道路混凝土在不同使用环境条件下的耐久性能劣化规律,需结合道路混凝土实际工作条件,针对荷载对混凝土造成的破坏程度以及不同气候区域环境造成混凝土性能降低的破坏类型,来选择对混凝土性能有显著影响的各因素作用水平。在此基础上建立的试验方案以及开展的试验研究将更符合道路混凝土工作条件,相应地成果才会

具有实际意义和应用价值。

2.2 温度作用下道路混凝土的性能

早在20世纪60年代,环境温度对道路性能的影响就已引起人们重视,美国、欧洲、苏联以及日本等国家相继开展了不同道路结构温度状况的研究,我国在20世纪80、90年代也开始了气温变化下道路结构的温度场研究,例如谈至明、姚祖康(1994年)根据我国各地太阳辐射情况分析了道路在最高温度的应力分布和日最大温度应力的年变化规律。

环境温度对硬化后混凝土的作用主要是温度应力破坏,当温度应力超过混凝土的极限抗弯拉强度时,就会使混凝土产生温度裂缝。由温度产生的温度应力主要来源于两方面:一方面,由于混凝土是热惰性材料,温度在混凝土内部不同位置分布不均匀,沿道路深度方向产生梯度分布;另一方面,由于环境温度的变化引起混凝土结构内部涨缩变形。道路水泥混凝土内部的温度应力大小除与道路结构有关外,主要受混凝土所在区域的环境气候状况影响,根据不同的气候区域,可以将温度对道路混凝土性能的影响分为低温环境(严寒区)、高温环境(无冻区)和温差环境(寒冷区和微冻区)。

(1)低温的影响

低温冻害是引起严寒地区混凝土破坏的重要因素,在长期低温作用下,混凝土内部孔隙中的水分逐渐结冰产生体积膨胀,根据拉普拉斯方程(2-1)和克劳修斯—克拉贝龙方程(2-2),混凝土内部的毛细孔半径越小,水的凹液面曲率半径越大,毛细孔内水的冰点越低。因此,当温度降低到冰点以下时,混凝土内部不同尺寸孔隙内的水分会逐渐开始结冰。T. C Powers指出,当温度降低到 -7.5℃时,水泥石孔隙中的水溶液开始冻结,通常液态水转变成固态冰体积会增大8.3%,同时结冰是放热过程,在局部区域会因热涨落而使体积进一步膨胀。水结冰膨胀的同时会使孔内未结冰的水向临近孔隙迁移,从而产生静水压力;根据Litvan理论,凝胶孔中的水在 -78℃仍然没有结冰,而是以过冷水状态存在,这样低能态结冰水与高能态过冷水之间处于热力学不平衡状态,自由能差会使过冷水像毛细孔中的冰界面移动产生渗透压力,引起内部水泥石膨胀。

$$P = \frac{2\delta}{r} \tag{2-1}$$

$$\frac{T - T_0}{P - P_0} = \frac{T(V_{水} - V_{冰})}{\Delta H_{融化}} \tag{2-2}$$

式中:P——毛细孔压力(MPa);

r——毛细孔半径(nm);

δ——水表面张力(mN/m);

T——绝对温度(K);

$\Delta H_{融化}$——冰融化焓变(kJ/mol)。

此外,由于环境温度的降低会使得混凝土体积收缩,长时间低温下因体积膨胀和体积收缩的综合作用加速了混凝土的损伤,导致混凝土强度降低、表面剥落,水化3d、7d、14d和28d的C40混凝土在 -40 ~20℃范围的低温条件下放置12h后,混凝土的抗压和抗拉性能与温度之间的关系可以用二次多项式来描述；低温 -60～-20℃下 C50 混凝土的抗压强度呈随温度的降低混凝土抗压强度呈线性增加，而疲劳抗拉强度则按照指数关系增加。由此可见，低温环境对混凝土性能会产生重要的影响，长时间低温下混凝土的性能损伤更应该加以重视。

（2）高温的影响

温带、热带以及亚热带的气候区域，夏季环境温度普遍较高，此时混凝土内部温度也较高，通常混凝土道路内部温度最高可比环境温度高 20℃以上，因此沿着道路结构深度方向产生的温度梯度会引起足够大的温度内应力。同时温度的升高也将引起混凝土内部结构状态发生改变，由于水泥石和粗集料膨胀系数不同，温度增加会在水泥砂浆基体和集料的界面处产生更多地微裂缝，长时间的作用造成混凝土性能的劣化。

目前针对夏季炎热气候条件对混凝土性能影响的研究成果还很少，更多的是模拟火灾发生时的情况。混凝土在 20～800℃温度范围的力学性能试验结果表明，抗压强度、弹性模型随着温度的升高而降低，而峰值应变随着温度的升高逐渐增加。当温度低于 300℃时，混凝土的抗压强度降低不明显；高于 300℃以后，抗压强度明显降低；600℃时，降低幅度达到57%。虽然混凝土在温度低于 100℃快速升温过程中，其力学性能降低不太明显，但是长期温度的疲劳作用是否也符合相同的规律还不确定，而且高温与湿度和荷载同时作用时，耦合效应肯定会加剧混凝土的损伤，因此有必要针对夏季高温天气选择适当的温度条件来开展混凝土耐久性能的研究。

（3）温差的影响

温差对道路混凝土性能的影响可以分为温度日较差和冻融循环。道路表面温度与气温日较差的关系、温度梯度与道路表面最大温差值的关系以及因温度梯度在混凝土板边缘中部产生的最大温度翘曲应力可见式（2-3）～式（2-5）：

$$T_{\mathrm{S}}^{m}=\frac{\Delta T}{2}+T_{\mathrm{C}} \tag{2-3}$$

$$T_{\mathrm{G}}=\frac{T_{\mathrm{S}}^{m}(1-M)}{h} \tag{2-4}$$

$$\sigma_{\mathrm{tm}}=\frac{\alpha_{\mathrm{c}}E_{\mathrm{c}}hT_{\mathrm{G}}}{2}B_{x} \tag{2-5}$$

式中：T_{S}^{m}——道路表面最大温度差值（℃）；

ΔT——气温日较差（℃）；

T_{C}——路表面受太阳辐射而产生的附加温度最大值（℃）；

T_{G}——温度梯度（℃/m）；

M——与道路厚度及混凝土导温系数有关的系数；

α_{c}——混凝土线膨胀系数（1/℃）；

E_{c}——混凝土弹性模量（MPa）；

h——混凝土面板厚度（m）；

B_{x}——与相对刚度半径及板分块有关的温度应力系数；

σ_{tm}——最大温度翘曲应力（MPa）。

冻融对混凝土耐久性的影响已被大家熟知，混凝土的冻融破坏是由于混凝土内部存在的游离水在低温下受冻结冰体积膨胀，同时温度升高又会融化引起体积收缩，反复冻融作用下造成的内应力超过混凝土弯拉强度时就会导致混凝土的破坏。冻融循环作用下的混凝土抗冻性是寒冷地区道路混凝土耐久性能的主要评价指标，因此在进行混凝土耐久性研究时，冻融循环是必不可少的试验条件。

(4)温度环境试验水平的确定

道路工程具有明显的地域特征，而我国地域辽阔、南北跨度大，气候受纬度、地形、海陆分布等因素的强烈影响，覆盖了热带、亚热带和温带等多种气候区，因此我国气候类型复杂、大陆性季风气候显著。根据温度对混凝土性能的影响，同时结合不同气候区域的气候特点，确定了混凝土耐久性温度环境类别及温度试验水平，如表2-2所示。

温度环境的分类 表2-2

温度环境	气候类型	温度水平	耐久性劣化因素
低温环境	温带大陆性气候、高原山地气候	低温取-22~10℃	低温冻害
高温环境	热带季风气候、亚热带季风气候	高温取40℃；高温温差变化取32~40℃	高温损伤
冻融环境	温带季风性气候、亚热带季风气候	严重冻融取-18~5℃；一般冻融取-8~2℃	冻融破坏

考虑到温差变化对混凝土耐久性性能的影响更大，以及冬季温差大、夏季温差小的特点，制定了混凝土耐久性环境试验水平。

①低温环境：严寒气候区域的最冷月平均温度低于-21℃，温差取12℃，确定低温温差范围为-22~10℃；

②高温环境：针对热带、亚热带气候特点，该区域最高温度大于40℃，最热月平均温度大于等于30℃；夏季高温温差取为8℃，即高温温差范围为32~40℃；

③冻融环境：温带季风性气候区域以及亚热带季风气候区域经常出现正负温度交替情况，因此对这两个气候区域的温度水平为：温带季风气候区域取-18~5℃以及亚热带季风气候区域取-8~2℃。

2.3 湿度作用下道路混凝土的性能

混凝土是水硬性材料，在水化早期，充分的湿度是保证混凝土成熟度发展的必要条件，采取必要的湿度养护方式可较好地避免收缩裂缝的产生。而对于服役期的混凝土完全暴露在环境之中，环境湿度的变化则直接会导致混凝土内部含水率的变化，从而对混凝土的收缩、抗渗、抗冻等耐久性能产生重要的影响。目前规范对于混凝土受湿度变化的影响评价方法主要是干缩率，其试验条件为控制温度在20℃(上下浮动1℃)，相对湿度则为60%(上下浮动5%)，而实际大气环境中的湿度变化却在20%~100%，规范中对不同湿度条件下混凝土的性能评价还存在一定的局限性。

1)相对湿度变化对混凝土性能的影响

(1)混凝土收缩和徐变与相对湿度的关系

当环境中的空气处于不饱和状态时，混凝土内部的水分会因蒸发干燥造成水分损失，这个过程伴随混凝土体积收缩变形和微裂缝的产生，导致混凝土的耐久性降低。湿度变化对混凝土徐变的影响要比恒定湿度条件下大，环境相对湿度为50%时混凝土的徐变大约是相对湿度100%时的2～3倍；混凝土在干燥条件下的最终徐变值是100%湿度时的3～4倍；当环境相对湿度在70%～98%范围时，混凝土干缩率随相对湿度增加而降低，且幅度较大；当相对湿度在20%～70%之间时，干缩值随相对湿度增加而降低，且幅度较小。

(2)抗冻性能与相对湿度的关系

不同湿度下混凝土动弹性模量不同，在相对湿度为30%和50%下放置180d的混凝土，其相对动弹性模量分别降低了34%和28%，环境越干燥，混凝土相对动弹性模量会越低；普通混凝土在干湿循环135次后的相对动弹性模量已降低至60%；干燥环境会明显地降低混凝土的冻融寿命，其中在30%相对湿度放置下的混凝土冻融寿命只有20次。

(3)混凝土其他耐久性与相对湿度的关系

干燥环境会使混凝土的渗透性增大；相对湿度为25%的环境条件下养护28d的混凝土，其氯离子扩散速度大大加快；此外，相对湿度对混凝土碳化也有着重要的影响，通常在相对湿度为50%左右时碳化在中等湿度条件下速率较快，而相对湿度低于25%时，CO_2在微量水分中不易形成碳酸，因此抑制了碳化，而相对湿度大于90%时，由于太多的水阻塞了CO_2的扩散通道，同时碳化生成的$CaCO_3$也会堵塞孔隙，因此不利于碳化的进一步进行。

2)道路水泥混凝土湿度环境划分

我国公路自然区划中采用潮湿系数K来评价不同湿度对公路工程建设中路基强度和稳定性造成的影响，而对不同相对湿度下道路混凝土性能变化研究较少，使得道路性能湿度影响下的评价缺乏依据。环境的相对湿度分布主要随纬度高低以及距离海洋的远近而有所不同，根据相对湿度的大小，我国不同地区的湿度气候类型可分为干燥区、干湿交替区和潮湿区。

公路工程是建设在自然环境的带状构造物，道路使用寿命与其所处的环境气候区域具有重要的相关性。高慧根据中国气象局气象信息中心提供的1998—2007年湿度数据，在中国大气光学特性区域划分的基础上，对我国东北和华北、华东和华中、西北、华南和西南5个区域的平均湿度分布以及湿度随季节的变化进行了统计分析，结果如图2-1和图2-2所示。

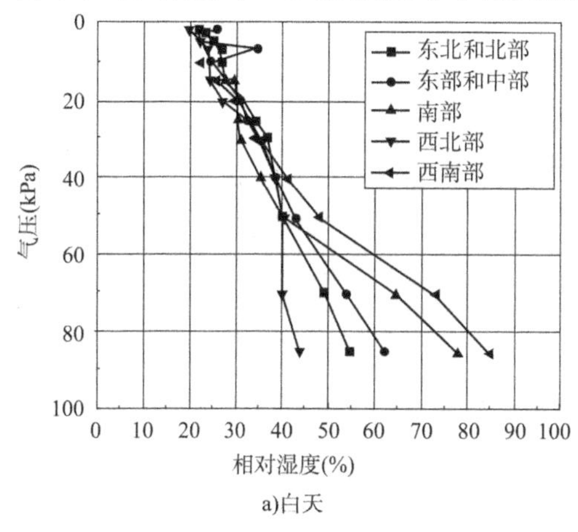

a)白天

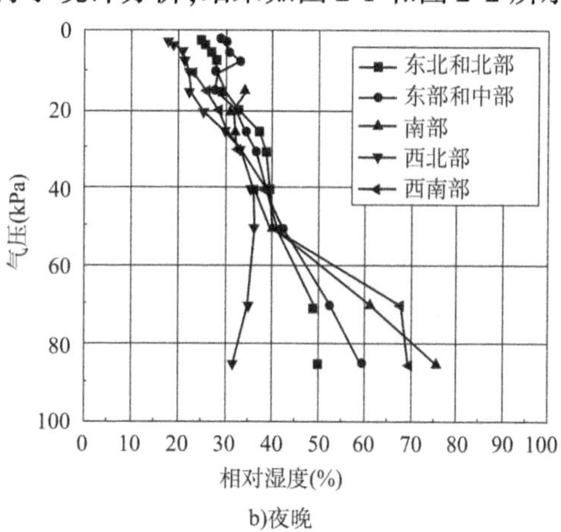

b)夜晚

图2-1 5个区域平均相对湿度随高度的分布

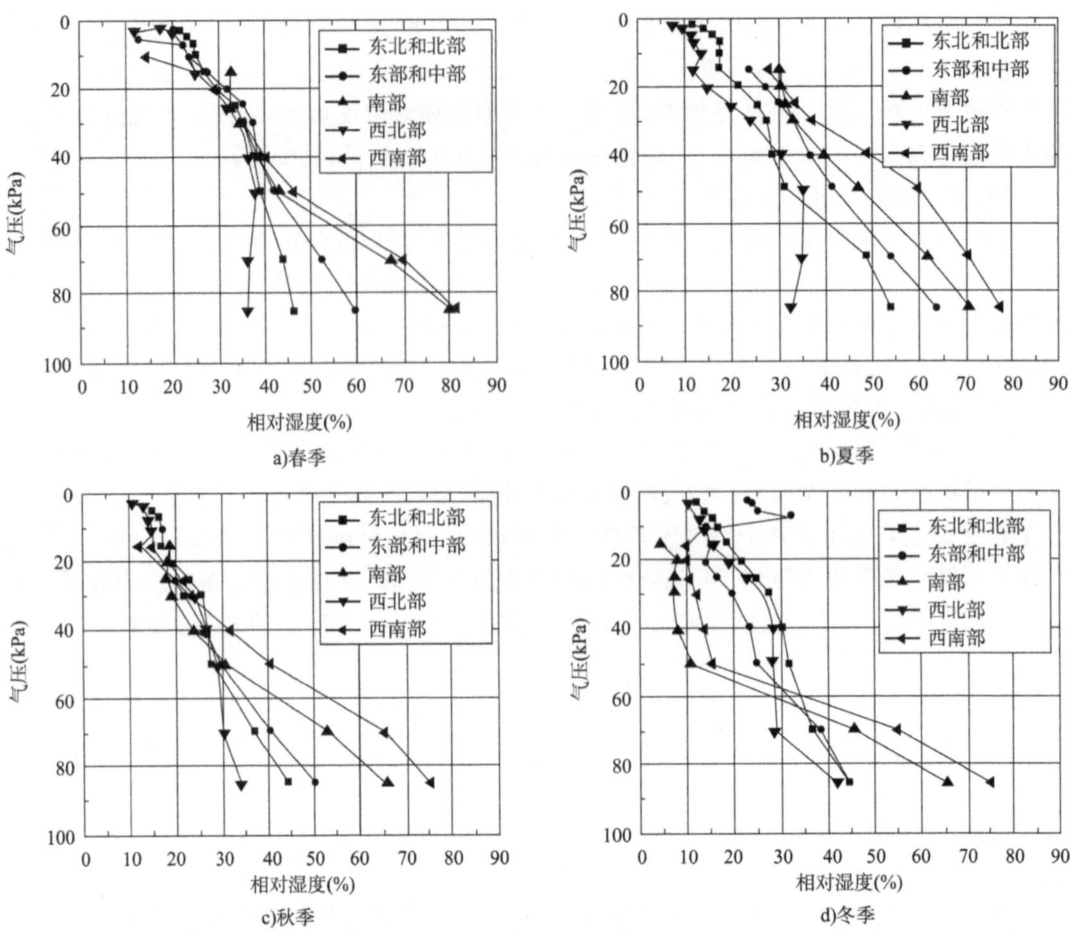

图 2-2 不同季节 5 个区域相对湿度随高度的变化

通过对比分析，在气压高于 45kPa 时，全国地区湿度分布在 20% ~80% 范围之间，并且湿度随着纬度的增加而增加，最大相对湿度可达 75% ~80%；不同地区比较来说，西南和华南地区相对湿度最大值为 80% 左右，西北、东北和华北地区相对湿度年平均值低于 50%，从沿海到内陆过渡的地区年平均相对湿度为 50% ~75%。

3) 混凝土耐久性湿度环境分类

根据气候湿度随地域不同的变化类型将混凝土耐久性湿度环境分为干燥环境、干湿交替环境和潮湿环境 3 类，如表 2-3所示。其中，干燥环境的年平均相对湿度低于 50%，最低日平均相对湿度低于 25%，收缩开裂危险性比较大；干湿交替环境区域的年平均相对湿度分布在 50% ~75% 范围之间，最低的日平均相对湿度大于 25%，收缩开裂危险性中等水平，碳化速度和氯离子扩散速度较快，加剧了碳化腐蚀和钢筋锈蚀；潮湿环境区域的年平均相对湿度大于 75%，最低的日平均相对湿度大于 50%，收缩开裂危险性小，宜造成混凝土结晶腐蚀。因此，根据我国不同区域的大气湿度特点以及湿度对混凝土耐久性的影响情况，确定的湿度环境试验水平，如表 2-4 所示。

湿度环境分类　　表2-3

湿度分布	干燥环境	干湿交替区	潮湿环境
相对湿度(%)	<50	40~80	>75

混凝土耐久性湿度环境水平　　表2-4

湿度环境	气候类型	湿度水平(%)	耐久性劣化因素
干燥环境	温带大陆性气候西北地区;高原山地气候西部地区	20~40	收缩开裂
干湿交替环境	带大陆性气候东北部地区;温带季风气候西部区;亚热带季风气候西北地区	40~80	收缩、碳化、钢筋锈蚀
潮湿环境	亚热带季风气候中东部地区;热带季风性气候区	60~80	结晶腐蚀

不同相对湿度对道路水泥混凝土收缩、抗冻以及抗渗性能会产生不同程度的影响,因此道路水泥混凝土的性能评价应在不同的相对湿度环境下进行。针对目前公路自然区划中三级区划仅仅关注了湿度对路基强度和稳定性影响问题,水泥混凝土路面材料影响也应该根据气候环境趋于的不同进行相应的区分。基于我国的东北、华北、华东和华中、西北、华南和西南等区域平均湿度的分布以及在气候区域图中所处的相对纬度不同,在不同地域相对湿度范围进行选择。同时结合湿度对混凝土性能的影响,并对其道路水泥混凝土耐久性湿度气候环境应分为干燥环境、干湿交替环境以及潮湿环境,并对其进行区分对待,为公路工程建设中道路水泥混凝土材料性能的评价试验环境设计提供借鉴和指导。

第3章　道路水泥混凝土耐久性劣化的微细观结构损伤表征

材料性能由其结构决定，未来混凝土工程结构服役环境更加复杂，对其质量要求越来越高，混凝土工程设计也将更加依赖于不同结构尺度之间的相互联系。混凝土内部结构与宏观性能间的关系是混凝土材料断裂力学亟待解决的问题，混凝土科学技术需脱离经验束缚，从材料结构本质出发，将材料宏观性能失效过程与结构内部缺陷发生、发展的机理建立联系，从而在材料结构与性能之间架起桥梁。混凝土材料结构尺度如图3-1所示，从细观结构层次考虑，混凝土可以看成是由砂浆基体、粗集料和界面过渡区3部分组成的非均质复合材料，如图3-2所示，而在其内部夹杂着的大量微小孔隙、微裂缝等缺陷则覆盖了微观尺度和细观尺度范围，它们的特征反映了混凝土损伤的程度。

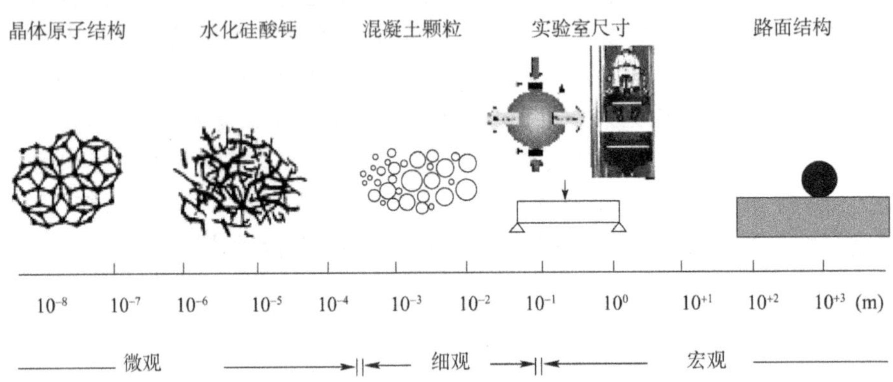

图3-1　道路水泥混凝土微观、细观、宏观层次结构示意图

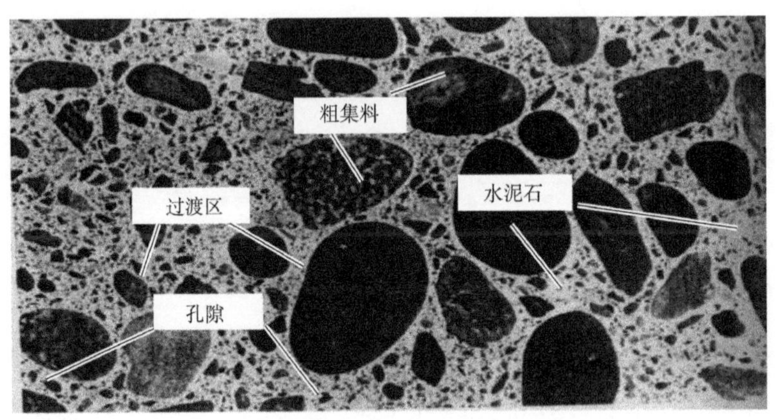

图3-2　混凝土细观结构相组成示意图

3.1 混凝土细观结构图像处理技术研究

混凝土内部结构多尺度表征需借助图像处理手段对其进行定量化，扫描电镜(SEM)和工业电子计算机断层扫描(CT)测试方法是主要的表征手段，两种方法采集到的直接结果是数字化图像，需通过试验找到适用于混凝土的图像分割技术，进一步借助图像处理软件对图像中的结构特征进行提取和定量化。

数字图像是将空间上连续的模拟图像经过数学离散化处理变成计算机能够辨识的点阵图像，通常获得的混凝土数字图像是二维灰度图像，可以用二维数组 $f(x,y)$ 表示，(x,y) 表示图像在平面中的像素位置坐标，f 代表该位置处像素的值，反映了图像对应点的信息。数字图像处理技术是针对数字化图像信息，借助计算机进行加工的行为，通过对数字图像进行增强、分割等加工处理，将人眼无法识别的图像进行分类处理，达到提高图像视感质量、提取和测量图像中目标特征信息，实现图像识别分析目的。数字图像处理技术(Digital Image Processing)一般流程如图 3-3 所示。

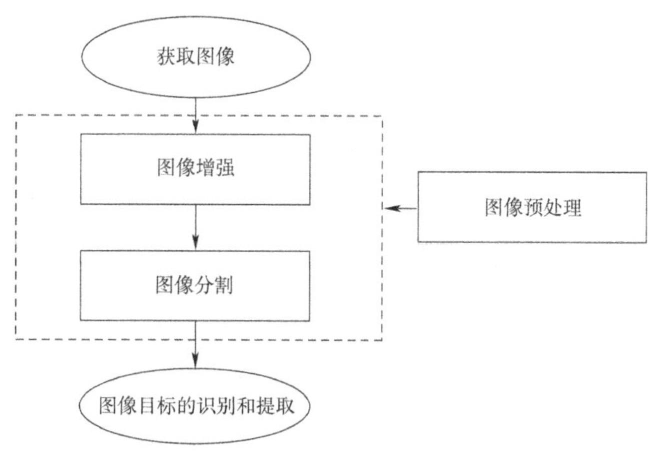

图 3-3 数字图像处理流程图

3.2 混凝土数字图像预处理算法研究

3.2.1 图像增强算法

设备采集到的图像由于噪声、光照等原因，会出现目标物的边缘过于模糊、目标对比度低等现象，图 3-4 和图 3-5 是用 SEM 和 CT 获得的混凝土横截面图像，由于孔、裂缝与集料之间的边界不明显，需要经过图像增强来强调或锐化图像中的“有用”信息，扩大不同目标物体之间的差别，从而为图像的分割和识别奠定基础。图像增强方法可分为传统的图像处理方法以及基于不同理论进行改进的图像增强方法。然而，针对不同的研究对象需要用什么样的方法来增强并没有统一的标准，图像增强方法本身也具有试验性和多样性的特点。

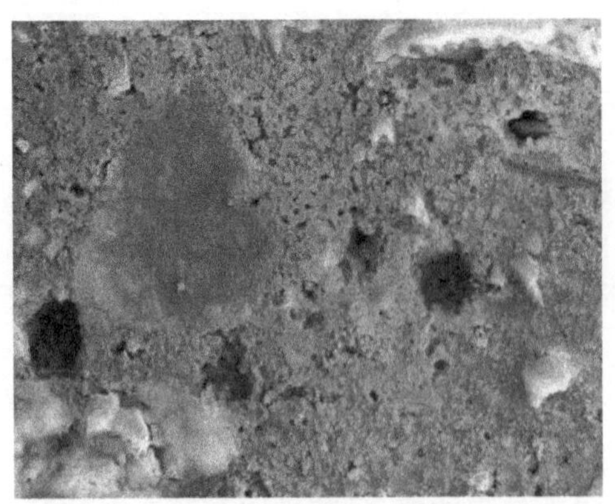

图 3-4　原始 SEM 图像

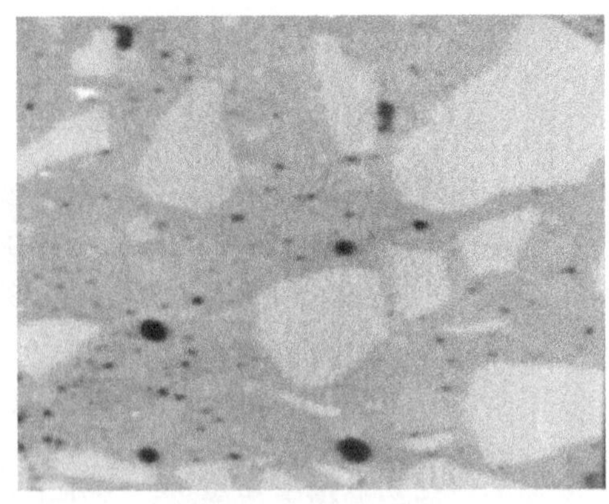

图 3-5　原始 CT 图像

1）传统图像增强方法

传统图像增强方法包括空间域和频率域两种方式，频率域方法可直接和空间域中模板处理方法对应，例如频率域里低通滤波对应空间域里的平滑滤波，频率域中的高通滤波对应空间域里的锐化滤波。因此，这里只引入空间域方法进行图像增强处理。空间域增强直接对图像的像素进行处理，对点及其邻域实施数学算法操作，可借助灰度变换、直方图修正以及图像空域滤波等方法。

（1）灰度变换

灰度变换是指直接对空间某点像素进行灰度处理，基于灰度变换将图像整个灰度级范围或者某一段灰度级范围进行扩展或压缩，从而显示图像细节或提高图像清晰度。该方法关键是寻找一个变换函数对原图像灰度进行重新分配，从而达到增强反差的效果。假设原图像灰度值是 $f(x,y)$，处理后的图像灰度值是 $g(x,y)$，T 是变换函数，灰度变换关系如式（3-1）所示，采用线性灰度变换、分段线性变换和非线性变换函数 3 种方式进行，如图 3-6 所示。

$$g(x,y) = T[f(x,y)] \tag{3-1}$$

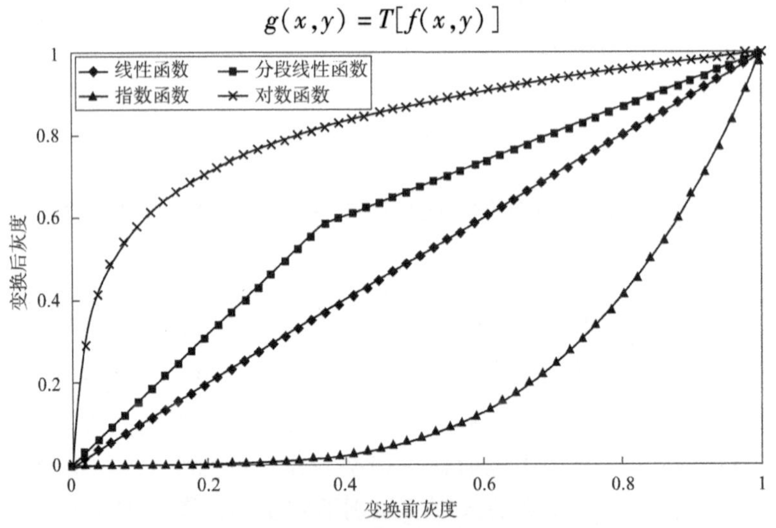

图 3-6　不同变换函数下的灰度变换

①线性灰度变换。线性灰度变换采用线性单值函数，原图像灰度范围是 $[a,b]$，根据曝光情况用表达式（3-2）和式（3-3）进行灰度变换，经变换后灰度范围是 $[c,d]$。

$$g(x,y)=\frac{d-c}{b-a}[f(x,y)-a]+c \qquad (a>c,b<d,\text{图像曝光不充分}) \tag{3-2}$$

$$g(x,y)=\begin{cases} c & f(x,y)<a \\ \dfrac{d-c}{b-a}[f(x,y)-a]+c & a\leqslant f(x,y)\leqslant b \\ d & f(x,y)>b \end{cases} \qquad (\text{图像灰度在}[a,b]\text{之间}) \tag{3-3}$$

图3-7是混凝土的CT扫描图像和线性变换图像，其灰度分布范围集中在[57,205]之间，为将图像得到最大增强，变换后灰度范围选择为[0,255]，借助MATLAB编程增强处理后的图像如图3-7所示，变换前后的图像灰度直方图如图3-8所示，可以看到经过线性增强处理后的情况，混凝土内部目标相(孔隙)和背景相(集料、砂浆)对比度得到增强，更容易进行辨识。

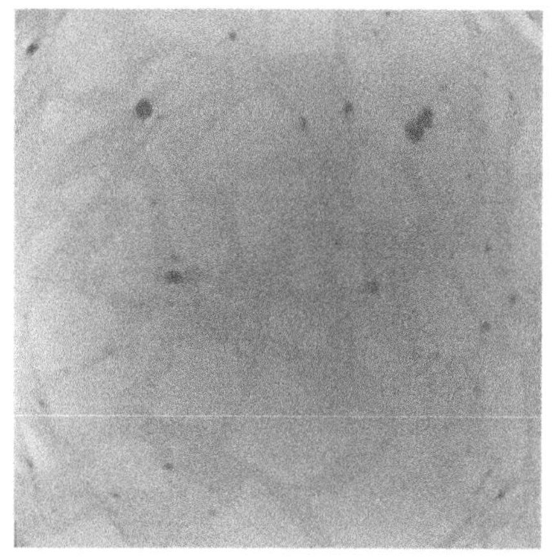

a)原CT图像　　b)线性变换增强后CT图像

图3-7 线性变换增强前后对比

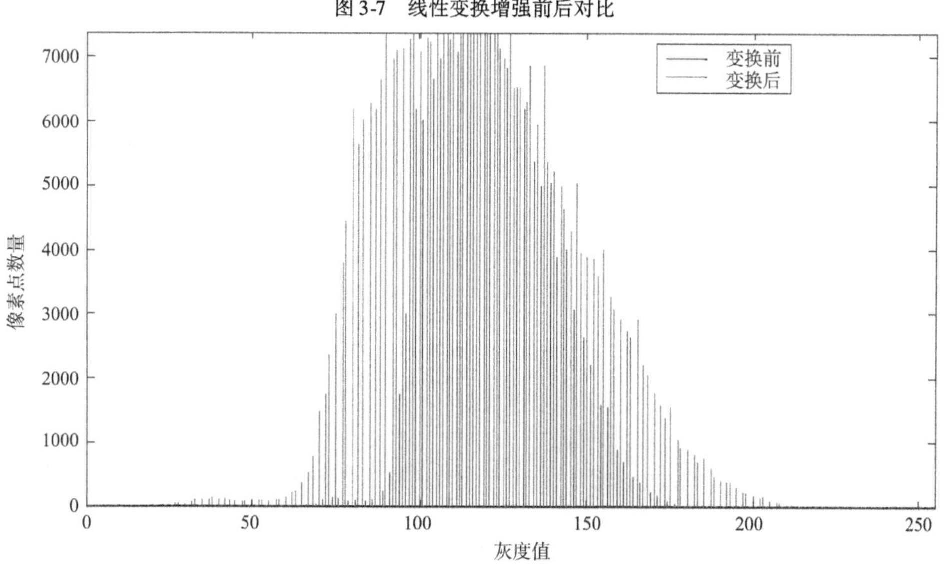

图3-8 线性灰度变换前后CT图像灰度分布对比

②分段线性变换。根据图像灰度范围，选择两个或两个以上线性函数进行分段线性变换，对图像灰度进行部分压缩和部分扩展，从而使图像中感兴趣目标得到增强，同时抑制不感兴趣的区域，原图像灰度范围是$[a,b]$，将原灰度范围分成三段$[a,c]$、$[c,d]$和$[d,b]$，进行分段线

性处理后相应的灰度范围为[a',c']、[c',d']和[d',b'],则其基本原理可以用下式(3-4)描述。

$$g(x,y)=\begin{cases}\dfrac{c'-a'}{c-a}[f(x,y)-a]+a' & a\leqslant f(x,y)<c\\ \dfrac{d'-c'}{d-c}[f(x,y)-c]+c' & c\leqslant f(x,y)\leqslant d\\ \dfrac{b'-d'}{b-d}[f(x,y)-d]+d' & d<f(x,y)\leqslant b\end{cases} \tag{3-4}$$

该方法的变换函数可以根据需要进行合成,但分段点的选择是一个难题,手动方法调整需要反复试验,自适应阈值方法来确定分段点,其具有快速高效特点,通过自适应阈值的最小误差法构造评价函数 $Y(t)$,如式(3-5)所示,当评价函数取得最小值时对应的阈值就是最佳阈值 T。

$$Y(t)=1+2[p_0(t)\ln\sigma_0(t)+p_1(t)\ln\sigma_1(t)]-2[p_0(t)\ln p_0(t)+p_1(t)\ln p_1(t)] \tag{3-5}$$

式中:$p_0(t)$——$\sum\limits_{i=0}^{i}h(i)$;

$p_1(t)$——$\sum\limits_{i=i+1}^{i-1}h(i)$;

$\sigma_0^2(t)$——$\dfrac{\sum\limits_{i=0}^{i}[i-\mu_0(t)]^2\cdot h(i)}{p_0(t)}$;

$\sigma_1^2(t)$——$\dfrac{\sum\limits_{i=i+1}^{i-1}[i-\mu_1(t)]^2\cdot h(i)}{p_1(t)}$;

$\mu_0(t)$——$\dfrac{\sum\limits_{i=0}^{i}h(i)\cdot i}{p_0(t)}$;

$\mu_1(t)$——$\dfrac{\sum\limits_{i=i+1}^{i-1}h(i)\cdot i}{p_1(t)}$;

T——$\arg\min Y(t)$。

对原始 CT 图像采用自适应方法确定分段阈值点进行增强处理,经过分段变换后的图像灰度取值区间是(0,30)、[30,225]和(225,255)。对原始 CT 图经过分段线性变换增强处理后得到效果图 3-9,可以看出,孔隙和周围背景的对比度得到了增强,能够突出孔隙的边缘界限。

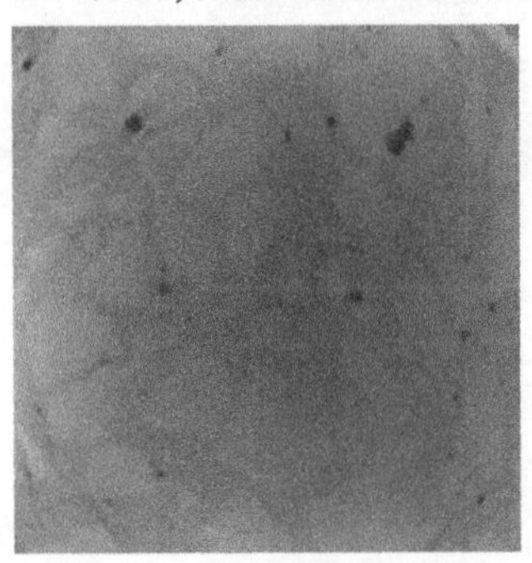

a)原始图像

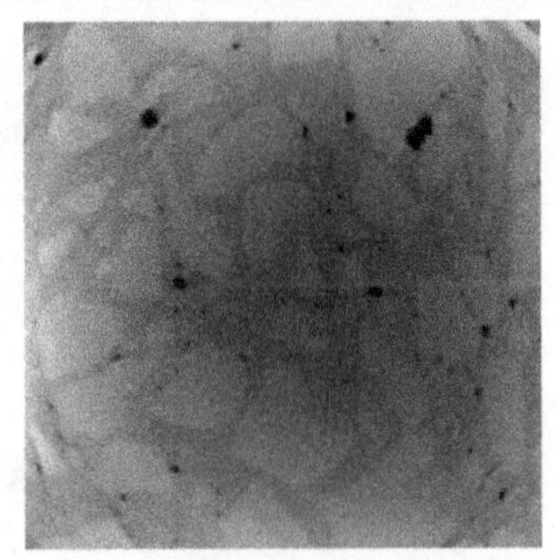

b)分段线性变换后图像

图 3-9

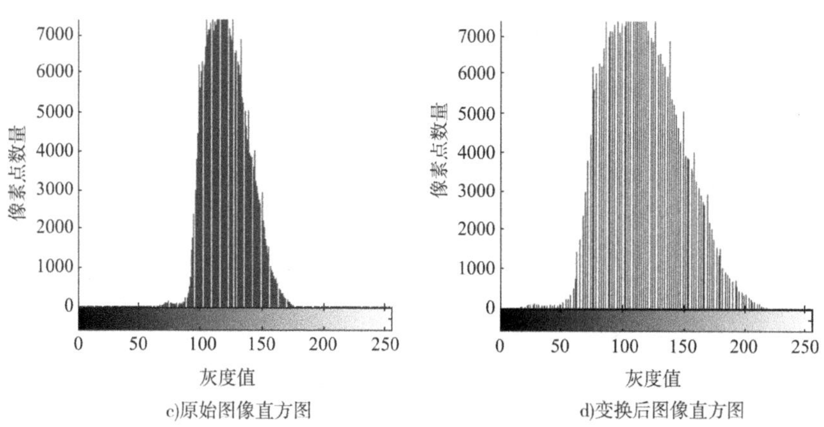

c)原始图像直方图　　d)变换后图像直方图

图3-9　分段线性变换增强前后对比

③非线性变换。非线性变换是由非线性单值函数所确定的灰度变换，常用的非线性变换函数有指数函数、对数函数等。基本原理可由式(3-6)和式(3-7)所描述。

$$g(x,y)=a+\frac{\ln[f(x,y)+1]}{b\ln c}\qquad(对数变换)\tag{3-6}$$

$$g(x,y)=b^{c[f(x,y)-a]}-1\qquad(指数变换)\tag{3-7}$$

原始CT图经过非线性变换增强后效果如图3-10所示，对数变化使得低灰度区扩展、高灰度区压缩；而指数函数则是使高灰度区扩展、低灰度区压缩，图像经过非线性变换后虽然对比度得到了改善，但在局部也出现了模糊的迹象，对数变换在突出目标的同时使得背景区变亮，而指数函数在突出目标的同时使得背景区变暗。

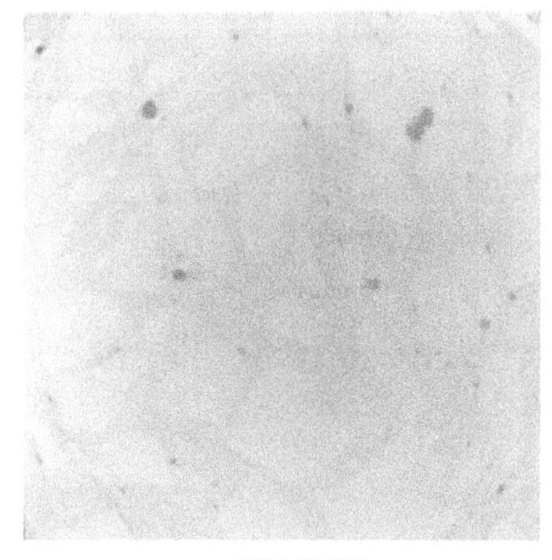

a)对数变换增强

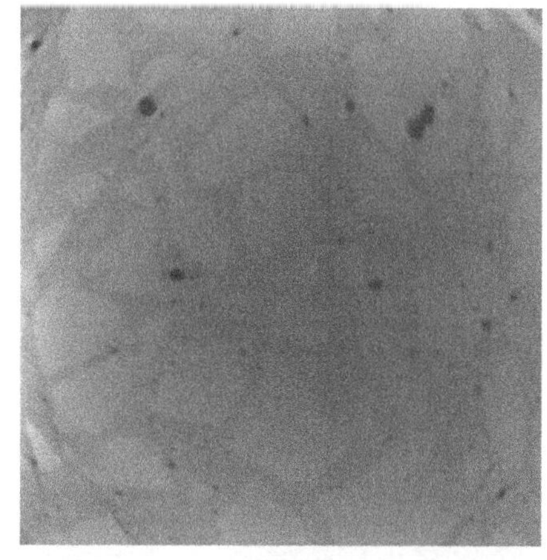

b)指数变换增强

图3-10　图像的非线性变化增强效果

(2)直方图修正

通过增加直方图分布范围进行图像增强，包括直方图均衡化和直方图规定化两类。直方图均衡化是把一已知灰度概率分布的图像，经过变换使之演变成一副具有均匀灰度概率分布的新图像，直方图规定化是通过图像变换使直方图按照指定的形态进行分布，该方法理论上虽然能够有选择增强图像中特定信息，但在实际应用中选择最佳的直方图是很困难的。图3-11是利用直方图均衡化增强处理后的效果，由此可以看出，直方图均衡化使得图像不同灰度级的分布概率得到了平均，但是在背景区域明显地变得混乱。

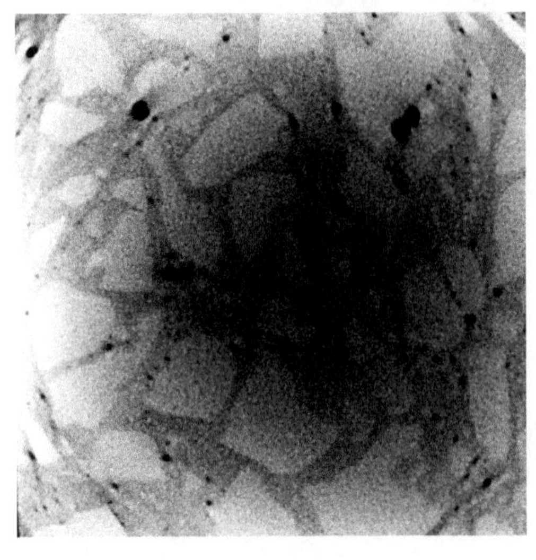

a)直方图均衡化增强图像

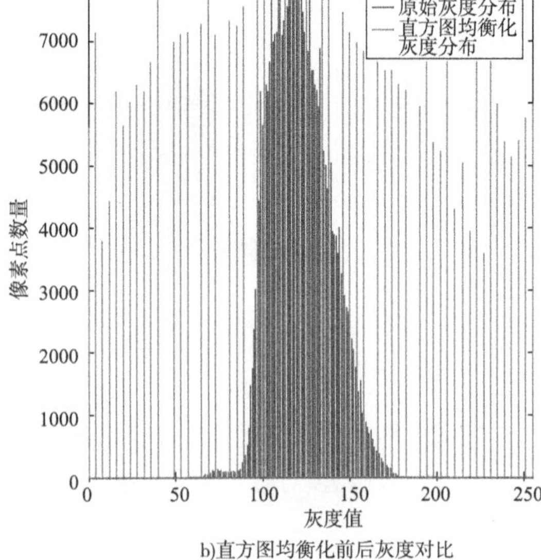

b)直方图均衡化前后灰度对比

图 3-11　直方图修正后的图像增强效果

(3)图像空间域滤波

图像空间域滤波是基于模板对像元邻域进行处理的增强方法，增强后图像灰度值不仅与原图像灰度值有关，而且与其邻域内像元灰度值有关，采用平滑滤波和锐化滤波两种空间域滤波进行图像处理。

①平滑滤波。平滑滤波对图像低频区域进行增强的同时会削弱高频分量，可用于消除图像噪声，常用方法有邻域平均滤波法和中值滤波法。邻域平均滤波法用模板窗口中心像元邻域像素灰度的平均代替该像素原来灰度值，中值滤波法对模板窗口内的像素灰度由小到大排列，并将中间的灰度值赋给中心位置的像素，根据作用域的大小可以选择不同大小的模板窗口。图 3-12 是 3 ×3、5 ×5、7 ×7 窗口的平滑滤波试验效果，可见邻域平均后的图像变得模糊，并且窗口越大模糊作用越强，这是由于邻域平均滤波在减小噪声的同时带来的副作用，即图像变得模糊；采用中值滤波后的效果如图 3-13 所示，中值滤波由于不是简单的对邻域取平均值，因此模糊程度比较低，因此在对图像进行抗噪处理时应该优选中值滤波，以起到更好地保持细节的效果。

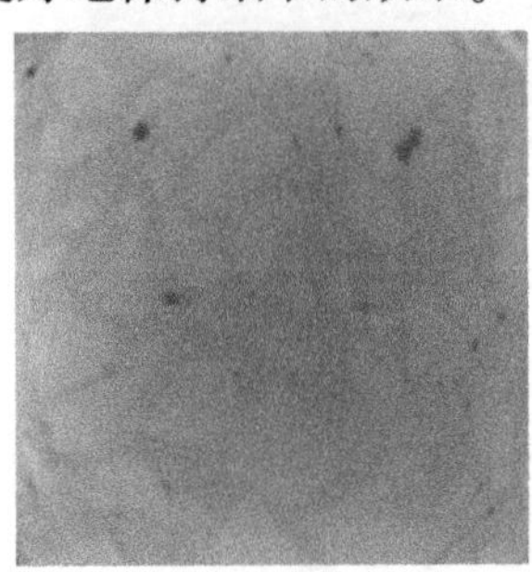

a)3×3窗口

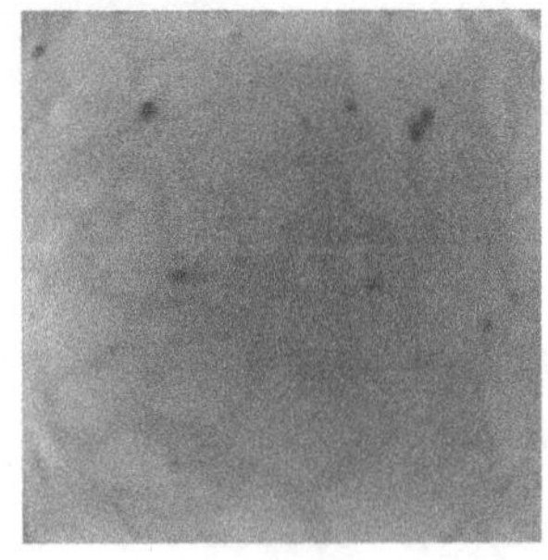

b)5×5窗口

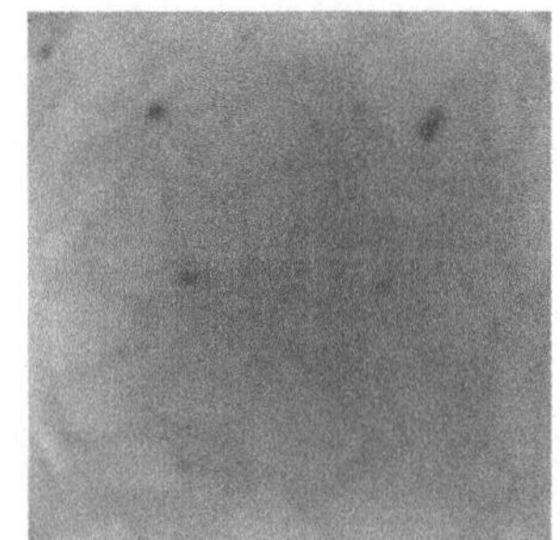

c)7×7窗口

图 3-12　邻域平滑滤波增强效果

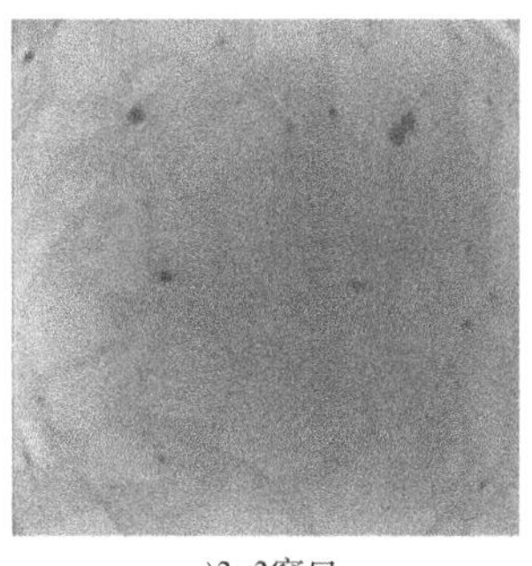
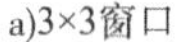
a)3×3窗口

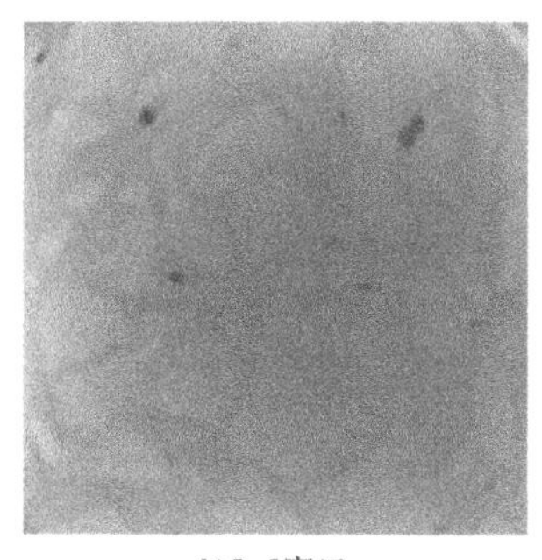
b)5×5窗口

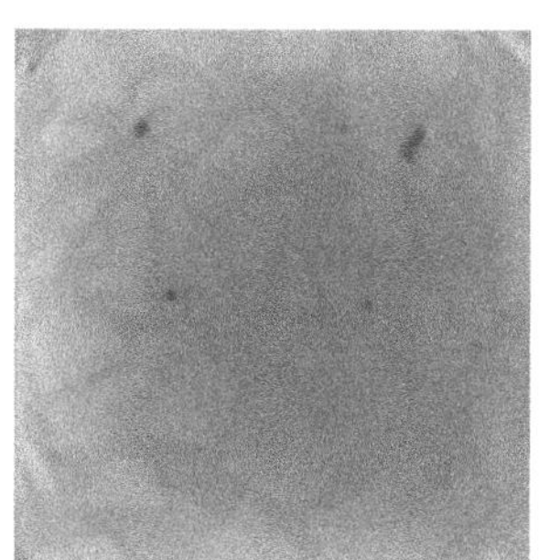
c)7×7窗口

图 3-13 中值平滑滤波增强效果

②锐化滤波。锐化滤波是减弱或消除傅立叶空间的低频分量,但不影响高频分量。锐化效果主要是突出图像中细节,分为线性锐化滤波(Laplacian 算子法)和非线性锐化滤波(Sobel 算子和梯度算子)。处理效果图如图 3-14 所示,可以看出,图像质量都有明显的下降,虽然图像模糊部分得到了锐化,但是经锐化滤波后图像出现了严重的失真现象。

a)Sobel算子

b)Laplacian算子

c)梯度算子

图 3-14 锐化滤波处理的图像对比

2)多尺度小波变换图像增强

通过实践,传统方法在增强对比度的同时,会在某种程度使噪声得到放大。多尺度小波变换把图像分解为低频信息和高频信息两部分,通过伸缩和平移运算对图像逐步进行多尺度细化,由于该方法在空域和频域都有良好的局部化分析特性,因此可以聚焦到分析对象的任意细节,同时不同尺度小波系数的相关性可以有效区分目标和噪声,因此它在增强高频细节的同时有效抑制了噪声,在图像去噪和增强方面具有较大优势。

利用小波分析的多尺度特性,选择分解层数,基于小波变换函数将图像分解为大小、位置和方向都不同的多个尺度的分量,通过有针对性地改变小波变换域中某些系数的大小,从而有选择地放大所感兴趣的分量,同时减小不需要的分量。

图 3-15 是图像的二维离散小波变换,将数据阵列的行和列分别看成一维信号,分别对行和列进行多级小波变换,得到塔式数据结构。其中 a)图是原始 CT 图,d)图是多级分解的平滑分量,b)图是 d)图左上角的平滑分量,c)图是变换去噪重建后的结果。

目前大量被提出的小波函数有 Haar 小波、Daubechies(简称 db)小波、Coiflets(简称 coif)

小波以及双正交滤波器组(简称 bior)等,图 3-16 是采用相应小波变换进行增强处理后的效果。

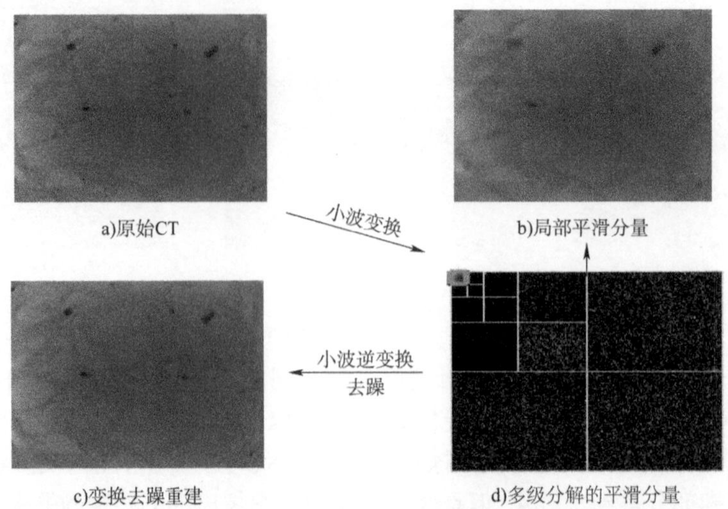

图 3-15　二维离散小波变换

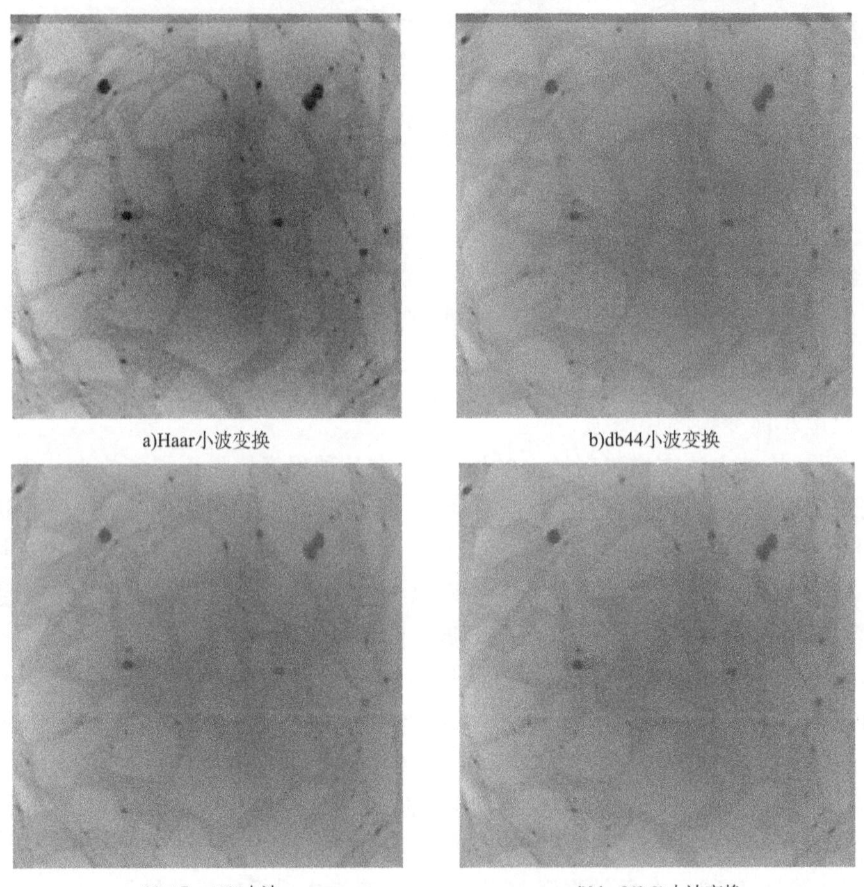

图 3-16　不同小波变换的对比

3.2.2　图像分割算法

图像分割是将图像分成不同的子区域检测出感兴趣的目标或区域，多数图像分割算法都是基于灰度值的不连续性和相似性来进行的，然而根据不同设备采集到的图像因为对比度问题，很难应用已有的算法直接进行分割，并且还没有一种分割算法能适用于所有的研究对象。用于图像分割比较普遍的方法有边缘检测法、阈值法等。此外，数学形态学作为一种新的图像处理方法和理论，是一门建立在严格数学理论基础上的学科，其基本思想和方法对图像处理的理论和技术产生了重大影响，并且已经应用在多门学科的数字图像分析和处理的过程中。本书将选择这两种方法对道路混凝土样品进行分割研究。

1）边缘检测法

边缘反映了图像灰度的不连续性质，存在于物体与背景之间或者不同物体之间，因此这一性质成为图像分割所依据的主要特征之一。对于灰度的局部变化可以用数学微分方法来检测，包括一阶导数和二阶导数，基于微分理论基础的边缘检测算子有 Roberts 算子、Prewitt 算子、Sobel 算子、Canny 算子和 LOG 算子等。采用上述方法分割效果如图 3-17 所示，这些算子是梯度算子或微分算子，因此它们通常会在边缘区域产生较宽的响应，得到的边缘精度不高、需进行细化处理，同时微分运算也会使得图像噪声得到加强，存在抗噪问题。

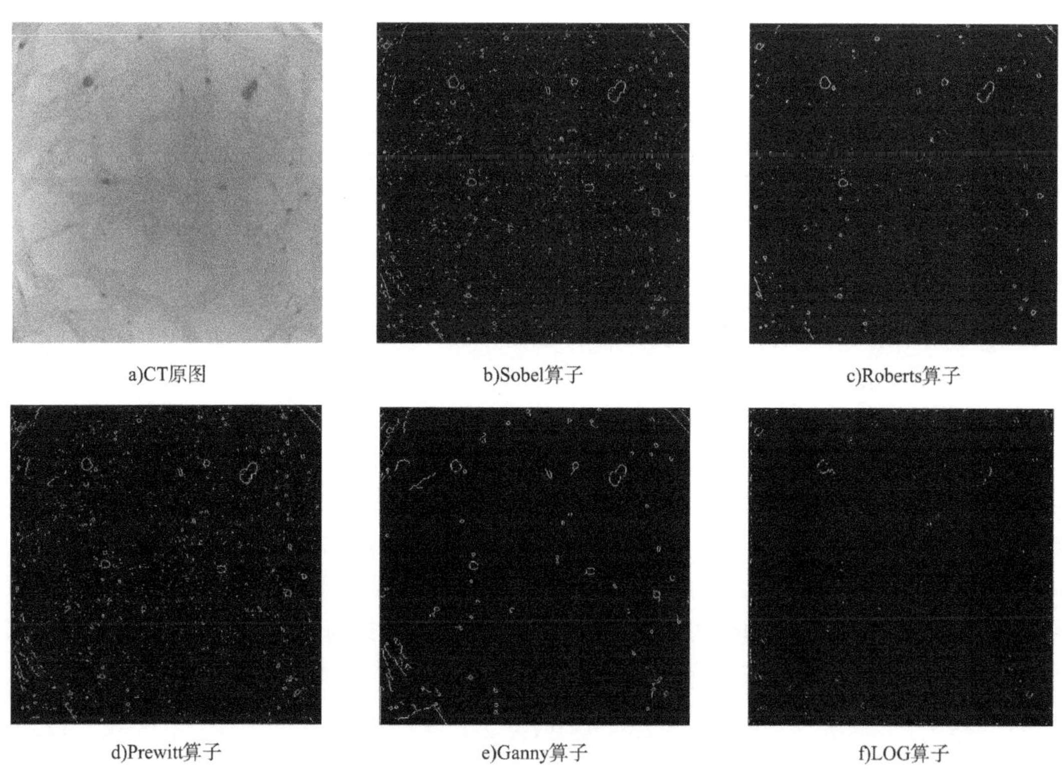

a)CT原图　b)Sobel算子　c)Roberts算子

d)Prewitt算子　e)Ganny算子　f)LOG算子

图 3-17　不同算子的边缘分割

2）阈值法

阈值法根据图像的相似性进行分割，用一个或者几个阈值将图像分割成具有相似性质的几部分,可以分为全局阈值法和局部阈值法,全局阈值法是利用图像全局信息对整幅图像实现最优分割,局部阈值法则是首先将整幅图像分成几个子图像,对子图像应用全局阈值法进行分割,阈值法因其简单高效、直接对图像灰度信息进行阈值化处理、性能稳定而成为图像分割中应用最广泛的分割技术。阈值法分割图像的效果取决于阈值的选择,常见阈值选择方法有双峰法、迭代法和大津法等。

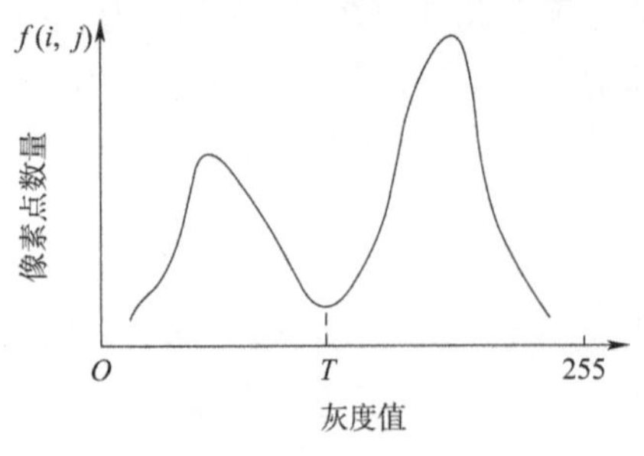

图 3-18 双峰值灰度直方图

(1)双峰法

双峰法适用于图像的灰度分布呈双峰状,其中双峰对应于图像目标和背景,而波谷对应于边缘,此时的分割阈值是波谷处的灰度值,其原理可以用式(3-8)描述,图像的直方图如图 3-18 所示,该方法虽然简单,但当背景和目标的灰度值太接近时,容易导致背景和目标的错误分割。

$$f(i,j)=\begin{cases}0 & f(i,j)<T\\255 & f(i,j)\geqslant T\end{cases}\tag{3-8}$$

(2)迭代法

迭代法对于目标和背景之间灰度分布互不重叠的图像可以实现很好的分割,能区分出图像的背景和目标的主要区域,但对图像细微区的区分度还比较欠缺,基本原理是先确定一个初始阈值,然后基于迭代的方式不断更新阈值直至逼近最优的分割阈值,其具体实现步骤如下:

①获取原图像最小灰度值$f_{\min}$和最大灰度值$f_{\max}$,求得初始阈值 $T_1=(f_{\min}+f_{\max})/2$;

②用阈值 T_1 对图像进行分割,并求出分割后两部分各自的平均灰度f_0 和f_1;

③重新计算阈值 $T_2=(f_0+f_1)/2$,并用该值更新阈值 T_1;

④重复步骤 b 和 c,直至 $T_k+1=T_k$。

(3)大津法

大津法也称最大类间方差法(Ostu 法),是日本人大津于 1979 年提出的,它以目标和背景的类间方差最大为阈值选取准则,方差值越大则目标和背景差别越大,当部分目标错分为背景或部分背景错分为目标都会导致方差变小,因此使类间方差最大意味着错分概率最小,该算法在多数图像分割中可以得到很好的效果,是常用且比较稳定的一种阈值分割方法。大津法是假定图像可以用 L 阶灰度表示,n_i表示灰阶为 i 的像素数,N 表示全体像素数,在灰阶为 i 水平像素发生的概率为 $p_i=n_i/N$,用阈值 T 将图像分成两类 C_0和 C_1,其中 C_0由$[1-T]$阶像素组成,而 C_1由$[T+1-L]$阶像素组成,用$\mu_0(T)$和$\mu_1(T)$表示像素平均值,$p_0(T)$和$p_1(T)$表示像素累计概率,$\delta_0{}^2(T)$和$\delta_1{}^2(T)$表示 C_0和 C_1区间的像素方差,μ 和$\delta_w{}^2(T)$分别表示图像整体像素的平均值和类间方差,阈值 T^* 通过最大化类间方差确定,相应的计算公式见式(3-9)~式(3-12)。

$$P_0(T)=\sum_{i}^{T}p_i,p_1(T)=\sum_{T+1}^{L}P_i=1-p_0(T)\tag{3-9}$$

$$\mu_0(T)=\sum_{i=1}^{T}i\frac{p_i}{p_0(T)},\mu_1(T)=\sum_{i=T+1}^{L}i\frac{p_i}{p_1(T)}\tag{3-10}$$

$$\delta_0^2(T)=\sum_{i=1}^{T}[i-\mu_0(T)]^2\frac{P_i}{P_0(T)},\delta_1^2(T)=\sum_{i=T+1}^{L}[i-\mu_1(T)]^2\frac{P_i}{p_1(T)}\tag{3-11}$$

$$\mu = \sum_{i=1}^{L} i p_i, \delta_w^2(T) = P_0(T)\delta_0^2(T) + P_1(T)\delta_1^2(T), T^* = \underset{1<T\leqslant L}{\arg}\max\{\delta_b{}^2(T)\} \tag{3-12}$$

依据上述3种方法实施CT图像的分割效果如图3-19所示,可见,双峰法通过手动选取阈值得到的分割误差比较大,而迭代法经过迭代后得到的阈值为0,没有区分开背景和目标,大津法变现的相对效果要好,但出现了过分割现象。以上结果主要是由不同的阈值取值方法决定的,若要实现理想的分割,需针对原始图像的灰度分布进行调整即进行图像增强处理,并结合不同算法的特点实现目标和背景的有效分离。

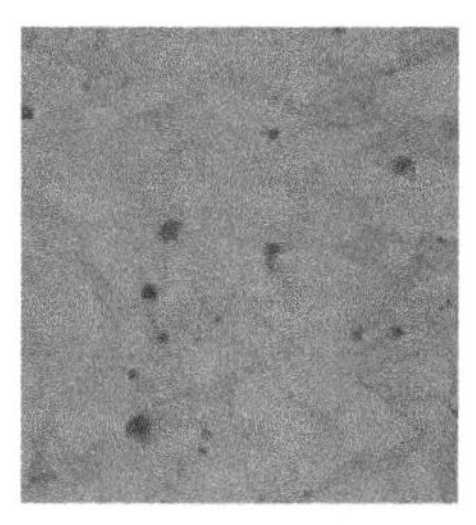

a)原始CT图像

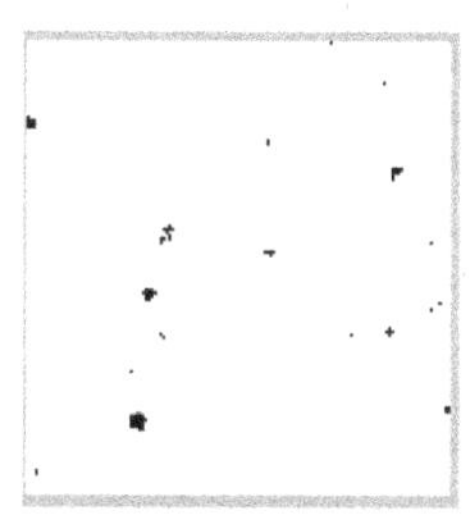
b)双峰法(阀值84)

c)迭代法(阀值0)

d)大津法(阀值124)

图3-19　不同分割方法的对比

3.2.3　图像分割方法的匹配研究

直接应用已有的图像分割方法来分割CT混凝土图像的效果不理想,相对来说,大津法效果适用性更优,但需要进行改进,大津法对于目标和背景的灰度差异不明显的图像,或者图像存在一些噪声的情况,不能得到预期的分割结果;而边缘检测法同样存在着抗噪的问题。因此选择平滑滤波对图像进行抗噪处理,然后基于大津法和边缘检测法特点,采用调整灰度分布范围或者对已有的方法进行匹配组合,以优化图像的分割效果。

1)基于分段函数的大津法图像分割

(1)基于分段函数的大津法阈值分割思想

灰度变换是改变图像灰度动态范围最基础的方法,特别适用于低对比度图像的处理,通过对灰度变换增强图像方法的研究,选择分段线性函数是比较适用的。其基本思想是先用大津法确定初始阈值,根据阈值进行图像灰度分段,基于分段函数进行图像灰度变换增强,增强后的图像用大津法进行分割并判断效果,在此基础上,在小范围内手动调整阈值确定下一个分段区间,然后重复进行大津法分割,直至得到满意的分割效果为止。图3-20是经灰度拉伸处理前后混凝土的灰度直方图对比,可见灰度变换在扩展灰度动态范围的同时,会改变目标和背景的相对比例,提高对比度。

(2)基于分段函数的大津法阈值分割步骤

基于上述原理,利用MATLAB编程实现混凝土图像目标分割的具体步骤如下:①用imread函数读入CT混凝土图像并用imcrop函数将图像裁剪成512×512像素大小,以避免边缘效应;②用大津法确定初始阈值;③用imadjust函数选择图像灰度区间进行线性拉伸;④用大津法对图像进行分割;⑤手动微调阈值,重复③和④,直到达到理想分割水平。具体流程如图3-21所示。经过上述方法分割处理前后的C30和C40混凝土图像如图3-22所示,图像中的孔以及孔边缘界限都能很好地被区分,表明基于分段函数的大津法对CT

7000
6000
5000
4000
3000
2000
1000
0
像素点数量
0
50
100
150
200
250
灰度值
— 变换前
-- 变换后

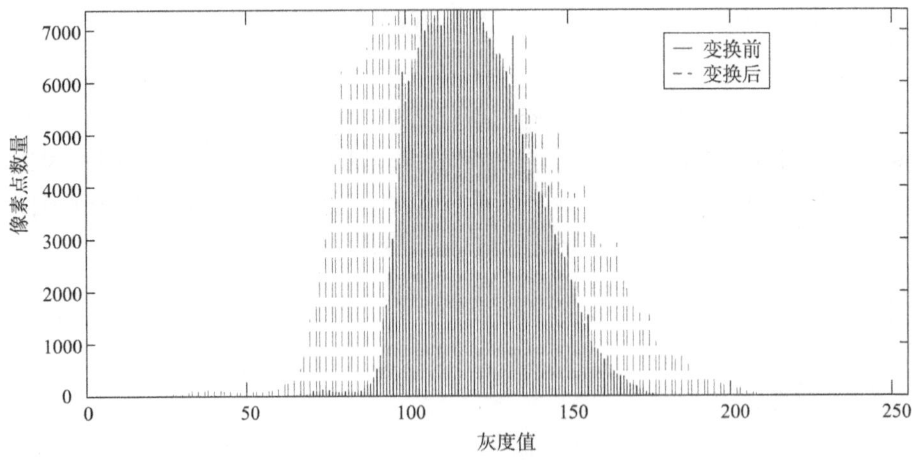

图 3-20 混凝土的灰度直方图

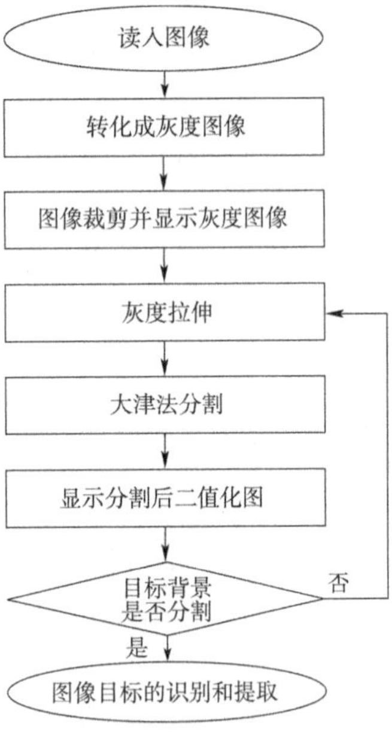

读入图像
转化成灰度图像
图像裁剪并显示灰度图像
灰度拉伸
大津法分割
显示分割后二值化图
目标背景
是否分割
否
是
图像目标的识别和提取

图 3-21 混凝土图像目标分割流程图

混凝土图像可以获得较好地分割效果，而且该方法操作简单、计算量小，同时也注意到该方法虽然基本上能实现图像分割，但是对于较小的目标分割效果有些欠缺，同时在进行图像分段区间选择的过程中，需要经过反复的试验，耗费时间比较长。

2）基于边缘检测的阈值分割

（1）基于边缘检测的大津法阈值分割思想

图像中物体的边缘是灰度特征变化比较剧烈的地方，尤其是沿着边缘的法线方向，而边缘检测法应用微分算子，并基于快速卷积理论来实现边缘的定位比较快速有效，起到了增强边缘对比度的效果。其基本思想是在低通滤波的基础上，应用不同的微分算子先对预分割图像进行边缘定位，然后结合大津法进行图像的分割。

（2）基于边缘检测的大津法阈值分割步骤

利用 MATLAB 编程实现混凝土图像目标分割的具体步骤如下：①用 imread 函数读入 CT 混凝土图像并用 imcrop 函数将图像裁剪成 512 × 512 像素大小，以避免边缘效应；②用平滑滤波进行抗噪处理；③选择不同的微分算子（包括 Sobel 算子、Roberts 算子、Prewitt 算子、Canny 算子和 LOG 算子），利用 edge 函数对边缘进行定位；④结合大津法进行阈值处理，选择最优的组合作为图像分割方法。

同样选择 C30 和 C40 混凝土 CT 扫描图像，基于上面的分割步骤对图像进行分割，效果如图 3-23 所示，虽然用平滑滤波进行的抗噪处理，但 Roberts 算子处理过的图像还是存在噪声；而 Sobel 算子和 Prewitt 算子本身要先对图像进行平滑处理，因此具有一定的噪声抑制能力，但边缘像素较宽；LOG 算子在抑制噪声的同时图像边缘信息损失的比较多；Canny 算子具有较强的噪声抑制能力，同时检测边缘像素宽度较小，分割效果较好，但也需要进行边缘连接。

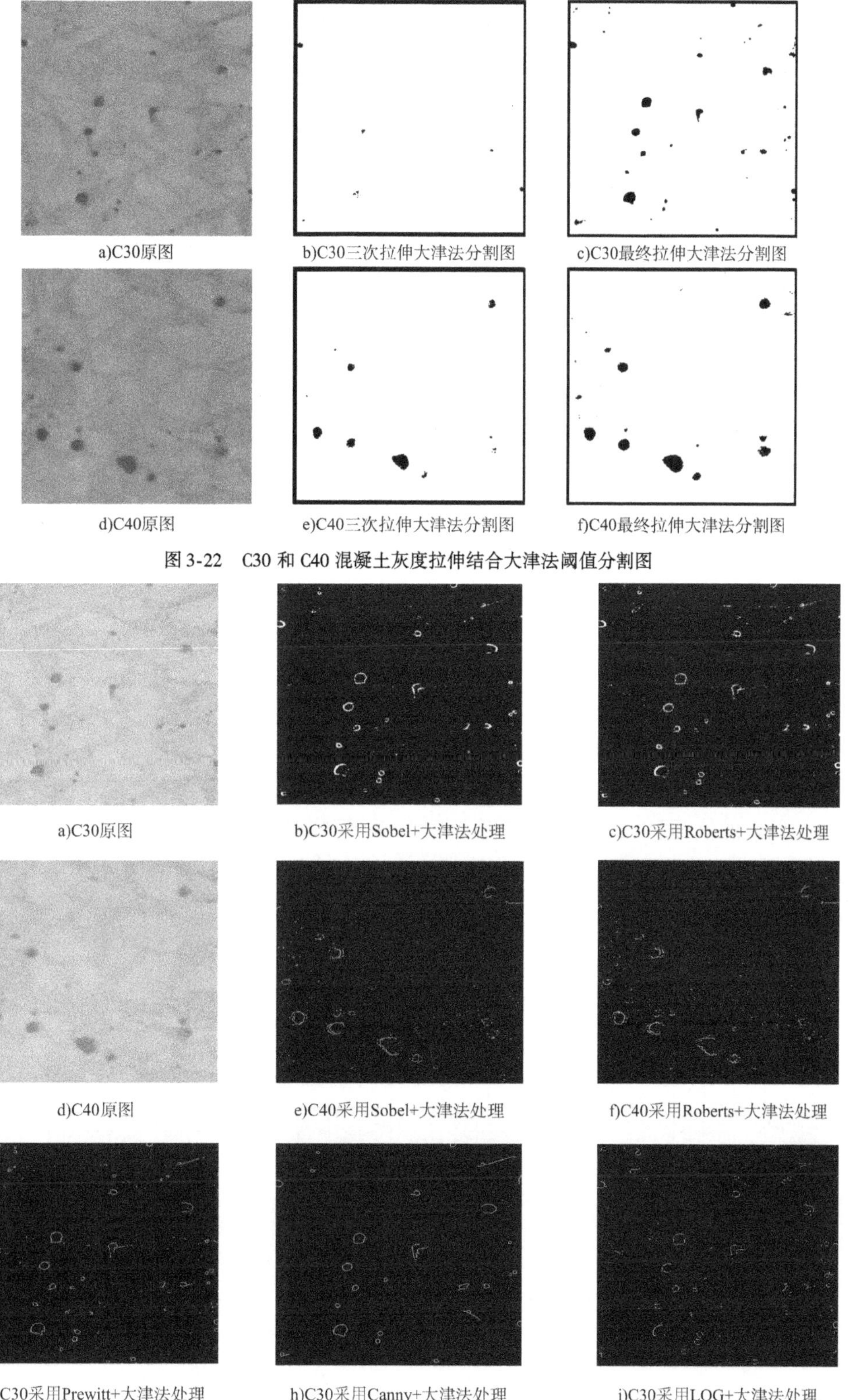

a)C30原图　b)C30三次拉伸大津法分割图　c)C30最终拉伸大津法分割图

d)C40原图　e)C40三次拉伸大津法分割图　f)C40最终拉伸大津法分割图

图 3-22　C30 和 C40 混凝土灰度拉伸结合大津法阈值分割图

a)C30原图　b)C30采用Sobel+大津法处理　c)C30采用Roberts+大津法处理

d)C40原图　e)C40采用Sobel+大津法处理　f)C40采用Roberts+大津法处理

g)C30采用Prewitt+大津法处理　h)C30采用Canny+大津法处理　i)C30采用LOG+大津法处理

图　3-23

j)C40采用Prewitt+大津法处理

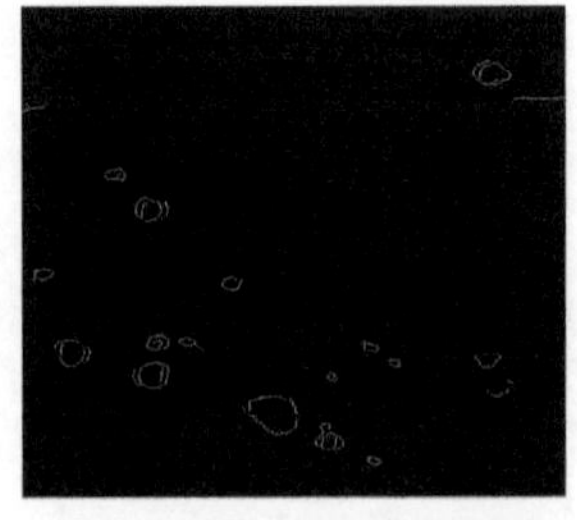

k)C40采用Canny+大津法处理

l)C40采用LOG+大津法处理

图3-23　基于边缘检测的大津法阈值分割

3)基于数学形态学边缘检测的大津法图像分割

数学形态学是一门建立在集合论基础上的交叉学科，1964年法国的Matheron和Serra将数学形态学引入到图像处理邻域，目前数学形态学已成为图像处理的一个非常有利的工具，基于不同的算法组合可以进行图像去噪、边缘检测以及图像分割等图像处理功能，已在医学图像处理、显微图像分析、工业检测以及材料科学等领域方面得到广泛的应用。

(1)数学形态学理论思想

数学形态学基本思想是以某一形态的结构元素去度量图像中的物体，通过形状对应达到图像处理的目的。该理论依据的基本数学运算有膨胀和腐蚀，以这两种运算为基础，通过不同组合可以得到多种形态学算法。对于灰度图像，假设输入图像是$A(x,y)$，其定义域是Z_A，结构元素是$B(x,y)$，Z_B是其定义域，(s,t)是平移参数，则灰度腐蚀和灰度膨胀可以分别用式(3-13)和式(3-14)来描述。其中腐蚀运算原理是结构元原点放在A上的某一中心元素上，用A中心元素减去B中各个元素，并将结果放在相应位置上；按照某一规则将B原点移动到与A相邻的元素上进行同样的操作，并得到平移相减的结果；在上面的值中取最小值作为A中心元素的值，图3-24是A被B腐蚀的结果；而膨胀运算原理则是用结构元素与中心元素相加，并在领域范围内取最大值作为该中心点的灰度值，图3-25是A被B膨胀的结果。

$$(A\Theta B)(s,t)=\min\{A(s+x,t+y)-B(x,y)\mid(s+x),(t+y)\in Z_A;(x,y)\in Z_B\} \tag{3-13}$$

$$(A\oplus B)(s,t)=\max\{A(s-x,t-y)+B(x,y)\mid(s-t),(t-y)\in Z_A;(x,y)\in Z_B\} \tag{3-14}$$

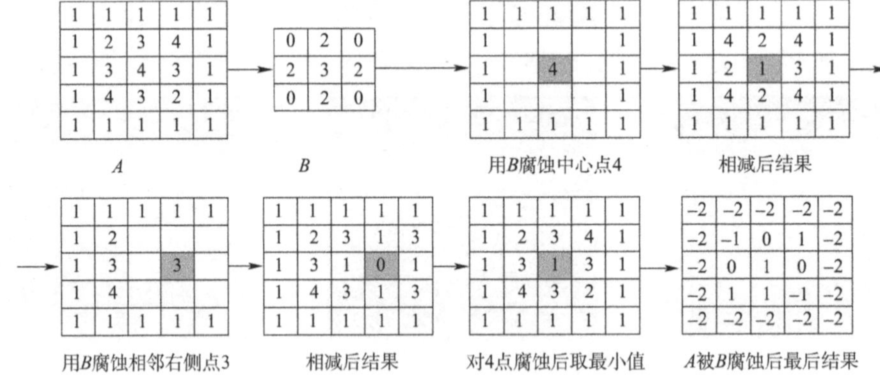

图3-24　形态学腐蚀过程示意图

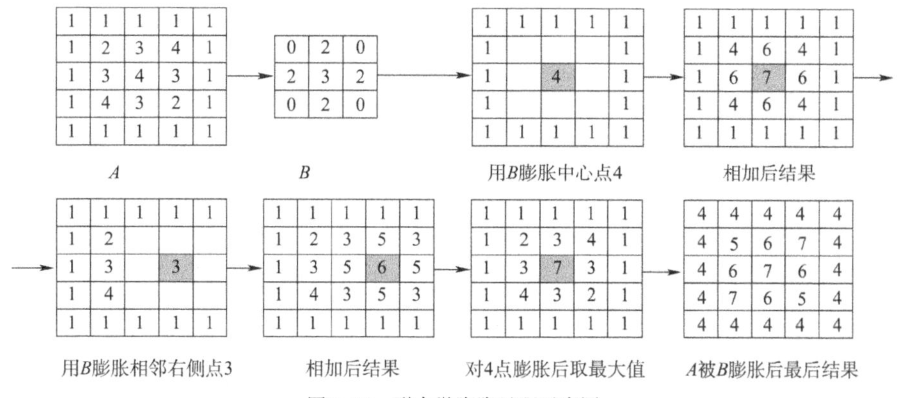

图 3-25　形态学膨胀过程示意图

(2)数学形态学滤波

基于数学形态学理论的滤波是一种非线性滤波,相比于以往的滤波器,形态学滤波器能更好地保护图像的边缘和细节信息。该方法利用了形态学运算所具有的结合特征,采用形态学开运算和闭运算来进行滤波操作,开运算可过滤图像的峰值噪声,闭运算可以过滤图像的谷值噪声,通过利用开运算和闭运算的组合形式,可以构造不同的滤波器以优化去噪效果。

开运算　　$A \cdot B = (A \Theta B) \oplus B$

闭运算　　$A \cdot B = (A \oplus B) \Theta B$

灰度图像获取过程中,椒盐噪声是影响图像后续处理比较严重一种噪声,它本身含有两种噪声(盐噪声和胡椒噪声),其中盐噪声对应图像的白色部分,即低灰度区域,而胡椒噪声对应图像的黑色部分,即高灰度区域。因此本书通过对原始 CT 图像加椒盐噪声,并选择单开滤波器、单关滤波器以及交替滤波器(先开后关滤波器和先关后开滤波器)进行去噪试验,结果如图 3-26 所示,可见,单独的开运算和闭运算滤波器只能对图像的高灰度噪声或低灰度噪声有滤除效果,而混合滤波器则对于两种噪声都能取得较好的效果。

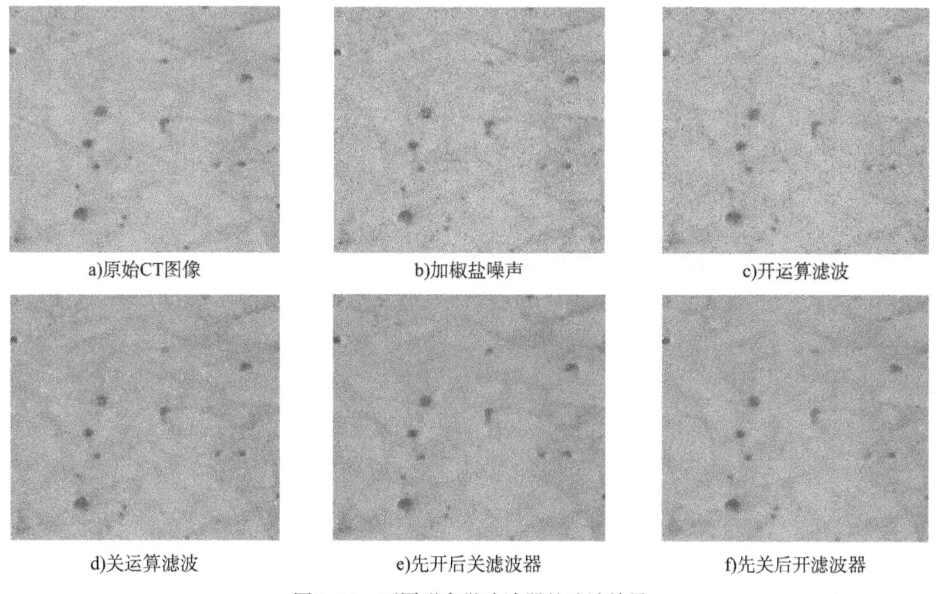

图 3-26　不同形态学滤波器的滤波效果

(3)基于多尺度数学形态学边缘检测的大津法图像分割

在应用经典方法如 Roberts 算子进行边缘检测时不能消除噪声对图像的影响，而 Sobel 算子、Prewitt 算子、LOG 算子和 Canny 算子等方法等具有一定的抗噪能力，它们可以很好地对图像中物体的边缘进行定位，但是得到的图像都会损失一部分边缘信息，造成图像边缘不连续现象。形态学运算是基于图像的几何形态理论来对图像进行处理，因此它可以保持图像的结构不被钝化，此外，通过合适的形态学算子组合可以起到抗噪滤波的作用，同时可以选择不同结构元尺度实现图像的多尺度检测。因此本书提出形态学边缘检测后再利用大津法进行图像分割的思想，即首先对图像进行形态学滤波，然后选择结构元素和尺度进行形态学边缘定位，经形态学运算后，选择大津法进行图像分割。

①多尺度形态学边缘检测算法的设计。形态学算子中开操作和关操作的结合可以移除图像上的噪声以及边界的检测，假设有一副原始图像 $A(x,y)$，结构元为 B，通过图像模拟试验，圆盘形的结构元更适合检测混凝土中的缺陷，如图 3-27 所示。相应的多尺度形态学边缘检测算法设计可见式(3-15)。

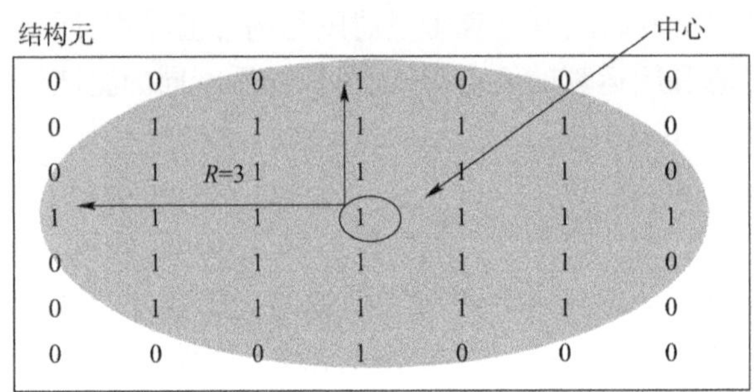

图 3-27 圆盘形结构元($R=3$ 和 $N=4$)

$$G_1(x,y)=\{[(A\cdot B)\cdot B]\oplus B(SE2)-[(A\cdot B)\cdot B]\Theta B(SE2)\}\Theta B(SE1)$$

$$G_2(x,y)=\{[(A\cdot B)\cdot B]\oplus B(SE3)-[(A\cdot B)\cdot B]\Theta B(SE3)\}\Theta B(SE2)$$

$$\cdots \qquad \cdots$$

$$G_n(x,y)=\{[(A\cdot B)\cdot B]\oplus B(SEn)-[(A\cdot B)\cdot B]\Theta B(SEn)\}\Theta B[SE(n-1)]$$

$$G(x,y)=\frac{1}{n}\sum_{i=1}^{n}G_i(x,y) \tag{3-15}$$

②分割步骤。多尺度形态学边缘检测分割方法流程如图 3-28 所示，在操作平台 MATLAB 7.0 中实现混凝土图像目标检测和分割的具体步骤如下：a. 用 imread 函数读入 CT 混凝土图像并用 imcrop 函数将图像裁剪成 512 × 512 像素大小，以避免边缘效应；b. 用交替滤波器算子进行抗噪处理；c. 用 strel函数构造结构元的形状和尺度；d. 根据上面设计的形态学算子组合作为边缘检测算子；e. 边缘检测达到要求时，结合大津法进行阈值处理，确定最优的组合作为图像分割方法。

③图像分割方法试验。基于上面提出的图像分割思想，选择 C30 和 C40 混凝土 CT 扫描图像进行分割。首先构造结构元形状和尺度，根据混凝土图像特点选择结构元为圆盘形，其尺度的选择不宜太大和太小，太大会造成目标之间的干扰或者粘连，过小则会使得边缘断裂等，这里选择 1、3、5 和 7 作为试验结构元尺度。按照上面的流程进行处理，处理前后的对

比图见图 3-29,结果表明三个 C30(*A*1 ~ *A*3)图像和三个 C40(*A*1 ~ *A*3)图像中的孔边缘都被很好地定位,可见该分割方法具有以下几个优点:a 有效地消除了图像中的噪声;b 孔的内边缘和外边缘都被很好地检测到,而且不存在边缘不连续现象;c 只要选择适合的结构元形状和尺度,就能很方便地进行图像的分割;d 该方法对图像的对比度不敏感,适合于处理低对比度图像。

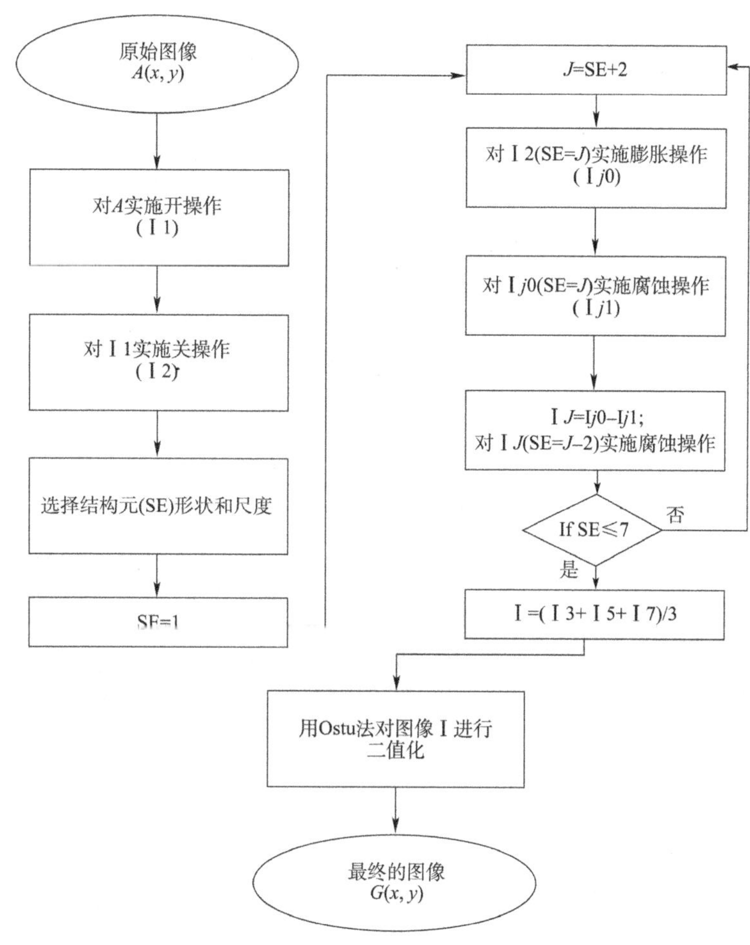

图 3-28 基于多尺度形态学的图像分割方法流程图

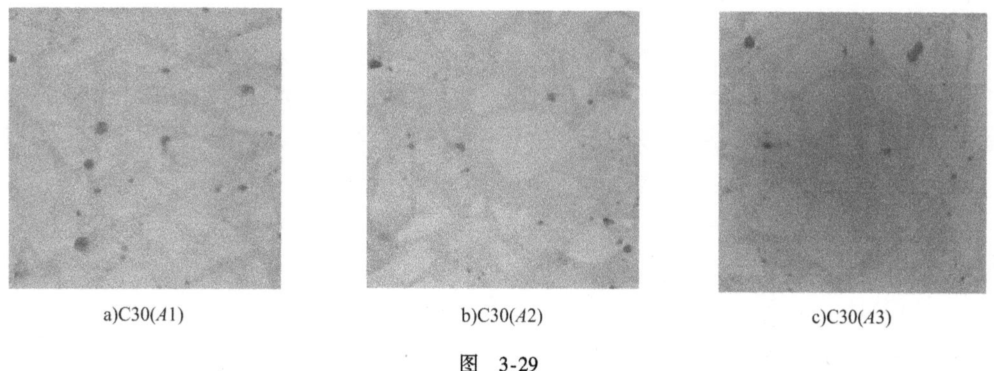

a)C30(*A*1) b)C30(*A*2) c)C30(*A*3)

图 3-29

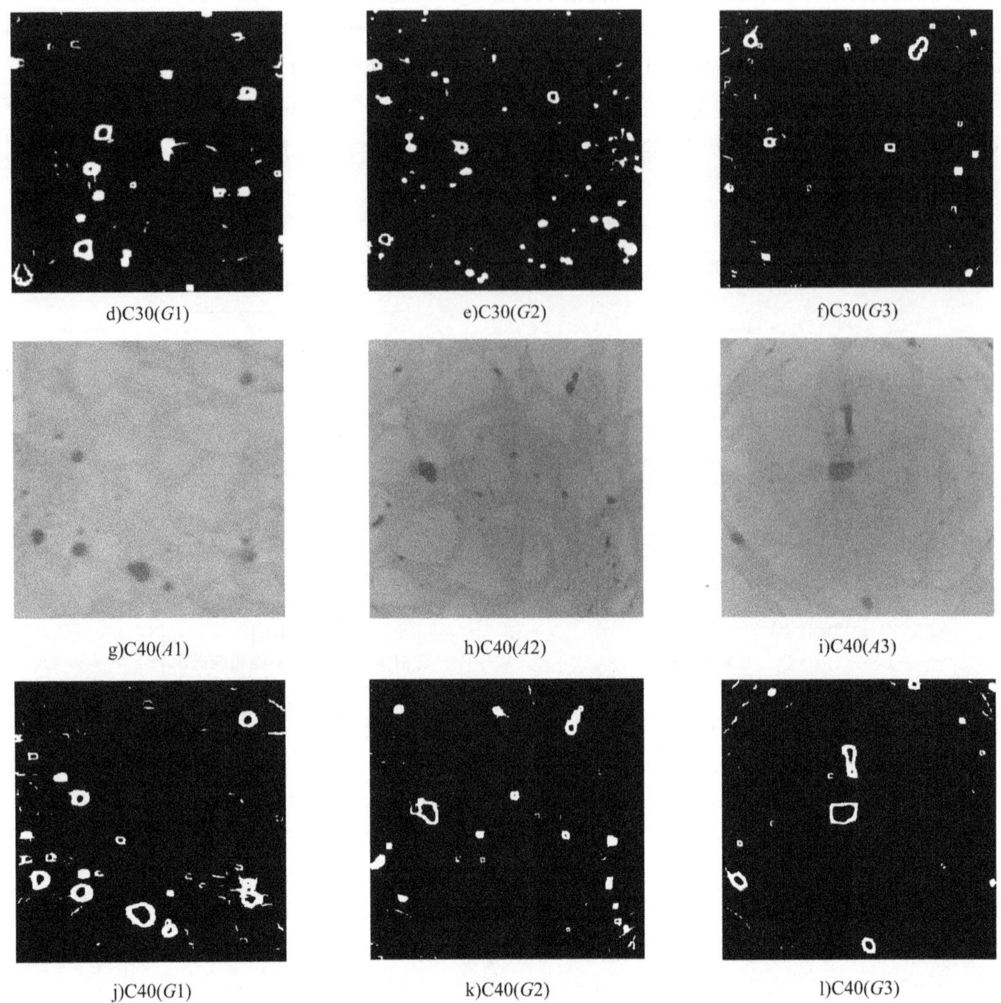

图 3-29　应用多 R 度形态学边缘检测算法进行图像分割的性能

3.3　基于 Image-Pro Plus 软件的孔和裂缝提取

在图像分割的基础上，需要对图像的信息进行定量化表征，即进行图像特征的提取，它是采用计算机根据图像的颜色特征、纹理特征、形状特征、空间关系特征等将图像上的点分为不同的子集，而这些子集往往属于孤立的点、连续的曲线或者区域。

由于颜色特征和纹理特征是图像的全局化特征，主要用于描述图像区域所对应物体的表面性质，而空间关系特征用于描述图像中多个目标之间的相对空间位置关系，因此这 3 种特征提取方法都不适用于灰度混凝土细观结构图像特征的提取。

相比于上述 3 种特征，形状特征则是基于目标对象固有的几何特征，例如对面积、周长、宽度、长度等特征进行的检索，这些恰恰是描述图像中目标对象非常重要的特征参数，因此本书基于形状特征来对混凝土图像中裂缝进行特征提取。

Image-Pro Plus 软件是一款功能强大的图像处理分析软件，由美国 Media Cybernetics 公司推出，可简便、迅速、准确的收集、分析图像中的细节信息，具有十分丰富的测量和定制功能，完全可以实现目标对象面积、密度、周长、宽度、长度等多个参数的定量化分析。近年来，Image-Pro Plus 软件在混凝土内部结构分析中得到了广泛应用。因此，本书将采用 Image-Pro Plus 图像分析软件对经过前述方法分割后混凝土图像进行特征提取，具体操作步骤如下：

①输入分割后的混凝土图像并进行中值滤波消除噪声，如图 3-30a）所示。

②选择 measure 菜单中 count/size 命令，如图 3-30b）所示。

③在窗口中选中 Automatic Bright Objects，点击 Select Ranges，弹出颜色选择窗口 segmentation，并在弹出窗口中选中 White on Black，如图 3-30c）所示。

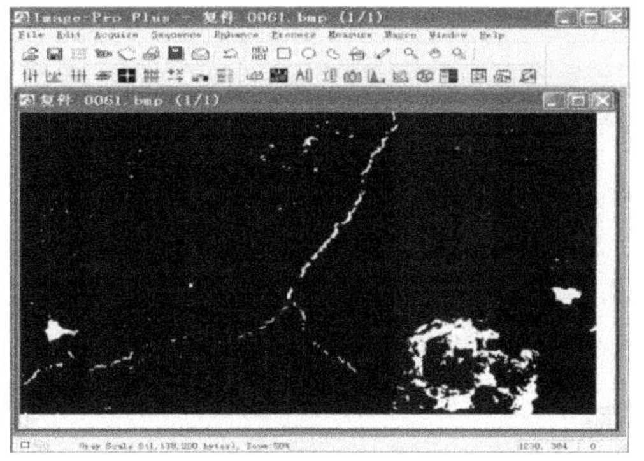

a)输入图像并滤波

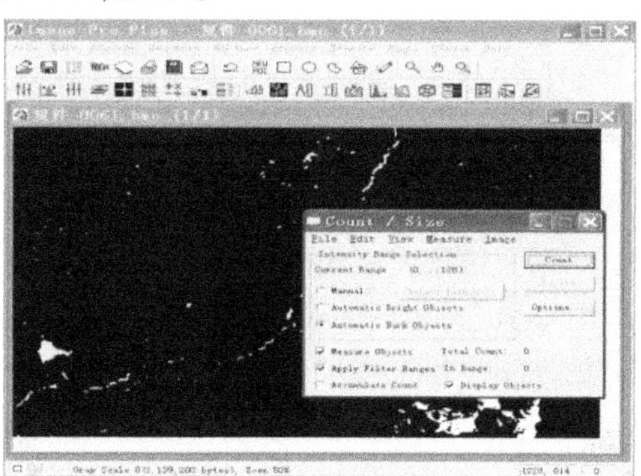

b)选择测量命令

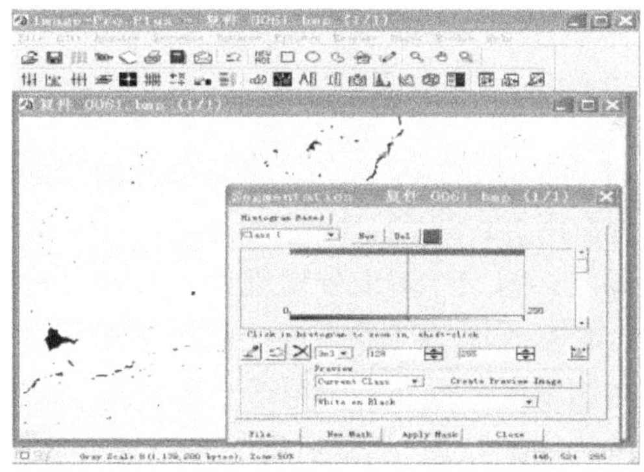

c)选择测量对象

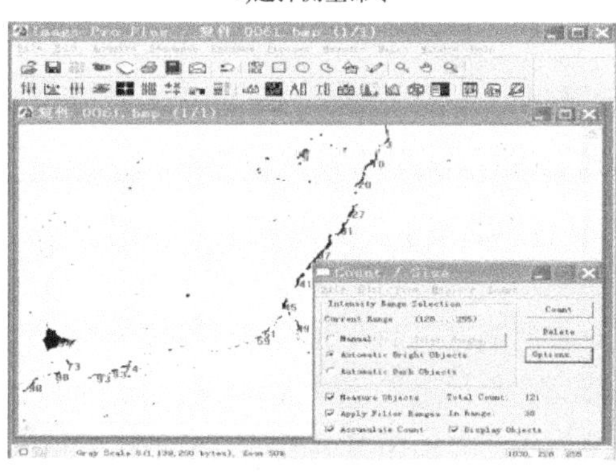

d)测量对象标识

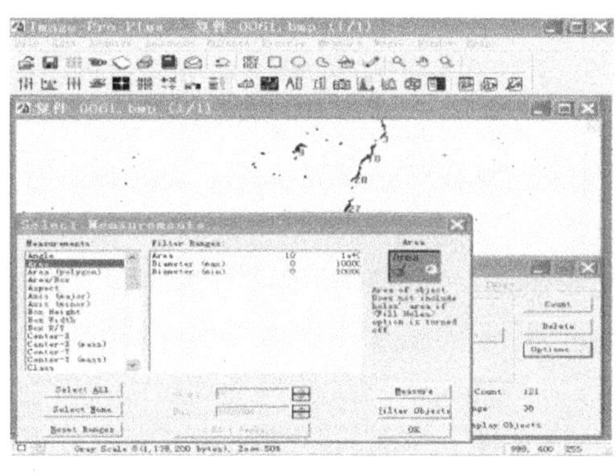

e)确定测量参数

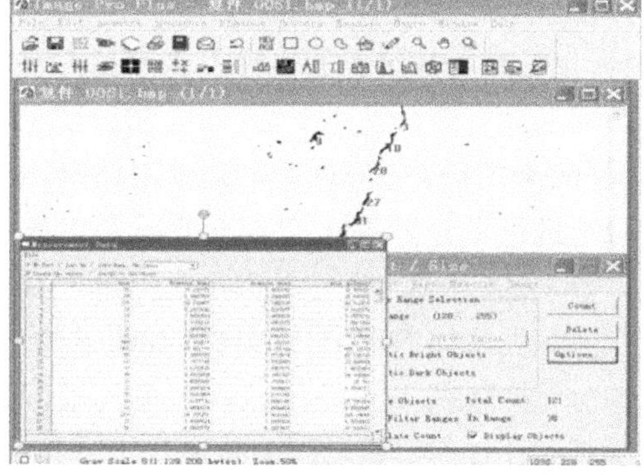

f)裂缝结构测量

图 3-30 Image-Pro Plus 软件进行裂缝特征提取过程

④选择 Close，回到 count/size 窗口，图像上目标 2 标上顺序号，如图 3-30d）所示。

⑤选择 measure 菜单 Select Measurements 命令，在左侧 Measurements 选择 Area、Diameter（max）、Diameter（min）等参数后，选 OK 回到 count/size 窗口，如图 3-30e）所示。

⑥选中 Count 命令后，即可进行测量，测量结果可以通过点击窗口命令 view 并选中 measurement data 菜单即可显示，如图 3-30f）所示。

3.4 水泥混凝土的孔结构分形特征研究

混凝土材料是非均质、多相的复杂结构体系，其宏观所表现的非线性特征正是其内部结构复杂性的反映，尤其是其内部孔的结构特征与混凝土的力学性能和耐久性能有着密切的联系。但由于孔分布的随机无序性和孔形貌的多样性特点，使得混凝土细观组织结构变得异常"混乱"和复杂，采用传统欧式几何学的点、线、面和立体组成的规则形体来描述孔显得束手无策。1975 年，国际商业机器公司（IBM）公司研究员法裔科学家曼德勃罗教授首次提出了分形概念，为科学家开启了研究无序状态事物的大门。此后，基于分形几何学的理论已被广泛地用于探索物理、化学、生物、材料等众多学科领域事物内部所隐含的规律和物理机制，当然在混凝土这类多孔介质材料中也有着广泛的应用。由于道路混凝土的疲劳过程，孔结构是处于动态的变化过程，因此在已有孔结构表征参数的基础上，特别将对分形理论用于混凝土孔结构研究的现状进行分析比较，探讨不同分形理论的适用性。

3.4.1 分形理论在混凝土孔结构中的应用

混凝土内部的孔隙结构是极为混沌、无序的，作为描述事物不规则性和复杂性的分形理论，必将在混凝土孔结构的研究中发挥重要的分析作用。1985 年，Winslow 首次将分形理论应用到水泥浆体表面结构特征的分形研究中，Lange（1994 年）基于分形理论和图像分析技术对水泥基材料的孔结构分形特征进行了分析，近年来，分形理论在混凝土孔结构的研究中已得到了长足进展。通常，混凝土孔分形的研究方法需要借助孔的分析表征手段和孔结构分形模型两者的结合来开展，即利用分析表征方法测定的数据，结合适宜的分形理论模型，通过数学计算处理得到描述孔特征的分形维数。

Diamond（1999 年）采用背散射扫描电子显微镜观察了普通混凝土水化过程中微观组织结构，由大孔边界组成的混凝土表面具有分形特征，至少在一定的范围内是自相似的，描述孔表面的分析维数是一个常数，它随着龄期、水灰比，或者多数别的变量的变化而变化。唐明（2000 年）基于分形理论对采用扫描电镜方法获得孔隙形貌分形以及压汞法获得的孔分布分形进行了分析评价，认为分形维数对于描述混凝土孔隙复杂程度是有效的。

李永鑫（2003 年）采用压汞法研究了不同龄期粉煤灰—水泥浆体的孔分形结构，指出粉煤灰—水泥浆体内部的孔结构具有明显的分形特征，根据 Menger 海绵体模型计算出来的孔体积分形维数在 3.3 ~ 3.5 之间。韦江雄（2007 年）基于 Menger 海绵体模型对压汞法得到的孔隙率和孔径的对数之间关系进行了分析，结果表明混凝土内部的孔结构具有多重分形特征，并指出混凝土的孔结构分布可以用大孔阶段分形维数、微孔阶段分形维数以及转折孔径 3 个参数来描述。

冯竟竟(2009 年)对不同温度下水泥砂浆孔隙的体积分形特征进行了研究,得出了温度影响下水泥砂浆的体积分形维数在 2.08 ~2.90 之间,孔隙的体积分形维数随着温度升高逐渐增大,用分形维数可以较好地表征温度对水泥基材料孔隙结构的劣化影响。尹红宇(2009 年)基于压汞法和广义 Von Koch 曲线的孔轴分形模型研究了碳化后混凝土孔结构分形特征,并指出分形维数可以表示孔隙表面粗糙程度和不均匀分布,通常,分形维数越大的混凝土孔隙表面的粗糙程度越高、孔隙分布越不均匀、扩散系数越大。

张建波(2010 年)基于压汞法和 Menger 海绵体模型,分析了含不同掺合料混凝土的孔体积分形维数与氯离子渗透性以及强度之间的关系,结果表明掺合料混凝土分形维数的测量值在 3.01 ~3.13 之间,混凝土孔体积分形维数越大的氯离子渗透系数越小、强度越大。金珊珊(2011 年)利用压汞法以及热力学关系分形模型研究了不同水灰比下的水泥砂浆孔表面积分形,指出其分形维数在 2.00 ~3.00,通过对孔表面分形维数与其他孔结构参数的研究,结果表明:除了孔隙率,孔表面积分形维数与孔表面积、平均孔径以及中值孔径之间都有较好的相关关系。

大量的实践已经证明混凝土材料内部的孔结构具有明显的分形特征,但是基于不同的研究方法以及分形模型理论,不同作者得出的结论差异性很大。因此,需要根据采用的孔测试技术以及分形理论模型进行分析研究。

3.4.2　孔结构分形模型研究

分形理论在具体问题中应用的量化指标是分形维数,可以用它描述混凝土孔结构特征的变化规律。由于不同分形模型下分形维数的定义不同,分形维数的确定依赖于分形模型的建立,目前已有模型都是针对具体问题提出的,其构建思想直接决定了问题描述的准确性,因此有必要针对当前的混凝土孔结构分形模型进行分析,以选择适合于道路水泥混凝土的孔分形模型。

(1)Sierpinski 垫片孔隙分形模型

俄国科学家 Sierpinski 提出了垫片孔隙分形模型,该模型的构造思想如下:假设 A 代表正三角形,灰色为固体颗粒,白色为孔隙,将三条边的中点相互连接,并去掉中间的倒置的三角形,得到 A_1;对 A_1 进行相同的操作,得到 A_2,继续按照同样的过程进行迭代,即可得到尺寸越来越小的孔隙,图 3-31 是 Sierpinski 的垫片孔隙模型构造过程。

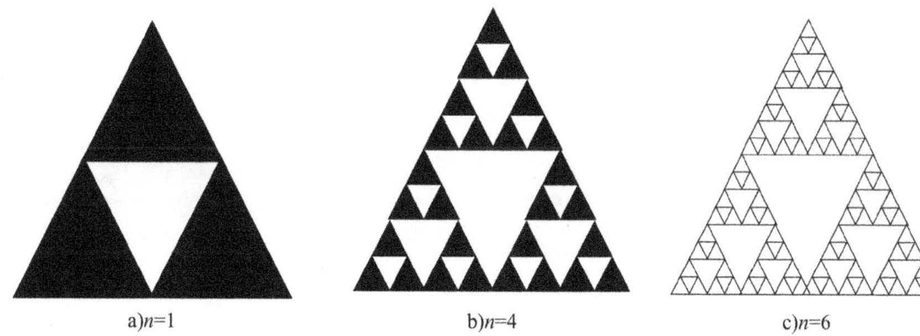

图 3-31　Sierpinski 垫片孔隙模型

(2)Menger 海绵体分形模型

图 3-32 是 Menger 海绵体分形模型的构造过程,该模型构造思想如下:首先取一个边长

为 R 的正六面体作为初始单元，将其每一条边分割为 m 等分，可得到 m^3 个等大体积的小立方体，按照一定的规则去掉 n 个边长为 R/m 的小立方体单元，则余下的小立方体数目为 m^3-n 个，继续按照此规则进行剩余小立方体的剔除，则剩余的立方体尺寸越来越小，而数目则会越来越多；若对立方体经过 k 次去除操作，则剩余小立方体的边长为 R/m^k，对应的立方体数目为 $(m^3-n)^k$。Menger 海绵体模型的构造过程如图 3-32 所示。

图 3-32 Menger 海绵体分形模型

(3) Von Koch 曲线

Von Koch 曲线是瑞典数学家科赫于 1904 年提出的一系列逼近的极限集，该分形模型构造思想如下：以一条长度为 R 的直线段作为基图形，把该直线段三等分，移去中间的 1/3，并用一个垂直于该直线段的等边三角形来代替，同时去掉三角形的底边，可得到 4 条长度均为 $R/3$ 的等长线段，称之为基本生成元，总长度则为 $4R/3$；然后继续以这 4 条线段的每一条作为基本图形，采用相同的规则用生成元来代替，结果可将该直线段演变成由 $4\times4=16$ 条线段构成的曲线，总长度则为 $(4R/3)^2=16R^2/9$；如此继续下去，经过多次的迭代，将得到一条由无穷多弯曲线构成的 Koch 曲线；图 3-33 示意了 4 次迭代后生成的 Koch 曲线过程。

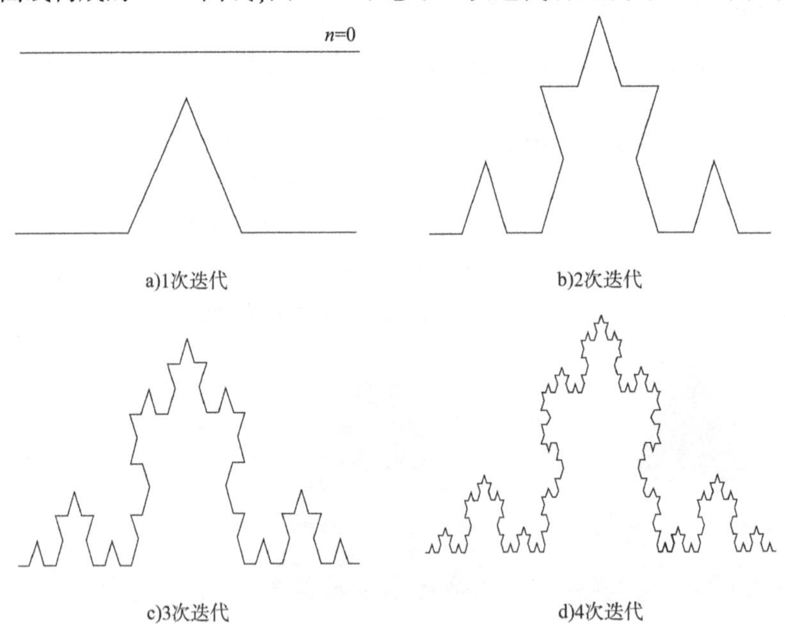

图 3-33 Von Koch 曲线的构造过程

(4) Atzeni 分形模型

C. Atzeni(2010 年)针对水化的水泥浆体提出了孔隙分形模型，其构造思想如下：以长宽比为 2∶1的矩形作为初始单元，每一层有 25 个矩形单元，沿着 Z 轴重复排列 5 次，得到含有 125 个矩形单元的长方体，假定最大孔的维度为 R，按照 5 等分进行去除，迭代 i 次后得到的基本单元为 $r = R/5^i$，如此迭代下去将得到更小的孔，具体的构造过程见图 3-34。

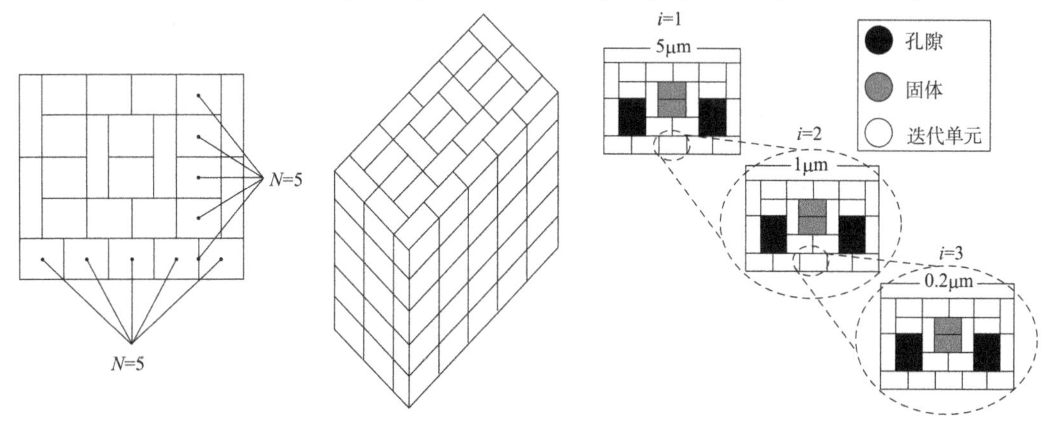

图 3-34　Atzeni 分形模型

3.4.3　混凝土孔结构分形模型的对比分析

除了上述几种孔结构分形模型外，比较经典的还有基于热力学理论的模型、空间孔填充模型以及 Ji et al. 模型、Peifer and Avnir 模型、Friesen and Mikula 模型等，但混凝土中包含大量不同尺度水平的孔隙，更类似于 Von Koch 曲线以及 Menger 海绵体模型。

目前 Von Koch 曲线在多孔介质的描述方面仅有部分应用成果，且主要是针对孔隙通道分形的研究，如尹红宇（2009 年）基于广义的 Von Koch 曲线构造了混凝土孔轴线分形模型来模拟混凝土孔隙通道的曲折结构，得到的孔轴分形维数在 1.00～2.00；相比之下，Menger 海绵体模型在混凝土孔隙分析中应用较多，如唐明（2000 年）、韦江雄（2007 年）、张建波（2010 年）等分别采用该模型分析了含有不同矿物掺合料水泥基材料的孔隙分形特征，结果表明：分形维数与材料的孔隙率、孔径以及孔比表面积之间有着较好的相关性，但是不同作者在研究中计算得出的分形维数值存在较大的差异，如唐明计算出的分形维数在 2.00～3.00，而李永鑫得出的分形维数在 3.00～3.50。

基于国内外学者应用 Menger 海绵体模型研究混凝土孔结构分形维数已经积累了许多试验数据，而这些数据结果对于道路水泥混凝土孔结构是否具有分层分形维数特征可提供很好的参考及验证作用，因此在研究道路水泥混凝土孔结构分形情况时，采用 Menger 海绵体模型将具有更大的优势和合理性。

第4章　绿色掺合料对道路水泥混凝土性能的影响

硅酸盐水泥是使用量大、面广、质优、价廉且保持持续增长的大宗建筑材料，迄今为止，尚没有任何一种建筑材料可以取代它的传统优势地位，但是水泥的生产面临着自然资源的过度消耗、环境的严重污染等不可持续发展制约因素。同时，仅仅采用硅酸盐水泥作为胶结材料的普通道路水泥混凝土存在收缩过大、耐久性不足、路面抗磨性衰减快等问题。而冶金、火电等工业产生的矿渣、粉煤灰等固体废弃物被用作掺合料在道路水泥混凝土中，能够有效地改善混凝土的性能，是提升道路水泥混凝土耐久性能的绿色发展之措。

目前，国内工业废渣的质量参差不齐，并且其理化性质直接决定了掺合料的综合利用效果，因此深入认识和探讨其作用本质，探究其对水泥水化过程和产物的影响，揭示其反应机理，对精细化利用起着至关重要的作用。同时两种废渣的掺入使用可大大提高道路水泥混凝土的耐久性能和路用性能，使得工业废渣可以得到有效利用，并且可降低水泥的生产能耗和成本，减少环境污染，达到经济效益和社会效益双收的目的，为绿色低碳道路水泥混凝土工程建设提供借鉴。

4.1　粒化高炉矿渣的组成与分类

4.1.1　粒化高炉矿渣的组成

高炉水淬矿渣是冶金工业的一大副产品，是一种具有潜在活性的胶凝材料。国内钢铁行业每年产生废弃矿渣量大约为1亿t，分布在17个省、自治区、直辖市，是一种可部分替代水泥配制高性能混凝土的廉价材料，也是一种可再利用的二次资源。同时，由于矿渣良好的耐磨性和火山灰效应，可改善道路水泥混凝土的耐久性能和路用性能。但矿渣是潜在水硬性的，过多地掺入会带来矿渣水泥早期强度偏低的问题。不同炉型、冶炼方式以及不同原料生产的矿渣活性差异很大，部分矿渣掺入50%时，水泥的力学性能仍然很高，而有的矿渣即使掺入20%，水泥3d的强度就会降低很多。因此，揭示矿渣组成、结构及其水化机理的规律是有效利用其的前提。

矿渣是由铁矿石中的土质组分（主要有石英、黏土矿物、碳酸盐、磷灰石等）和石灰石（或白云石）溶剂化合而成，并在1400～1500℃的高温下成熔融状态，自高炉中流出后经水淬冷得到的主要是由硅酸钙（镁）和铝硅酸钙（镁）等组成的细小颗粒。高炉矿渣的化学组成如图4-1所示，主要为CaO、SiO_2、Al_2O_3、MgO，其总量一般在90%以上，此外还有少量的FeO、Fe_2O_3和一些硫化物（如硫化钙、硫化亚锰、硫化亚铁等）。与硅酸盐熟料相比，矿渣的

CaO 含量较低，SiO_2 和 Al_2O_3 含量较高。

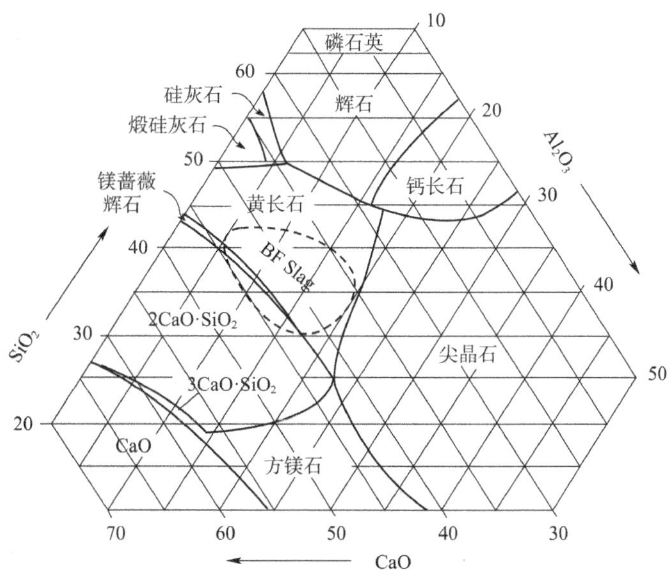

图 4-1　高炉矿渣组成的主要区域

迄今所知道的粒化高炉矿渣最主要的矿物组成列于表 4-1。一般组成的完全结晶的高炉矿渣没有或者仅有很弱的潜在水硬性。矿渣熔融体通过水淬或者空气急冷，得到尺寸为 0.5 ~5mm 左右的粒化高炉矿渣。粒化高炉矿渣主要由玻璃体组成，玻璃体是矿渣活性的主要来源，而玻璃体的含量与矿渣的化学成分及冷却速度有很大关系。一般来说，酸性矿渣的玻璃体较碱性矿渣高。这是由于酸性熔融体的黏度较碱性熔融体高，易于形成玻璃体。另外，冷却速度越快玻璃体含量越高。我国炼铁厂排出的粒化高炉矿渣，其玻璃体含量一般都在 85% 以上，具有较好的潜在水硬活性。

粒化高炉矿渣的矿物组成　　表 4-1

可能出现的主要矿物	化学式
黄长石	固溶体
钙(铝)黄长石	$2CaO \cdot SiO_2 \cdot Al_2O_3$
镁方柱石	$2CaO \cdot MgO \cdot 2SiO_2$
镁蔷薇辉石	$2CaO \cdot MgO \cdot 2SiO_2$
透辉石和其他辉石	$CaO \cdot MgO \cdot 2SiO_2$
可能出现的微量矿物	化学式
硅酸二钙	$2CaO \cdot SiO_2$
钙镁橄榄石	$CaO \cdot MgO \cdot SiO_2$
硅钙石	$3CaO \cdot 2SiO_2$

续上表

可能出现的微量矿物	化学式
假硅灰石	$CaO \cdot SiO_2$
褐硫钙石	CaS
较难见到的微量矿物	化学式
钙长石	$CaO \cdot Al_2O_3 \cdot 2SiO_2$
镁橄榄石	$2MgO \cdot SiO_2$
顽辉(火)石	$MgO \cdot SiO_2$
钙钛矿	$CaO \cdot TiO_2$
尖金石	$MgO \cdot Al_2O_3$

4.1.2 粒化高炉矿渣的玻璃体结构

早期学者认为矿渣的水硬活性取决于玻璃体含量和化学组成,化学组成可用所谓水硬性系数或碱度系数如$(CaO + MgO + Al_2O_3)/SiO_2$来表示。但近来发现,水硬性系数和玻璃体含量并不能有效衡量矿渣的潜在水硬活性。学者对玻璃体含量和化学成分相似的3种不同的矿渣进行了研究,发现它们的水硬活性彼此很不相同。意味着相同组成的矿渣其网络结构是不同的,需要通过矿渣玻璃体结构的深入分析来揭示其活性本质。

Zachariasen 网络理论已被证明是描述玻璃体矿渣结构和某些性质适宜的依据,这种玻璃体由被扰乱的三维空间网络所组成,而网络是由网络所形成的元素氧化物构成的,硅为一种典型的网络框架,个别的氧原子同时属于两个四面体,其特征是小的离子半径和最高可能的离子价,在它们的周围仅有4个氧原子(配位数为4)形成四面体,以这样的方式形成网络。在玻璃体高炉矿渣中,它形成SiO_4^{4-}四面体、$Si_2O_7^{6-}$团、$(SiO_3)^{2-}$链以及其他聚合产物,形成的网络阴离子团的负价被阳离子正价所中和,这些阳离子被称作网络改性物质,一般它们的离子半径比网络框架要大,配位数也较高,并且绝大多数处于网络的空腔之中,具有六配位的Ca^{2+}离子是玻璃体高炉矿渣的一种典型网络改性物质。网络改性物质配位数越高,网络框架SiO_4^{4-}四面体的聚合程度就越低,这就意味着玻璃的稳定性越差,而化学反应能力越高。粒化高炉矿渣的另外两种主要组分,如铝和镁的结合状态,也被认为起着重要的作用。这两种两性金属在硅酸盐中均可以四配位和六配位存在。长期来得到不同研究结果,它们在玻璃体矿渣中既可以作为网络框架(AlO_4^{5-}和MgO_4^{6-})结合,又可作为网络改性物质(Al^{3+}和Mg^{2+})结合。另一种观点是尽管没有晶相析出,玻璃体矿渣将没有均匀结构,而是由不同玻璃相的微多相区(500~4000Å)组成。如果这种多相区不太大,并具有最佳的相间隔,仍可以预期有最高的水硬性的效果。

在此基础上,进一步提出矿渣玻璃体结构,如图4-2所示,认为玻璃体是由不同的氧化物形成地向各个方向发展的空间网络,表现为近程有序、远程无序。在矿渣玻璃体中,Ca^{2+}、Mg^{2+}等离子完全不规则地、统计地分布在网络的空间内。当矿渣水淬急冷时,玻璃体的网络结构就被固定下来,但铝硅酸盐网络中在硅氧断裂处的硅氧四面体 SiO_4^{4-} 和 Al^{3+} 代替 Si^{4+} 形成的铝氧四面体 AlO_4^{5-} 是不稳定的,在激发剂的作用下,会使玻璃体结构解离,SiO_4^{4-}、AlO_4^{5-} 重新排列,形成水化硅酸钙、水化铝酸钙等水化产物,产生胶凝作用。

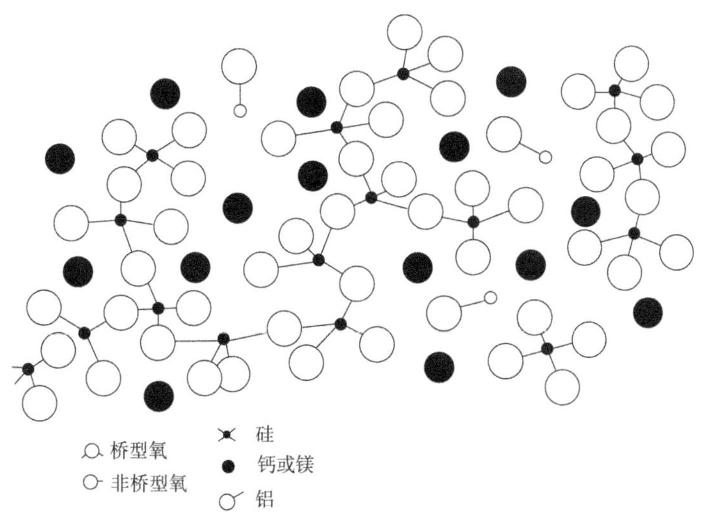

图 4-2 矿渣玻璃体结构示意图

矿渣结构中硅氧四面体 SiO_4^{4-} 会聚合为不同的硅酸阴离子,参考陈筱岚和杨南如的方法,可以采用三甲基硅烷化气相色谱技术进行测定,其获得的 8 种矿渣中 SiO_4^{4-} 四面体聚合态如表 4-2 所示。

矿渣中不同聚合度 SiO_4^{4-} 阴离子的分布 表 4-2

SiO_4^{4-}	$Si_2O_7^{6-}$	$Si_3O_{10}^{8-}$	$Si_4O_{12}^{8-}$	$\sum Si_{1\sim4}$	高聚合 $\sum Si_{>4}$
35 ~ 50	11 ~ 15	2 ~ 5	1 ~ 5	50 ~ 73	50 ~ 27

在矿渣玻璃体结构中除了简单的硅酸盐阴离子聚合体外,还存在 Si—O—Al 及 Al—O—Al 的结合。相对于 SiO_4^{4-},铝硅酸盐玻璃体的聚合度要小一些。

结果表明,矿渣玻璃体的平均键合程度($A\%$)越高,其水活性越大;平均桥氧数(Y)越低,水活性越高。此外,还可以参照徐彬、蒲心诚提出的研究方法,玻璃体由很多微相区(大小为 500 ~ 1000nm)所组成,因此在组成不同的多相区之间存在一定的界面。在透射电镜下可看到矿渣玻璃体中均存在着主要有两种相组分的分相结构,其中一相为连续相;而另一相则成类似球状或柱状并分散于连续相中。通过电子探针分析,存在Ⅰ和Ⅱ两类相,Ⅰ是非连续相含硅较多,称为富硅相,Ⅱ是连续相含钙较多,称为富钙相;其中富钙相占多数,他们将富硅相包裹于其中。富钙相的特点是:①其主要结构形成键是 Ca—O 键和 Mg—O 键,其键能较富硅相的主要结构形成键 Si—O 键低得多;②富钙相的结构本身还具有多相性,它是由许多化学成分和结构相近的极微小单元聚集在一起形成的堆聚集结构,因此具有庞大的表面积。这两方面的特点决定了富钙相比富硅相具有更低的稳定性。因此,矿渣玻璃体中富钙相所占的比例越大,矿渣的活性越高,在碱性环境中的水化的速度也就越快。在碱性、中性和酸性矿渣中,矿渣玻璃体中富钙相所占比例依次越小,而富硅相所占比例依次增加,而且富硅相颗粒的尺度也依次增加,分散的富硅相颗粒之间发生的聚集现象也依次增多,可以说,矿渣玻璃体富钙相的含量是决定矿渣水硬活性的主要因素。

4.1.3 粒化高炉矿渣的分类

根据不同的分类方式可以将矿渣进行分类,如表 4-3 所示。

不同分类方式的矿渣种类　　表 4-3

分类	质量系数 K		碱性系数 M			冶炼生铁品种			冷却方法	
矿渣种类	$K \geqslant 1.2$ 合格品	$K \geqslant 1.6$ 优等品	$M>1$ 碱性	$M=1$ 中性	$M<1$ 酸性	铸铁	炼钢生铁	特种生铁	缓冷渣	急冷渣

注:$K=(CaO+MgO+Al_2O_3)/(SiO_2+MnO+TiO_2)$;
$M=(CaO+MgO)/(SiO_2+Al_2O_3)$。

4.2 粒化高炉矿渣活性反应机理

矿渣的活性是潜在的,通常在中性环境中,水分子的作用比较弱,不足以克服富钙相的水解活化能,只能使其表面发生轻微的化学反应,使其中的很少一部分物质溶解和水化形成 C—S—H 凝胶,因此矿渣可在中性环境中保持相对稳定的结构,基本不显示出活性。但是在碱性环境中,由于 OH^- 离子的强烈作用能够克服富钙相的水解活化能而激发矿渣的潜在活性,会发生水化反应。

将不同化学成分的粒化高炉渣加入一定量的激发剂,研究矿渣的化学成分与试体抗压强度的关系,所得结论大致相同。矿渣激发剂的作用主要包括 3 个方面:①能促进矿渣的解体;②有利于稳定的水化产物的生成;③有利于水化物网络结构的形成。实验表明,当矿渣处于 pH 大于 12 的碱性溶液中时,矿渣才会明显地呈现水硬活性,因为只有在这种条件下,才既有利于矿渣的溶解,又有利于稳定水化物的生成。当水固比适当时,其水化物可以形成网络而使浆体具有强度,碱性激发机理就在于此。另外,单独使用硫酸盐(如石膏等)并不能激发矿渣的活性,故通常将硫酸盐激发剂与碱激发剂(如石灰、熟料等)并列作为矿渣的两类激发剂的提法是欠妥的。

碱激发矿渣反应机理可分为几个阶段,矿渣玻璃体在受到碱作用时,涉及 Si—O—Si、Al—O—Al、Si—O—Al 等多种键的性质。首先,矿渣玻璃体表面的 Ca^{2+}、Mg^{2+} 在 OH^- 离子的作用下生成 $Ca(OH)_2$ 和 $Mg(OH)_2$,使玻璃体表面破坏,促使矿渣进一步水化;然后,玻璃体内部连续的富钙相为 OH^- 离子提供由已被破坏的表面结构进入玻璃体内部的必要通道,从而发生如下反应:

$$\equiv Si—O—Si\equiv +2OH^- \rightarrow 2\equiv Si—O— +Ca(OH)_2$$

这将导致富钙相的水化和解体,进而导致矿渣玻璃体的解体;随后,暴露于碱性环境中的富硅相与碱性介质再进一步发生反应。在 Si—O—Si 氧桥结构中,Si^{4+} 可以把 O 拉向它的周围,从而使 Si—O 键断裂,其作用过程如下:

$$\equiv Si—O—Si\equiv +OH^- \rightarrow \equiv Si—O— + \equiv Si—OH$$

$$\equiv Si—O— +OH^- \rightarrow —O—Si—OH$$

对于Al—O—Al键也有同样的作用。Al^{3+}有两种状态,一种是X型(形成四面体),一种是Y型(形成八面体)。X型的四个氧结合键均与Al相连,当受OH^-的侵蚀时将转变成Y型,后者受水的作用,并同时使OH^-再生,而且Y型Al^{3+}与水反应是加速的,OH^-是控制反应的因素。因此矿渣激发时,其液相pH值应当高于12。上述反应机理对碱度不同的矿渣有两种解释:酸性矿渣受OH^-和水作用时,发生一致溶解反应,从饱和溶液中沉淀出絮状结构的水化物,并随时间增长而增多;碱性矿渣受OH^-作用时为不一致溶解,同时生成阳离子较少的水化产物凝胶(与未水化矿渣比)。钟白茜研究矿渣在水玻璃的作用下,其结构中SiO_4^{4-}聚合态的变化,指出了矿渣经OH^-作用,是SiO_4^{4-}阴离子解聚—聚合的过程,SiO_4^{4-}单体量减少,高聚物的量增多,双聚物及其他低聚物则从单体聚合、多聚体解聚生成以及自身又解聚的双重反应,因此含量变化比较缓慢。矿渣在NaOH和水玻璃的作用下的水化既有SiO_4^{4-}阴离子的缩聚作用,又有多硅酸根阴离子的解聚作用,整体上是缩聚反应。碱激发矿渣的机理和水化反应过程结论基本一致,即矿渣只有在碱性环境中才能够发挥水化活性,碱激发是发挥矿渣活性、提高其水化强度的有效途径。

4.3 粒化高炉矿渣的水硬活性评定方法

粒化高炉矿渣的水硬活性与其玻璃体含量有关,而矿渣的化学组成是决定其结构的基础。矿渣的主要化学组成如下:

①氧化钙。含量为38%~46%,是矿渣的主要成分之一。通常其含量越高,矿渣玻璃化程度越大,活性越高。但如CaO含量过高,熔融矿渣的黏度下降,矿渣结晶能力增大,容易析出晶相,使矿渣的活性降低。

②氧化硅(SiO_2)。含量为26%~42%,对于促进玻璃体的形成有一定的帮助。但矿渣中SiO_2的含量相对于CaO和Al_2O_3含量一般过多,其含量较高时,矿渣熔体的黏度较大,冷却时易形成低碱性硅酸钙和高硅玻璃体,其活性较低。

③氧化铝(Al_2O_3)。含量为7%~20%,也是决定矿渣活性的主要成分。在矿渣中常以两种配位的形式(四配位和六配位)存在,它对活性的影响,目前的研究结论还不一致。

④氧化镁(MgO)。含量为4%~13%,在矿渣中大多数都以稳定化合物或玻璃态化合物存在,其存在有利于矿渣的活性。

⑤氧化亚锰(MnO)。含量一般不超过1%~3%,是有害成分,会与硫化物生成MnS,使矿渣的活性降低。

除上述主要成分外,矿渣中还可能含有少量的FeO、TiO_2、BaO、K_2O、Na_2O、Cr_2O_3及V_2O_5等。这些氧化物对活性的作用,也与其存在形式和含量有关。值得注意的是,各氧化物之间还可能相互作用,互有影响;并且不同的矿渣其组成差别很大。怎样评价它们的综合作用,还需要进一步的研究。

采用化学成分评定高炉矿渣的水硬活性是较为简便的快速方法,并且国内外学者对用高炉矿渣的化学水硬性系数或率值以表征高炉矿渣的性能做了大量工作,总结如表4-4所示。

粒化高炉矿渣水硬性系数　　表4-4

系数分类	系数计算公式
国外常见的系数	$F_1=100-SiO_2$；$F_2=(100-SiO_2)/SiO_2$；$F_3=(CaO+MgO+Al_2O_3-10)/(SiO_2+10)$；$F_4=(CaO+1.4MgO+0.6Al_2O_3)/SiO_2$；$F_5=CaO+0.5MgO+Al_2O_3-2.0SiO_2$；$F_6=(6CaO+3Al_2O_3)/(7SiO_2+4MgO)$；$F_7=(CaO+MgO)/(SiO_2+0.5Al_2O_3)$
国内常用的系数	$B=(CaO+MgO+Al_2O_3)/SiO_2$；$M=(CaO+MgO)/(SiO_2+Al_2O_3)$；$K=(CaO+MgO+Al_2O_3)/(SiO_2+MnO+TiO_2)$；$H=Al_2O_3/SiO_2$

注：B——水硬性系数；M——碱性系数；K——质量系数；H——活性系数。

考虑到水化的矿渣是一种复杂多体系的状态。因此，不可能用一种简单的水硬性系数来预测最终强度的发展。在一些规范中，用这类水硬系数粗略地把高炉矿渣分成不同类别，并已证明适用于控制已知矿渣质量在狭小范围内，而这种应用仅限于同一个钢厂的高炉矿渣。但是，它们既不是水硬性和化学组成之间的普遍适用的函数关系的分级，也不适合于不同工厂高炉矿渣的定量分类。

在国内，作为硅酸盐水泥组分，粒化高炉矿渣的活性最实用的检验方法是在硅酸盐水泥熟料中掺入一定量的粒状高炉矿渣，按照测定水泥力学强度的标准方法测定28d的抗压强度与不掺的纯硅酸盐水泥熟料28d的抗压强度比值来评定。另外，矿渣的活性发挥与高炉矿渣在水中的化学反应有关系，也与高炉矿渣颗粒分子所产生的化学、矿物特性有关系。高炉矿渣水泥水化的次序可以被分为一次熟料组分的水化和熟料水化产物激发矿渣粉的水化，即矿渣的活性是依靠硅酸盐水泥熟料水化产生的氢氧化钙激发出来的，矿渣活性指标高低与矿渣在水泥中的反应程度有关。因此要研究矿渣玻璃体的微观结构对矿渣活性的影响，需要确定矿渣在水泥中的反应程度。

4.4　粒化高炉矿渣的反应程度及结构分析

4.4.1　粒化高炉矿渣特性分析

国内年产量较大且具有代表性的四个钢铁厂，分别是长治钢铁集团公司（简称为C）、太原钢铁公司（简称为T）、海鑫集团（简称为H）和酒泉钢铁公司（简称为J），其生产的高炉水淬矿渣的化学成分见表4-5。

高炉矿渣的化学成分的质量分数wt（%）　　表4-5

成分	SiO_2	Al_2O_3	Fe_2O_3	CaO	MgO	Na_2O	K_2O	MnO	TiO_2	SO_3	Σ
C	31.29	15.17	2.15	36.51	6.61	0.52	0.44	0.27	0.61	1.26	94.8
T	32.75	10.00	8.89	37.71	7.2	0.30	0.44	0.14	0.82	1.28	99.5
H	33.72	16.14	3.48	36.36	6.02	0.30	0.44	0.75	0.82	1.20	99.2
J	35.39	12.10	0.93	38.90	7.54	0.21	0.94	1.89	1.27	0.43	99.6

根据矿渣的化学成分分析结果，依据表4-4国内常用系数计算其质量指标，计算结果见表4-6。

矿渣的质量指标 表4-6

质量指标	B	M	酸碱性	H	K	质量品位
C	1.86	0.928	酸性	0.485	1.81	优等
T	1.68	1.051	酸性	0.305	1.63	优等
H	1.74	0.849	酸性	0.479	1.66	优等
J	1.65	0.978	酸性	0.342	1.52	合格

注：$K>1.2$为合格，$K>1.6$为优等品；$M<1$为酸性矿渣，$M=1$为中性矿渣，$M>1$为碱性矿渣。

由矿渣的质量指标可以看出，4种水淬高炉矿渣都呈酸性；太钢、长钢和海鑫的矿渣属优质矿渣，质量系数大于1.6；而酒钢矿渣品质差一些，是合格品。同时对太钢和酒钢的原始矿渣进行XRD检测，如图4-3所示，矿渣的主要矿物为玻璃体，占94%以上，酒钢矿渣与太钢矿渣相比，酒钢矿渣中还含有少量的钙铝黄长石。

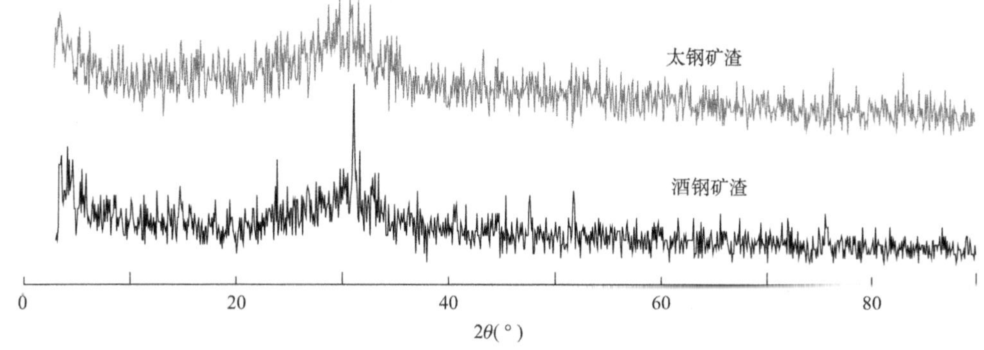

图4-3 不同钢厂高炉矿渣的X射线衍射分析

4.4.2 粒化高炉矿渣的反应程度及未反应矿渣粉的元素分析

(1)矿渣反应程度的测定

利用水杨酸萃取法来测定矿渣水泥中的矿渣粉的反应程度，选用上面制备好的4种矿渣粉体与石膏，按照质量比为95.3:4的比例混匀，以标准稠度用水量(质量比为0.7%的分析纯的$Ca(OH)_2$预先在水中溶解)制备成净浆30g，然后装入事先在内壁涂有石蜡的玻璃试管中，置于温度为20℃±2℃下分别养生1d、3d、7d、14d和28d，按照规定的方法测定分析，结果见表4-7、表4-8。

矿渣的质量评价系数和矿渣水泥的抗折强度 表4-7

编号	水泥抗折强度(MPa)			B	M	H	K	F_1	F_2	F_3	F_4	F_5	F_6	F_7
	3d	7d	28d											
C	3.6	6.1	8.1	1.86	0.93	0.49	1.81	68.71	2.20	1.17	1.75	0.01	1.14	1.11
T	4.5	6.6	9.1	1.68	1.05	0.31	1.52	67.25	2.05	1.05	1.64	0.05	1.21	1.19
H	3.8	5.8	8.4	1.74	0.84	0.47	1.66	66.28	1.97	1.11	1.62	0.22	1.05	1.01
J	3.8	4.9	7.8	1.65	0.97	0.34	1.52	64.61	1.83	1.07	1.60	1.09	1.14	1.12

矿渣的质量评价系数和矿渣水泥的抗压强度　表 4-8

编号	水泥抗压强度(MPa)			B	M	H	K	F_1	F_2	F_3	F_4	F_5	F_6	F_7
	3d	7d	28d											
C	21.4	36	51	1.86	0.93	0.49	1.81	68.71	2.20	1.17	1.75	0.01	1.14	1.11
T	21.7	34.6	56.9	1.68	1.05	0.31	1.52	67.25	2.05	1.05	1.64	0.05	1.21	1.19
H	20.7	32.6	56.3	1.74	0.84	0.47	1.66	66.28	1.97	1.11	1.62	0.22	1.05	1.01
J	16.2	27.1	46.5	1.65	0.97	0.34	1.52	64.61	1.83	1.07	1.60	1.09	1.14	1.12

这里所用的矿渣水泥是用矿渣与熟料和石膏按照 50∶46∶4 的比例混合得到的。表 4-7、表 4-8 都是利用原料的化学组成分析得到的氧化物组分的质量百分含量计算得到的，其中系数计算公式参照表 4-4，这些经验公式对于评价不同钢铁厂的抗折强度和抗压强度的高低效果不好，用 F_1 和 F_4 也只能对这四种矿渣的早期性能作出评价（拟合方程为 F_1：$y=0.5762x+55.189$，$R^2=0.79$；F_4：$y=0.013x+1.2292$，$R^2=0.57$），我国常用的质量系数 K 对矿渣水泥评价效果并不是很好。

从表 4-9 可以看到，不同钢铁厂的矿渣的反应程度差别很大：在石灰矿渣体系中矿渣的反应程度较小，水化 28d 的样品矿渣反应量最大不到 40%。本实验用的 4 种矿渣反应程度由大到小的排列顺序为：太钢(T) > 海鑫(H) > 长钢(C) > 酒钢(J)，如果将矿渣的反应程度与强度进行线性相关性分析，发现长钢和海鑫矿渣的反应程度与强度相关性较好，相关系数达到了 0.99，而太钢和酒钢的矿渣相关系数只有 0.75 左右。

水杨酸萃取法得到的矿渣的反应量(y：强度；x：反应程度)　表 4-9

编　号	需水量(ml)	矿渣的反应程度(%)					矿渣反应量与强度之间相关性	
		1d	3d	7d	14d	28d	拟合方程	R^2
T	146	18.1	25.3	35.4	36.0	37.4	$y=2.3802x-40.099$	0.75
H	148	15.3	22.2	26.2	30.5	33.1	$y=3.2846x-52.697$	0.99
C	148	14.5	21.4	23.2	25.1	28.3	$y=3.9945x-60.934$	0.93
J	145	11.2	12.8	19.1	19.7	20.8	$y=3.2281x-26.773$	0.79

（2）扫描电镜和电子探针对未水化矿渣的分析

图 4-4 显示，水杨酸萃取法对选取未反应的矿渣量是适合的，最后得到的残余物都是未反应的矿渣颗粒。矿渣的表面在早期的时候只有少量的孔洞或坑侵蚀，而到了后期矿渣的表面出现了大量的坑蚀和孔洞，氢氧化钙对矿渣的侵蚀是沿着玻璃体结构中薄弱的环节进行的，然后逐渐渗透到内部。结合表 4-10 和图 4-5 可知，4 种矿渣玻璃体结构的表面 Si、Al 和 Ca 元素的摩尔含量在加入石灰的早期，都出现了很快的下降。C、H、J 这 3 种矿渣玻璃体结构表面的 Si、Al 元素含量都在后期出现了增加趋势，相比之下，太钢矿渣玻璃体结构中的 Si、Al 元素含量基本不增加。

a) 3d萃取得到的矿渣　　b) 28d萃取得到的矿渣

图4-4　水杨酸萃取法得到的矿渣扫描电镜图

电子探针分析得到矿渣的元素分析(注:wt%质量分数,at%摩尔分数)　　表4-10

时间(d)	样品	Si		Al		Ca		Mg		Fe	
		wt%	at%	wt%	at%	wt%	at%	wt%	at%	wt%	at%
0	T	21.99	20.59	11.55	11.26	36.49	23.94	5.11	5.53	0.89	0.42
	H	16.51	14.34	8.87	8.02	35.61	21.68	3.80	3.81	0.87	0.38
	C	19.77	16.95	9.20	8.21	31.55	18.96	4.64	4.60	0.44	0.19
	J	22.19	20.68	7.13	6.91	38.48	25.13	4.33	4.67	1.54	0.72
3	T	21.37	18.36	7.48	6.69	28.26	17.01	7.08	7.03	0.71	0.31
	H	15.66	12.84	8.27	7.06	26.72	15.35	4.18	3.96	1.75	0.72
	C	16.20	13.27	7.35	6.27	27.71	15.91	3.87	3.66	1.29	0.53
	J	15.60	13.37	5.48	4.89	29.63	17.81	3.93	3.89	0.78	0.34
7	T	17.02	13.86	5.56	4.71	24.95	14.24	5.51	5.19	1.71	0.70
	H	16.62	13.55	8.12	6.89	25.47	14.55	4.00	3.76	1.13	0.46
	C	15.35	12.59	6.22	5.31	28.37	16.30	3.41	3.24	1.48	0.61
	J	15.13	12.47	5.54	4.75	26.66	15.40	4.27	4.06	0.68	0.28
28	T	17.02	13.93	6.32	5.38	26.03	14.93	5.69	5.38	1.65	0.68
	H	17.47	14.67	8.63	7.54	26.15	15.38	4.18	4.05	1.71	0.72
	C	17.01	14.13	7.43	6.43	28.98	16.87	3.86	3.70	1.58	0.66
	J	16.40	14.72	5.68	5.31	28.44	17.89	4.01	4.16	0.99	0.44

(3)粒化高炉矿渣的反应程度与强度的关系

矿渣的反应程度与强度的关系如图4-6所示,在矿渣水泥水化3d龄期,矿渣的水化对矿渣水泥强度的贡献很小,即矿渣的反应程度与强度的关系不是正比,矿渣反应程度大的矿渣水泥早期强度不一定高,长钢矿渣在早期配制的水泥强度较高。但是在7d甚至28d龄期,矿渣的反应程度对矿渣水泥强度开始起作用,即矿渣的反应量越大,矿渣活性越好的矿渣水泥的强度越高，太钢矿渣水泥和海鑫矿渣水泥的强度要好一些。这说明水化产物的量在后期是起着主导作用的，同样条件处理的矿渣水化生成的水化产物的量越大，相应的矿渣水泥的强度越好。

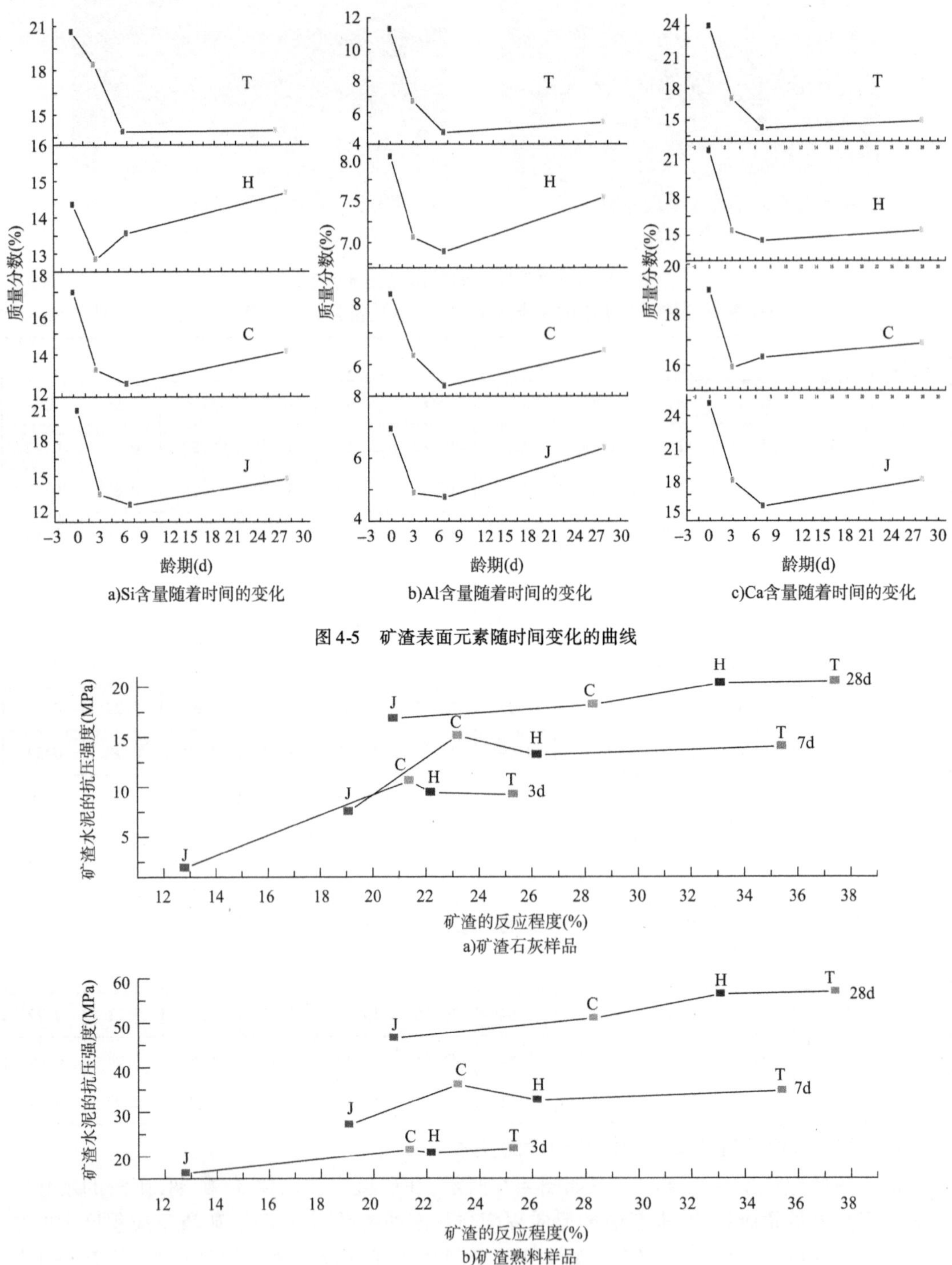

图4-5　矿渣表面元素随时间变化的曲线

图4-6　矿渣的反应程度与矿渣水泥抗压强度的关系

4.4.3　高炉矿渣粉玻璃体结构的分析

(1)矿渣中元素 Si 和 Al 配位数的核磁共振分析

从图 4-7、图 4-8 可以看出,矿渣中的 Al 元素化学位移值为 49.4PPm,即元素 Al 的配位数主要是四,但也有一部分六配位的 Al,由共振峰宽化,且向六配位 Al($+15\times10^{-6}$ ~ -10×10^{-6})的化学位移方向移动。与图 4-9 铝硅酸盐和铝酸盐中的 Al 元素化学位移值进行比较,可知 Al 元素在矿渣玻璃体结构中是以 O—Al—O 和 Al—O—Si 的形式存在的。

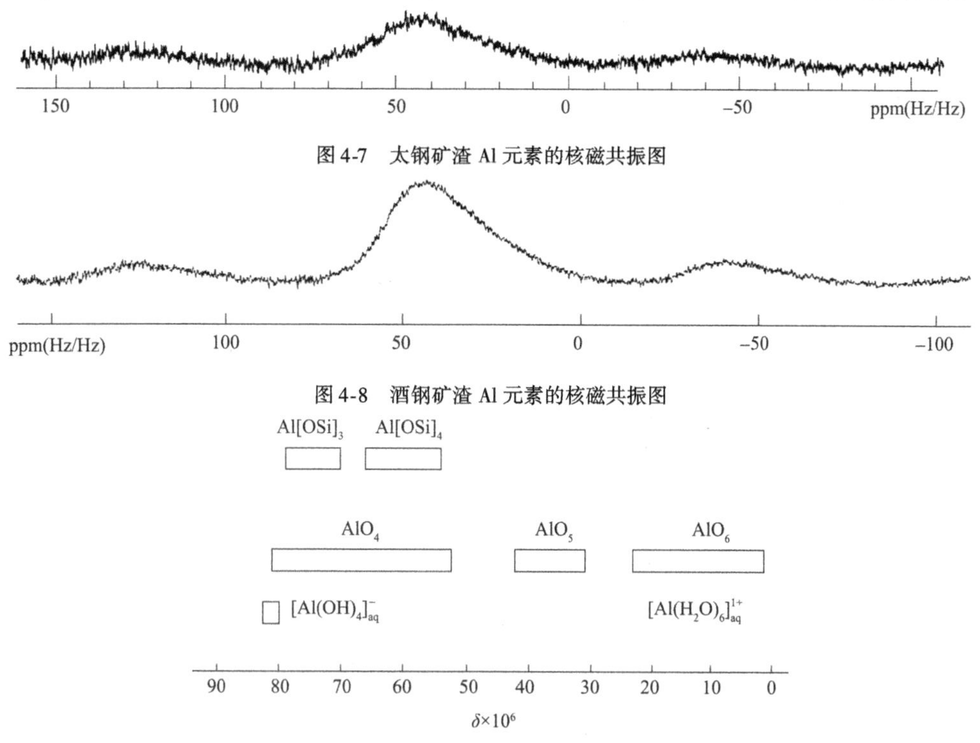

图 4-7　太钢矿渣 Al 元素的核磁共振图

图 4-8　酒钢矿渣 Al 元素的核磁共振图

图 4-9　铝酸盐和铝硅酸盐中 Al 元素的化学位移值

^{29}Si—NMR 信号中对应的硅酸盐四面体的聚集程度有以下 5 种:单硅酸盐中的孤立 $SiO_4{}^{4-}$ 基团(用 Q^0 表示),含端基的硅氧基团(Q^1),链中的中间基团(Q^2),层中或支链位置上的基团(Q^3),三维骨架结构中的基团(Q^4)。图 4-10a)为硅酸盐中的^{29}Si 的化学位移范围。Al 元素在铝硅酸盐结构中有特殊的作用,由于 Al^{3+} 的大小和 Si^{4+} 相近,Al^{3+} 可以置换 Si^{4+},这时 Al 处在四面体配位中,和 Si 一起组成硅铝氧骨干,形成硅铝酸盐。同样地,硅铝酸盐骨架中有 5 个^{29}Si—NMR 信号,对应了骨架中 Si 原子 5 种可能的环境,简化表示为 Q^n(mAl)结构(m = 0 ~ 4),其中 Al 取代 Si 的数量。图 4-11b)为铝硅酸盐中 Q^n(mAl)结构单元的^{29}Si 化学位移范围。Si 的共振峰有 3 个:大于 -50PPm 的化学位移值可能是硅氧四面体周围结合的六配位的铝,或者处在玻璃体结构的表面是价键不饱和状态的,因此化学位移向正值方向移动;-75PPm 左右的共振峰是很宽的共振峰,是 Q^0、Q^1 和 Q^2 中的两种或者三种硅酸盐的混合,伴随着可能有 Q^4(4Al) 和 Q^4(3Al)两种铝硅酸盐。分析可知,矿渣中铝元素的配位数为六或者四;硅元素的配位数为四,但是硅在硅氧四面体中的存在形式却是不同的,有 Q^0、Q^1、

Q^2,铝元素在相应的外围结合方式是 $Q^4(4Al)$ 和 $Q^4(3Al)$ 两种情况。

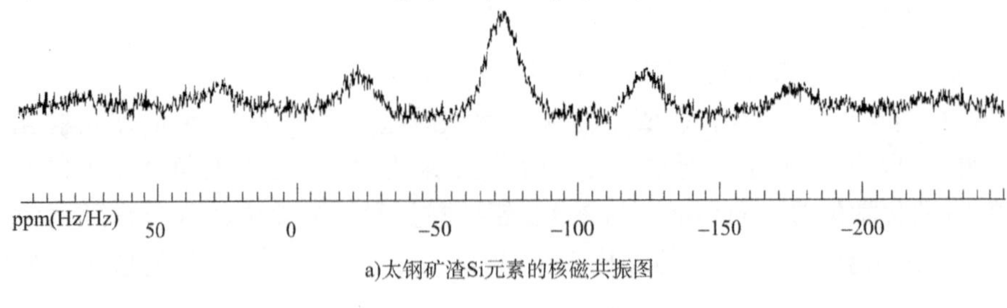

a)太钢矿渣Si元素的核磁共振图

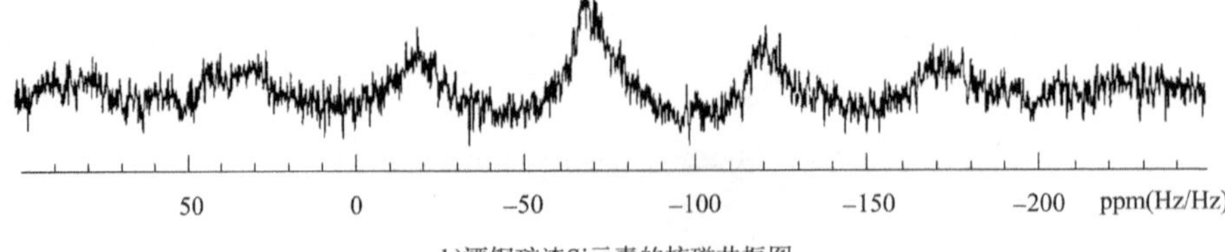

b)酒钢矿渣Si元素的核磁共振图

图 4-10　Si 元素的核磁共振图

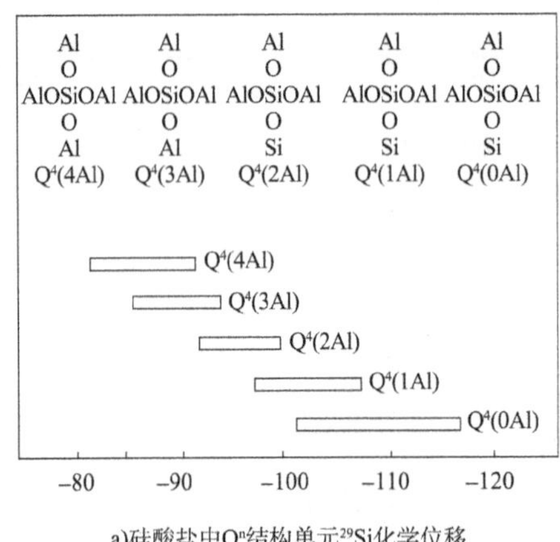

a)硅酸盐中Q^n结构单元^{29}Si化学位移

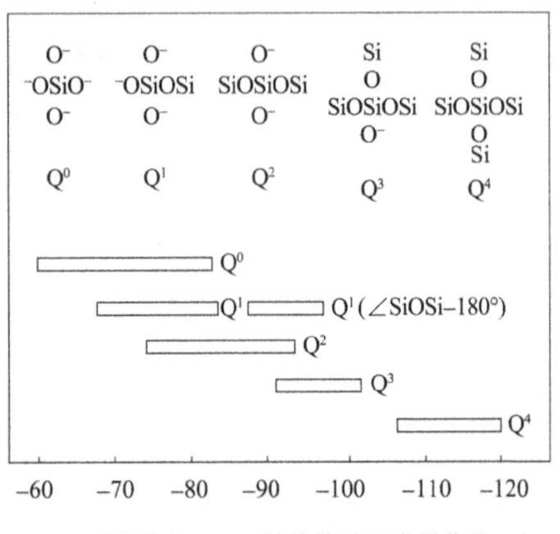

b)硅酸盐中$Q^n(mAl)$结构单元^{29}Si化学位移

图 4-11　Si 化学位移

(2)矿渣粉网络形成体聚合度的红外光谱分析

硅氧四面体有不同的聚合度,随着聚合度增加 Si—O 键的吸收频率也增大,$(SiO_4)^{4-}$、$(Si_2O_7)^{6-}$、$(SiO_3)^{2-}$、架状 SiO_2,其中 Si—O 的不对称伸缩振动频率应为 830 ~ 890cm^{-1}、900 ~ 930cm^{-1}、950 ~ 970cm^{-1}、1060 ~ 1200cm^{-1}。同一元素配位数不同,键角和键强不同,导致振动频率不同。$(AlO_4)^{5-}$(四配位)、$(AlO_6)^{9-}$(六配位)中 Al—O 键振动频率随着配位数增加向低波数方向偏移,对应为 700 ~ 950cm^{-1}、350 ~ 500cm^{-1}。

由图 4-12 和表 4-11 可见两种矿渣粉的红外光谱的曲线形状相似、峰位相近,基本上都有 5 个吸收谱带:其中 1431.85cm^{-1}、1630.75cm^{-1}和 3440cm^{-1}左右的吸收峰是水的振动峰;860 ~ 1175cm^{-1}是硅氧四面体的吸收峰,由吸收峰宽化可知硅氧四面体是不同聚合度的混合,矿渣粉体中主要是硅氧四面体单体、二聚体和三聚体的混合;700cm^{-1}左右出现的吸收峰是铝氧四面体的峰,酒钢矿渣的振动峰位与太钢矿渣的相比向高波数移动,可知酒钢矿渣的 Al 元素的结合力更强;最后的振动峰是铝氧八面体的振动峰,这也同时说明了 Al 元素在矿渣中是以两种配位的形式存在的。由此可知,两种矿渣粉体的玻璃体结构相似,根据振动频率的偏移,可知玻璃体结构中的硅氧四面体的聚合度是有差别的,$(AlO_4)^{5-}$(四配位)和$(AlO_6)^{9-}$(六配位)的比例也是不同的。

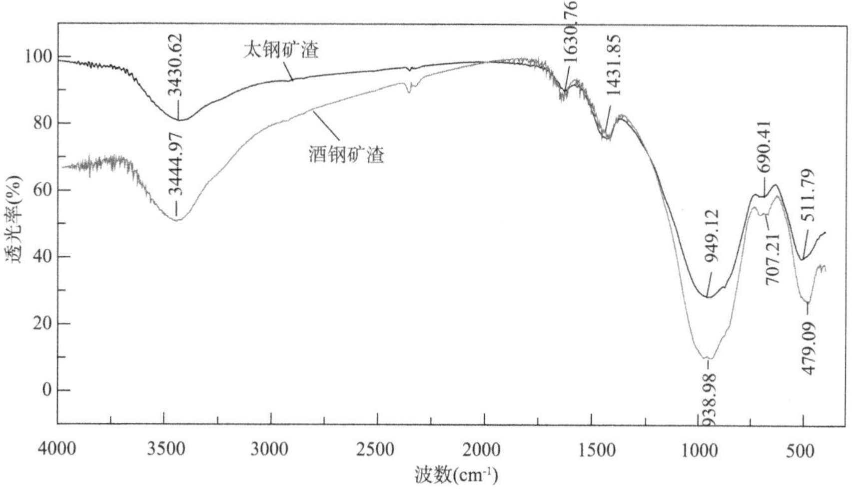

图4-12 酒钢和太钢矿渣的红外光谱图

酒钢和太钢原矿渣的红外光谱特征 表4-11

谱带范围(cm^{-1})	1060~1200 架状(SiO_2)	950~970 $(SiO_3)^{2-}$	900~930 $(Si_2O_7)^{6-}$	830~890 $(SiO_4)^{4-}$	700~950 $(AlO_4)^{5-}$	350~500 $(AlO_6)^{9-}$
太钢	—	949.12	—	888.46	690.41	511.79
酒钢	—	938.98	—	879.28	707.21	479.09

(3)矿渣中元素化学结合能的光电子能谱分析

图4-13是4种矿渣粉体的光电子能谱分析结果,从其可以看到,4种矿渣粉体的表面结构中都存在Ca、Si、Mg、Al、O、Fe和C元素,其中的C元素是由于空气中的CO_2吸附在了矿渣粉体的表面。因此对每种矿渣粉中存在的元素都做了光电子能谱分析,分析结果见表4-12。

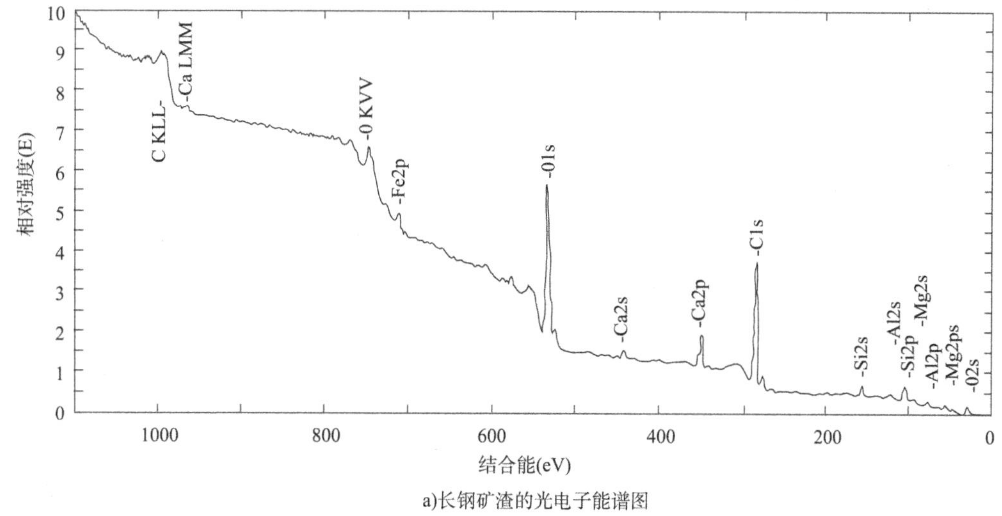

a)长钢矿渣的光电子能谱图

图 4-13

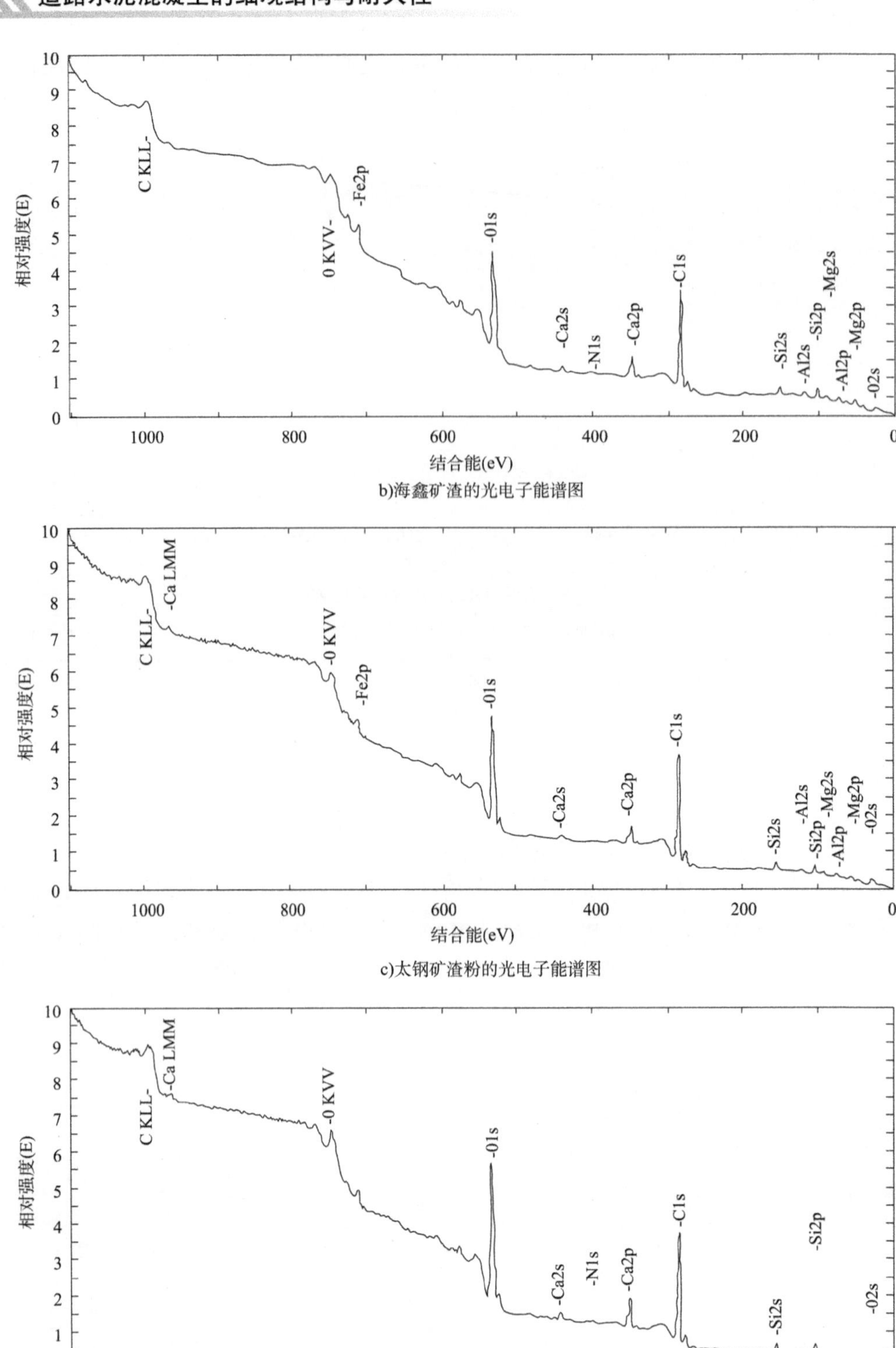

b)海鑫矿渣的光电子能谱图

c)太钢矿渣粉的光电子能谱图

d)酒钢矿渣粉的光电子能

图 4-13 光电子能谱分析

原矿渣粉元素的光电子结合能　　表4-12

元素名称		太钢(T)		长钢(C)		海鑫(H)		酒钢(J)	
Si	结合能(eV)	103.60	101.29	103.87	101.65	103.83	101.55	103.88	101.09
	wt(%)	87.15	12.85	72.84	27.16	84.39	15.61	86.18	13.82
Ca	结合能(eV)	350.43	347.52	350.48	347.66	350.51	347.48	350.57	347.08
	wt(%)	43.26	56.74	46.83	53.17	39.82	60.18	36.53	63.47
Mg	结合能(eV)	92.59	90.40	92.51	90.20	92.59	90.48	94.61	91.12
	wt(%)	59.51	40.49	57.45	42.55	61.20	38.80	42.15	57.85
Al	结合能(eV)	74.85	72.85	74.72	72.34	74.99	73.12	74.61	72.85
	wt(%)	64.91	35.09	77.04	22.96	69.61	30.39	82.86	17.14
Fe	结合能(eV)	711.04	709.14	711.38	709.26	711.11	708.88	711.07	709.15
	wt(%)	40.57	59.43	64.09	35.91	41.71	58.29	61.93	38.07

从表4-12可以看到Si元素2p轨道电子结合能可知Si元素的化学环境主要是两种：不定型二氧化硅(Si元素的电子结合能为103.66eV)和硅酸盐(Si元素的电子结合能为101.39eV)；表中Ca元素的化学结合能虽然也是两种，但是这是由Ca元素的$2p_{1/2}$(电子结合能为350.3eV)和$2p_{3/2}$(电子结合能为346.8eV)轨道激发出来的，从而得到两个分裂的峰，所以Ca元素的化学环境只有一种就是氧化钙；Mg元素的强峰是2s峰，表中的结合能给出Mg元素是以氧化镁的形式存在的；Al元素的2p轨道电子结合能也是两种，说明Al元素的化学环境为两种：三氧化二铝(Al元素的电子结合能为74.81eV)和铝酸盐(Al元素的电子结合能为73.38eV)；而Fe元素和Ca元素类似，也出现峰的分裂，得到$2p_{1/2}$(电子结合能为709.15eV)和$2p_{3/2}$(电子结合能为711.10eV)，即主要是以氧化物的形式存在。从表4-12也可知，Si元素和Al元素与网络的形成有关。

为找出Si元素和Al元素对矿渣玻璃体活性的影响，分别对Si元素和Al元素的化学结合能与矿渣活性关系作图，如图4-14所示。从图4-14可以看到，矿渣的化学反应能力受Al元素在玻璃体结构中存在形式的影响，即以氧化物的形式存在的Al含量越少，以铝酸盐形式存在的Al含量越多，矿渣的化学反应能力即矿渣的反应量越大。

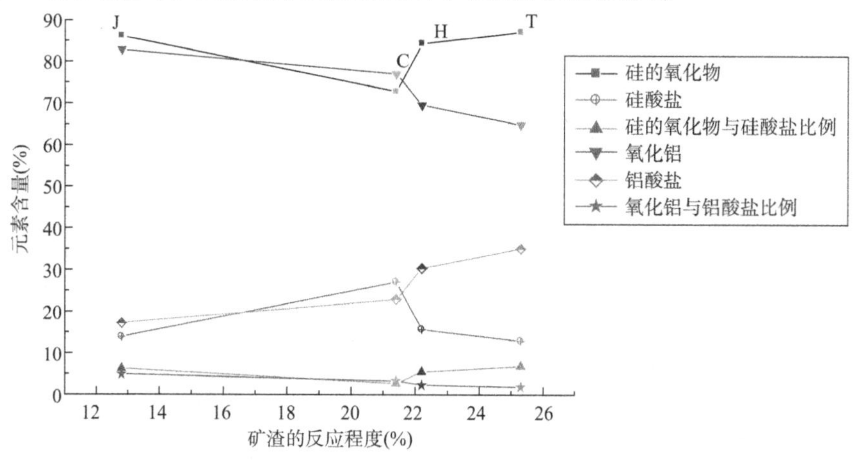

图4-14　矿渣的反应量与元素的化学结合能和元素含量的关系

4.4.4 高炉矿渣离子键合的程度和硅酸根离子聚合度的计算

(1)离子键合程度 A

$$A=\frac{\sum_{i}^{n}\left\{1-\exp\left[-\frac{1}{4}(X_0-X_m)^2\right]\right\}\cdot m_i}{\sum_{i}^{n}m_i}$$

式中:A——平均离子键程度(%);

X_0——氧的电负性;

X_m——阳离子的电负性;

m_i——氧化物 i 的质量分数(wt%);

n——体系中主要氧化物数。

(2)非桥氧数

$$\frac{NBO}{T}=\frac{1}{T}\cdot n\sum_{i}M_i^{n+}$$

式中:$\frac{NBO}{T}$——硅酸盐熔体中四面体的非桥氧数;

T——熔体中网络形成体中心阳离子摩尔分数;

M——熔体中网络改变体阳离子摩尔分数。

表 4-13 是矿渣玻璃体结构离子键合的程度和非桥氧数的计算值,不同钢铁厂的矿渣玻璃体离子键合的程度大小顺序为 C > T > J > H,而矿渣水泥强度性能的关系顺序为:早期 C > T > H > J,后期 T > H > C > J,因此矿渣玻璃体结构的离子键合的程度有差别,但是不明显。对矿渣玻璃体结构中的非桥氧数计算 NBO/T > 3,表明矿渣玻璃体结构中硅氧四面体以 $(SiO_3)^{2-}$、$(Si_2O_7)^{6-}$、$(SiO_4)^{4-}$ 形式存在。

矿渣玻璃体结构的离子键合程度和非桥氧数　　表 4-13

矿渣种类	太钢(T)	长钢(C)	海鑫(H)	酒钢(J)
离子键合程度	0.663	0.664	0.658	0.663
非桥氧数	3.47	3.03	3.07	3.46

4.5 粒化高炉矿渣在水泥中的水化过程

采用 DSC-TG 法可以对不同钢厂的矿渣水泥水化过程进行监控,DSC-TG 法可以很好地反映出矿渣的水化情况,矿渣与氢氧化钙接触后不同来源的矿渣表现出不同的反应速度,矿渣自身的水化存在缓慢发展期和加速期两个阶段。高炉水淬矿渣分别来自国内有代表性的两个钢铁厂,太原钢铁公司(简称为 T)和酒泉钢铁公司(简称为 J),其化学成分见表 4-14。

高炉矿渣的化学成分　　表 4-14

成分	SiO_2	Al_2O_3	Fe_2O_3	CaO	MgO	Na_2O	K_2O	MnO	TiO_2	SO_3	Σ
T	32.75	10.00	8.89	37.71	7.2	0.30	0.44	0.14	0.82	1.28	99.5
J	35.39	12.10	0.93	38.90	7.54	0.21	0.94	1.89	1.27	0.43	99.6

4.5.1 3d 水化水泥浆体的 DSC-TG 曲线

从图 4-15 和表 4-15 可知，温度小于 200℃很宽的吸热状态同时伴随着很大的失重，是由于水化产物包括水化硅酸钙凝胶脱水和硫铝酸钙（AFt）脱水以及游离水的蒸发水化吸热峰重叠的结果，在温度为 120℃左右有一个驻点是石膏的脱水转变成半水石膏的结果，其中 80℃左右的温度是峰温；400 ~ 500℃之间的吸热峰同时伴随着失重，应该是氢氧化钙脱水造成的。结合表 4-14 中氢氧化钙的剩余量，可知太钢矿渣比酒钢矿渣剩余量大，可判断矿渣与熟料中的氢氧化钙发生了反应，促进了熟料的水化；进一步分析矿渣与石灰作用得到氢氧化钙的量是吸附渗透在矿渣里氢氧化钙的量，即吸附在矿渣表面和水化产物混在一起的剩余量，太钢矿渣消耗掉一些吸附渗透的氢氧化钙，从而酒钢矿渣石灰水泥中，氢氧化钙的剩余量更多一点。

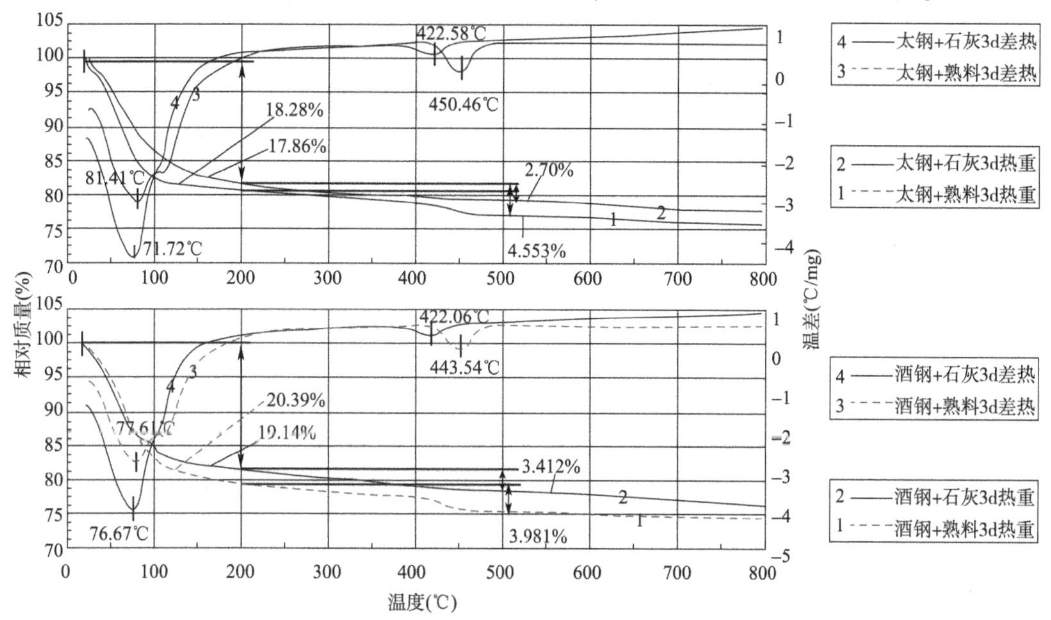

图 4-15 矿渣熟料水泥和矿渣石灰水泥 3d 龄期的 DSC-TGA 曲线

矿渣水泥水化 3d 的 DSC-TG 曲线特征 表 4-15

样品名称		温度(℃)	TG 失重百分比(%)	氢氧化钙剩余量(%)	DSC 峰温(℃)
酒钢	熟料	<200	20.39	—	77.61，在 120 左右存在一个驻点
		410 ~ 480	4.817	16.37	443.54
	石灰	<200	19.14	—	76.76，在 120 左右没有驻点
		400 ~ 430	2.093	14.03	422.06
太钢	熟料	<200	17.86	—	81.41，在 120 左右存在一个驻点
		410 ~ 480	5.611	18.72	450.46
	石灰	<200	18.28	—	76.76，在 120 左右驻点不明显
		410 ~ 430	4.735	11.10	422.58

4.5.2 7d 水化水泥浆体的 DSC-TG 分析

图 4-16 和表 4-16 表明，与 3d 水化样品相比，矿渣与熟料混合样品在 200℃以下吸热峰更

加宽，而100℃左右驻点消失，这说明更多水化产物生成伴随石膏的消耗。通过计算410～430℃失重，可知矿渣水泥中氢氧化钙剩余量继续增加，而太钢矿渣水泥比酒钢矿渣水泥氢氧化钙多；对于矿渣与石灰样品，200℃以下的吸热峰在100℃左右出现驻点而且吸热峰变宽，和3d矿渣水泥的差热曲线相似，可以断定矿渣与石灰作用生成水化产物的迹象。太钢矿渣石灰剩余量出现了减小迹象，说明7d的太钢矿渣水化程度明显增加。

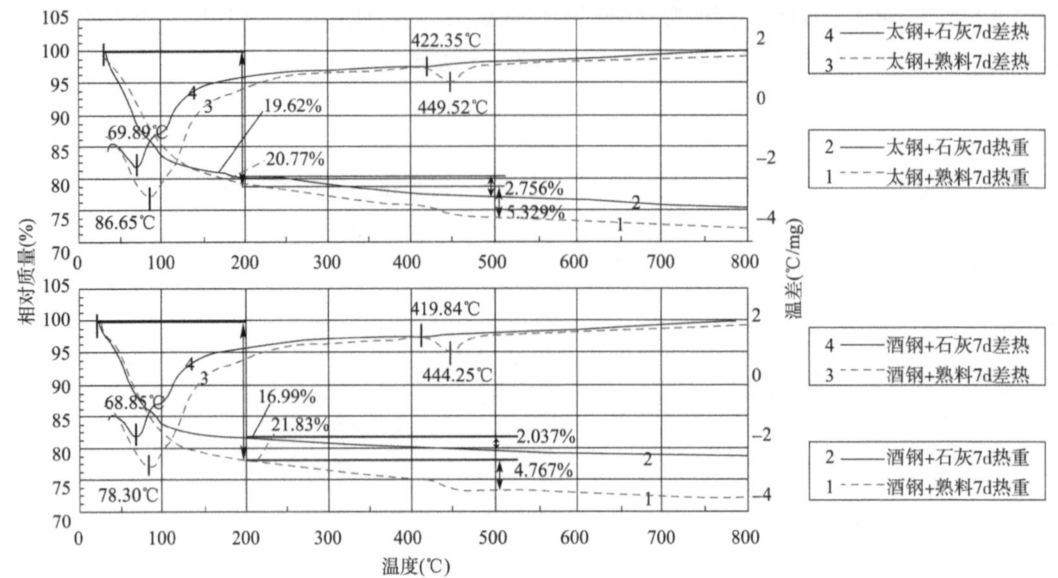

图4-16　矿渣熟料水泥和矿渣石灰水泥7d龄期的DSC-TGA曲线

矿渣水泥在水化7d的DSC-TG曲线特征　　表4-16

样品名称		温度(℃)	TG失重百分比(%)	氢氧化钙剩余量(%)	DSC峰温(℃)
酒钢	熟料	<200	21.83	—	78.30
		410～480	4.767	19.59	444.25
	石灰	<200	16.99	—	68.85，在120左右存在一个驻点
		400～430	2.037	8.37	419.84
太钢	熟料	<200	20.77	—	86.65
		410～480	5.329	21.91	449.52
	石灰	<200	19.62	—	69.89，在120左右存在一个驻点
		410～430	2.756	11.33	422.35

4.5.3　28d矿渣水泥水化产物的DSC-TG分析

从图4-17和表4-17看到，与早期样品相比，200℃以下吸热峰演变为两个窄吸热峰，小于150℃吸热峰是游离水排除和水化硅酸钙脱水，说明水化凝胶生成量增加。150～200℃吸热峰是钙矾石和单硫型水化硫铝酸钙的脱水峰，通过计算矿渣与熟料混合样品410～480℃的失重，可知矿渣水泥中氢氧化钙剩余量有所减少，含太钢矿渣样品比含酒钢矿渣样品中氢氧化钙剩余量小，进一步说明矿渣在水泥水化后期反应加速，从而消耗氢氧化钙量会明显增加；对比分析矿渣与石灰作用样品，在水化后期氢氧化钙量显著降低，以至对两个样品失重曲线上没有氢氧化钙吸热峰，说明样品中基本不存在氢氧化钙。

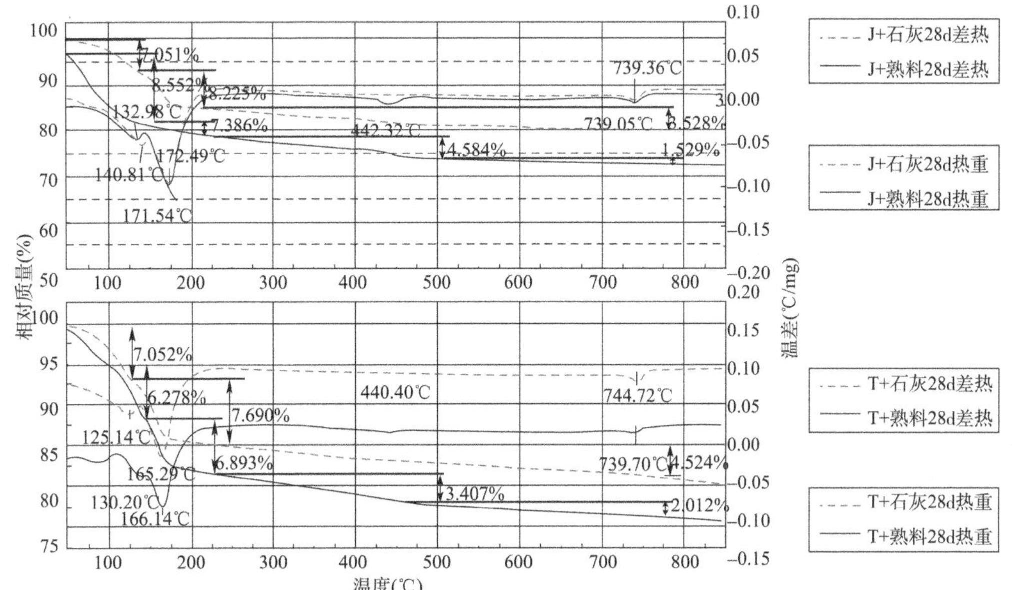

图4-17　矿渣熟料水泥和矿渣石灰水泥28d龄期的DSC-TGA曲线

矿渣水泥在水化28d的DSC-TG曲线特征　　表4-17

样品名称		温度(℃)	TG失重百分比(%)	氢氧化钙剩余量(%)	DSC峰温(℃)
酒钢	熟料	<150	7.051	—	132.98
		<200	8.225	—	171.54
		410~480	4.584	18.51	444.25
		<800	1.592	—	739.05
	石灰	<150	8.552	—	140.81
		<200	7.386	—	172.49
		<800	3.528	—	739.36
太钢	熟料	<150	10.88	—	138.25
		<200	6.893	—	166.14
		410~480	6.575	14.31	449.52
		<800	2.012	—	739.70
	石灰	<150	7.052	—	125.14
		<200	7.690	—	165.29
		<800	4.524	—	744.72

4.6　粒化高炉矿渣粉粉磨方式对水泥性能的影响

4.6.1　矿渣粉粉磨方式对水泥流变性能的影响

水泥浆与水泥混凝土混合物的工艺特性，特别是通常所称的工作性或和易性，是从事混凝土施工和水泥制品工艺的技术人员十分关心的问题。近年来,许多学者提出矿渣粉的颗粒特性和形貌能显著的改善水泥混凝土工作性。不同的粉磨系统对水泥颗粒特性产生了一定的影响,目前,主流矿渣粉粉磨方式有立磨和球磨,因此有必要深入地研究因不同粉磨方式造成的矿渣水泥的流变性能的差异。

(1)原材料

试验用的硅酸盐水泥熟料及水泥均取自陕西秦岭水泥股份有限公司,二水石膏取自首钢,粒化高炉矿渣取自长治钢铁集团,化学成分见表4-18。

原材料化学成分的质量分数(%) 表4-18

名称	CaO	SiO_2	Al_2O_3	Fe_2O_3	FeO	MgO	MnO	TiO_2	SO_3	K_2O	Na_2O	Cl^-	Loss	Σ
熟料	64.40	21.99	5.89	3.66		1.26		0.25	0.12	0.62	0.42		1.01	99.62
矿渣	34.5	21.5	16.3	2.60	0.8	8.0	0.7	0.6	0.6	0.9	1.7	0.3	0.3	99.50
石膏	29.72	4.33	0.91	0.72		3.04		0.06	37.84				22.53	99.15
水泥	64.83	20.89	6.16	4.41		1.94							1.51	

(2)矿粉的制备

样品A取自长钢3号、7号高炉产生的水淬矿渣,经实验室球磨机ϕ500×500mm粉磨成比表面积为318、365、412、438、492、545和613m^2/kg的矿渣粉;样品B取自同一个钢厂经立磨粉磨成比表面积为436m^2/kg的矿渣粉,矿渣密度为2.95g/cm^3。硅酸盐水泥熟料也由试验室ϕ500×500mm球磨机进行粉磨,其比表面积分别337m^2/kg,密度为3.08g/cm^3。

(3)实验方案

将经球磨和立磨得到的矿渣粉(样品A1~A7和B1~B7)按照表4-19的掺量与硅酸盐熟料和石膏(掺量为矿渣水泥质量的4%)配制成矿渣水泥(总质量为100%);将由不同粉磨时间经试验室球磨得到的矿渣粉(质量掺量为30%)与秦岭硅酸盐水泥配制成矿渣水泥(样品A8~A14)。测量上述样品以及球磨净矿渣粉A0和立磨净矿渣粉B0在水灰比为0.40时的流变性能(屈服应力τ_0和黏度η);测量样品A0、A1~A7和B0、B1~B7的标准稠度用水量;测量球磨净矿渣粉在不同比表面积时(QA8、QA9、QA10、QA11、QA12、QA13和QA14)及立磨B0和秦岭525R水泥D的粒度分布(结果见表4-20)和形貌。

实验方案 表4-19

<table>
<tr><td rowspan="2">方案</td><td colspan="7">改变矿渣粉的掺量w(%)</td><td rowspan="2">方案</td><td colspan="7">改变矿渣粉的比表面积(m^2/kg)</td></tr>
<tr><td colspan="7">同一比表面积(430m^2/kg±10m^2/kg)</td><td colspan="7">同一掺量(30%)</td></tr>
<tr><td rowspan="2">球磨矿粉及编号</td><td>A1</td><td>A2</td><td>A3</td><td>A4</td><td>A5</td><td>A6</td><td>A7</td><td rowspan="4">球磨矿粉及编号</td><td rowspan="2">A8</td><td rowspan="2">A9</td><td rowspan="2">A10</td><td rowspan="2">A11</td><td rowspan="2">A12</td><td rowspan="2">A13</td><td rowspan="2">A14</td></tr>
<tr><td>10</td><td>20</td><td>30</td><td>40</td><td>50</td><td>60</td><td>70</td></tr>
<tr><td rowspan="2">立磨矿粉及编号</td><td>B1</td><td>B2</td><td>B3</td><td>B4</td><td>B5</td><td>B6</td><td>B7</td><td rowspan="2">318</td><td rowspan="2">365</td><td rowspan="2">412</td><td rowspan="2">438</td><td rowspan="2">492</td><td rowspan="2">545</td><td rowspan="2">613</td></tr>
<tr><td>10</td><td>20</td><td>30</td><td>40</td><td>50</td><td>60</td><td>70</td></tr>
</table>

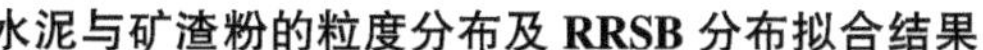

水泥与矿渣粉的粒度分布及 RRSB 分布拟合结果　　表4-20

样品名称	水泥与矿渣粉的粒度 w(%)									
	<1μm	1~3μm	3~5μm	5~10μm	10~15μm	15~20μm	20~30μm	30~40μm	40~50μm	>50μm
QA8	0.91	8.12	7.89	15.78	11.97	9.68	15.12	10.91	7.45	12.71
QA9	1.15	9.88	9.31	17.67	12.75	9.96	14.94	9.94	6.27	8.13
QA10	1.38	11.72	10.67	19.18	13.18	10.07	14.50	8.94	5.17	5.19
QA11	1.45	12.21	11.14	20.11	13.68	10.17	14.04	8.22	4.61	4.37
QA12	2.42	15.64	12.68	20.92	13.35	9.67	12.53	6.78	3.47	2.54
QA13	2.85	17.02	13.33	21.28	13.06	9.17	11.58	6.16	3.15	2.40
QA14	4.14	19.94	14.23	20.54	11.67	8.09	10.31	5.58	2.90	2.51
A0	1.45	12.21	11.14	20.11	13.68	10.17	14.04	8.22	4.61	4.37
B0	1.05	7.22	6.27	15.96	15.53	13.39	19.12	11.04	5.93	4.49
D	0.96	9.39	8.47	17.84	15.65	12.97	17.55	9.38	4.61	3.17
样品名称	矿渣粉和水泥 RRSB 分布拟合结果									
	A0	B0	QA8	QA9	QA10	QA11	QA12	QA13	QA14	D
均匀性系数 n	1.0342	1.2747	1.0775	1.0633	1.0545	1.0342	1.0085	0.9771	0.8948	1.2161
特征粒径(μm)	17.66	21.32	24.96	21.11	18.15	17.66	14.21	13.32	11.96	18.67
相关系数	0.998	0.999	0.998	0.998	0.999	0.998	0.999	0.999	0.999	0.999

(4)矿渣水泥的标准稠度用水量

由图4-18可以看到,不同掺量的球磨矿渣和立磨矿渣对矿渣水泥的标准稠度用水量(图中的数据是矿渣水泥用水量比硅酸盐水泥用水量多出的百分率)的影响有很大的差异,立磨矿渣水泥的用水量比球磨矿渣水泥的多很多,最多可多出12%,且比硅酸盐水泥的多。这是因为用水量不仅受矿渣细度、颗粒大小和形貌的影响,还受颗粒级配的影响,由于水泥粉体符合Rosin-Rammler分布,因此对矿渣颗粒群进行了RRSB拟合。从表4-20、图4-19和图4-20可以看出,矿渣的比表面积比硅酸盐水泥的大,球磨矿渣比立磨矿渣特征粒径的小即细颗粒(<10μm)的含量多,均匀性系数 n 小即分布宽,更接近最佳堆积密度理想筛析曲线,相比较而言,立磨粉磨矿粉是辊压而成,是线性接触并有超细分级机将细颗粒及时选出,避免了过粉碎现象;而球磨粉磨矿渣主要是凭借长时间的冲击、研磨作用,因而有较高的颗粒圆形度和较多的细粉含量。

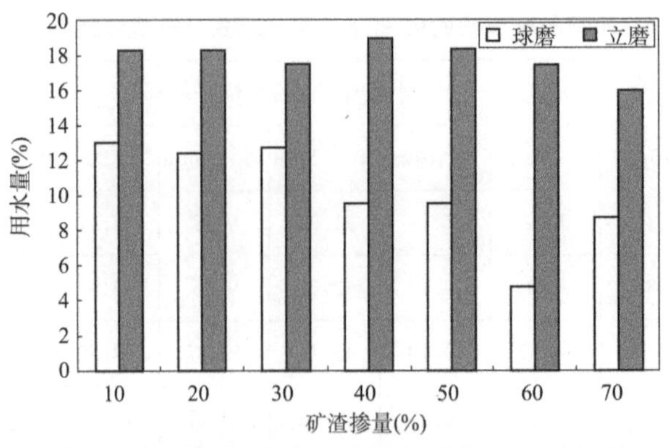

图 4-18 不同粉磨方式矿渣粉对水泥标准稠度用水量的影响

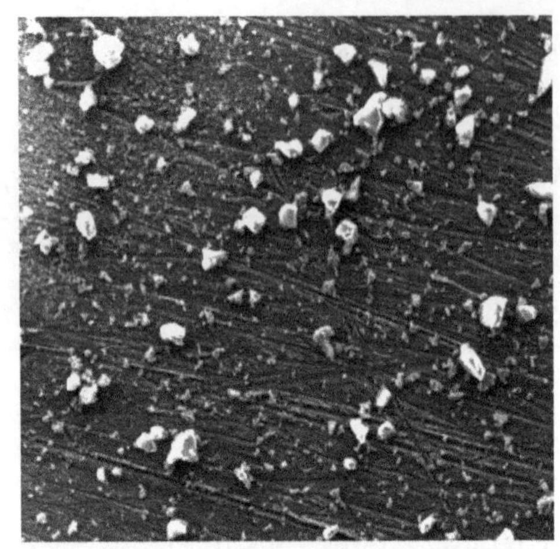

图 4-19 立磨矿渣粉形貌

图 4-20 球磨矿渣粉形貌

从图 4-21 可以看到，随着矿渣比表面积的增大，矿渣水泥的屈服应力和黏度都增大，但是矿渣水泥的屈服应力比硅酸盐水泥的要小也就是流动性好，黏度在矿渣粉比表面积大于 $400m^2/kg$ 以后比硅酸盐水泥的要大即可塑性好。随着矿渣比表面积增加矿渣水泥的屈服应力和黏度增加。由此可根据黏度和屈服应力把矿渣分成两类，一类是比表面积在 300 ~ $450m^2/kg$，在此范围的屈服应力和黏度的波动值都很小（屈服应力在 180Pa ± 10Pa，黏度在 2.5Pa ± 0.2Pa · s 变化），一类是比表面积在 450 ~ $600m^2/kg$（屈服应力在 220Pa ± 10Pa，黏度在 3.2Pa ± 0.2Pa · s 变化）。关联分析可以知道，小于 10μm，特别是 5 ~ 10μm 的矿渣粉与矿渣水泥的屈服应力和黏度是正关联，即使屈服应力和黏度增大；而大于 10μm 特别是 10 ~ 20μm 的矿渣粉则是负关联，即使屈服应力和黏度削弱。球磨矿渣粉随着比表面积的增加，细粉含量增加即小于 10μm 的矿渣粉含量增加，从而造成屈服应力和黏度的增加。

(5)矿渣粉的粉磨方式和掺量对矿渣水泥流变性的影响

由图 4-22 可以看到，矿渣水泥的黏度比硅酸盐水泥的要大即可塑性要好，在矿渣掺量为 70% 时，矿渣水泥的黏度最大可以达到硅酸盐水泥的 2.5 倍；矿渣水泥的屈服应力比硅酸盐水泥的也要大。重要的是矿渣掺量达 30% 时，矿渣水泥的黏度是硅酸盐水泥的 2.2 倍，而矿渣水泥的屈服应力和硅酸盐水泥的只差 7Pa。这是由于矿粉细度较水泥要细，表面能要高,因此矿粉掺入的同时也增加了表面吸附水量和产生矿粉颗粒间或与水泥颗粒之间的吸附作用,从而使矿渣水泥的黏度和屈服应力都较硅酸盐水泥的要大,随着掺量增加屈服应力和黏度要有起伏,这可能和颗粒堆积有关。对于不同的粉磨方式对矿渣水泥的流变性的影响,矿渣掺量在小于30%和大于40%时由球磨矿渣粉制成的矿渣水泥比立磨的屈服应力和黏度要小,这是由于球磨矿渣粉的颗粒分布宽、圆形度高。而掺量在30%～40%时球磨矿渣水泥的黏度和屈服应力较立磨的要稍大,这可能是由于在此范围内,立磨的矿渣水泥比球磨的堆积更紧密,从而屈服应力和黏度稍小,屈服应力相差为8.52Pa,而黏度相差只有0.045Pa·s。总体来说,球磨矿渣水泥的流变性能要优于立磨矿渣水泥的。

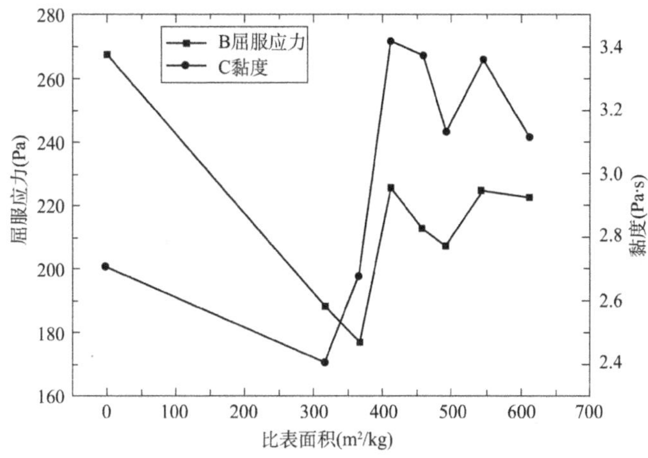

图4-21 矿渣粉比表面积对矿渣水泥流变性的影响

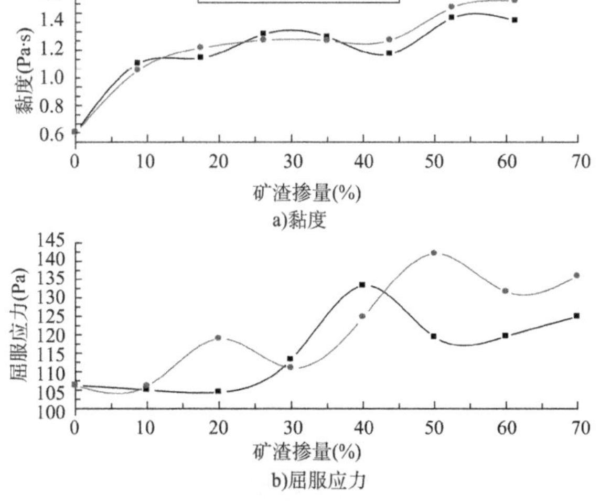

图4-22 不同粉磨方式和矿渣掺量的矿渣水泥的流变性

4.6.2 矿渣粉粉磨方式对水泥强度的影响

矿渣粉作为水泥的一种替代混合材,对矿渣水泥的强度性能影响是首要考虑的重点。矿渣粉的颗粒特性和形貌能显著改变水泥混凝土强度,而不同的粉磨系统对水泥颗粒特性和形貌产生了一定的影响,不同粉磨方式也将造成矿渣水泥强度性能的差异。

(1)原材料

试验用水泥为普通硅酸盐水泥,其比表面积为356m²/kg,密度为3.15g/cm³;粒化高炉矿渣,密度为2.84g/cm³。化学成分见表4-21。

水泥熟料和矿渣的主要化学成分的质量含量 wt(%)　　表4-21

物质	CaO	SiO_2	Al_2O_3	Fe_2O_3	MgO	FeO	MnO	SO_2	K_2O	Na_2O	Loss
矿渣	34.50	33.0	16.3	1.80	8.0	0.8	0.70	0.60	0.90	1.70	0.30
水泥	64.83	20.79	6.16	4.41	1.94	—	—	—	—	—	1.51

(2)样品的制备

试验用立磨矿渣粉从长钢水泥厂取样,球磨矿渣粉在$\phi500\times500$mm的标准实验用球磨机制成,两种矿渣粉的比表面积为430m²/kg±10m²/kg。中将用球磨机制备的矿渣粉称之为球磨矿渣,用QK表示;用立磨制备的矿渣粉称之为立磨矿渣,用LK表示。用球磨矿渣配制成的水泥称为球磨矿渣水泥,立磨矿渣配制的水泥称为立磨矿渣水泥。将这两种矿渣粉以10%、20%、30%、40%、50%、60%、70%的质量掺量与水泥混合配制成矿渣水泥对比样,分别测定3d、7d和28d胶砂强度;用QK10表示球磨矿渣掺量为10%的矿渣水泥,其余依此类推。同时用激光粒度测试仪分析矿渣和秦岭水泥的粒度分布、用扫描电镜观察球磨和立磨矿渣粉的形貌。

(3)不同粉磨方式的矿渣粉的粒度分布

通过用激光粒度分析仪对粉体的粒度进行分析,结果如表4-22所示。

立磨矿渣、球磨矿渣、水泥的粒度分布(%)　　表4-22

粒径(μm)	<1	1~2	2~4	4~8	8~16	16~32	32~64	>64	D_{10}	D_{50}	D_{90}	D[4.3]	D[3.2]
立磨	0.99	3.42	7.07	14.36	24.7	30.53	18.05	1.41	3.5	16.4	40.4	8.0	19.6
球磨	1.51	4.68	10.60	20.27	23.74	22.51	13.68	3.01	2.6	12.3	40.3	6.3	17.6
秦岭	0.90	4.04	9.89	16.95	24.44	28.39	14.41	0.98	2.9	14.2	36.8	7.1	17.4

由于水泥粉体符合Rosin-Rammler分布,因此对矿渣颗粒群进行了RRSB拟合。该分布函数的形式为:

$$R=100\exp\left[\left(\frac{-X}{X_0}\right)^{e}\right] \tag{4-1}$$

对式(4-1)取二次对数可得:

$$\ln\left[\ln\left(\frac{100}{R}\right)\right]=n\ln X-n\ln X_0 \tag{4-2}$$

令 $Y=\ln[\ln(100/R)]X=\ln X \qquad b=-\ln X_0$

则式(4-2)可变为:

$$Y=nX+b \tag{4-3}$$

式中:R——X_e筛孔上的累计筛余质量分数;

X_e——相当于筛余为100/e时的粒径,称为特征粒径或临界粒径;

X——筛孔尺寸;

e——自然对数的底,取值为2.718;

n——均匀性系数,粒度分布范围的宽窄。

拟合结果如表4-23所示。

不同矿渣掺量配制的矿渣水泥颗粒分布拟合结果 表 4-23

项目	LK							QK						
	10	20	30	40	50	60	70	10	20	30	40	50	60	70
n	1.328	1.329	1.331	1.333	1.335	1.337	1.339	1.311	1.282	1.259	1.241	1.224	1.208	1.194
b	3.879	3.899	3.921	3.942	3.964	3.987	4.011	3.812	3.743	3.686	3.635	3.588	3.544	3.502
X_e	18.54	18.78	19.02	19.25	19.49	19.74	19.98	18.32	18.53	18.65	18.72	18.76	18.78	18.80
R	0.99	0.99	0.99	0.99	0.99	0.99	0.99	0.99	0.99	0.99	0.99	0.99	0.99	0.99

其中球磨、立磨净矿渣和秦岭水泥的 n 分别为 1.152、1.351、1.331；b 分别为 3.394、4.091、3.382；X_e 分别为 18.7、20.7、18.3。

从表 4-23、图 4-23 可以看出，球磨矿渣比立磨矿渣特征粒径 X_e 小即细颗粒的含量多，均匀性系数 n 小即分布宽，球磨矿粉更接近最佳堆积密度理想筛析曲线，球形度高。

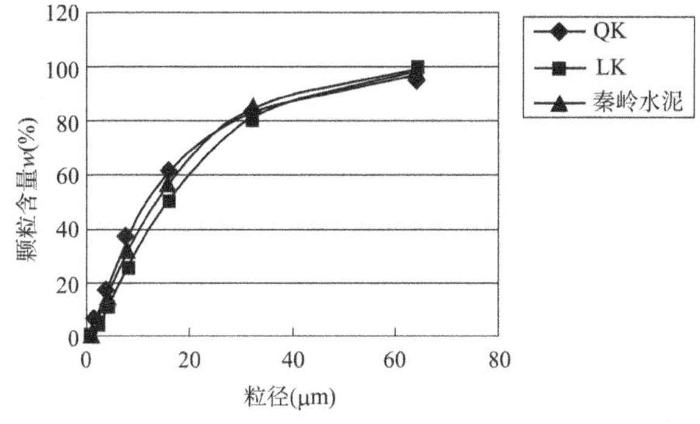

图 4-23 颗粒的累计百分含量分布曲线

(4) 矿渣水泥的强度

球磨和立磨的矿渣粉配制的矿渣水泥抗折强度如图 4-24 所示，在矿渣掺量从 30% 到 70% 间，两种矿渣水泥的 3d、7d 的抗折强度都低于硅酸盐水泥，而 28d 矿渣水泥的抗折强度要高于硅酸盐水泥；相比之下，球磨矿渣水泥比立磨矿渣水泥的抗折强度值要大，在掺量为 30% 时最大可达立磨矿渣水泥抗折强度的 15%。图 4-25 给出了矿渣水泥抗压强度的变化：两种矿水泥早期强度即 3d、7d 的抗压强度比硅酸盐水泥的低，28d 的抗压强度高于硅酸盐水泥；同样随着掺量的变化，球磨矿渣水泥比立磨矿渣水泥的抗压强度值要大，在掺量为 30% ~40% 时最大可达立磨矿渣水泥抗压强度的 14.2%。

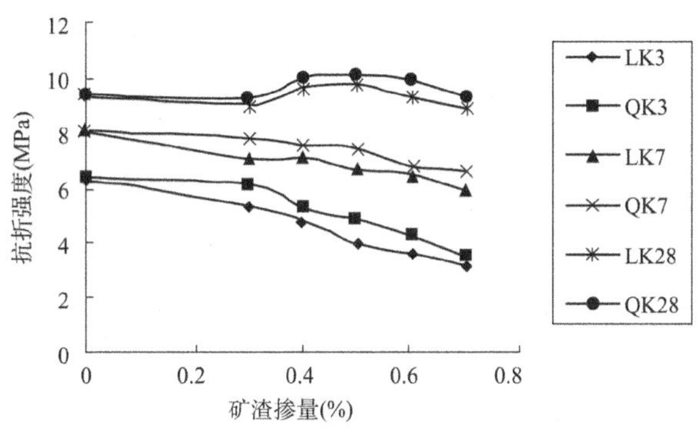

图 4-24 不同粉磨方式对矿渣水泥抗折强度的影响

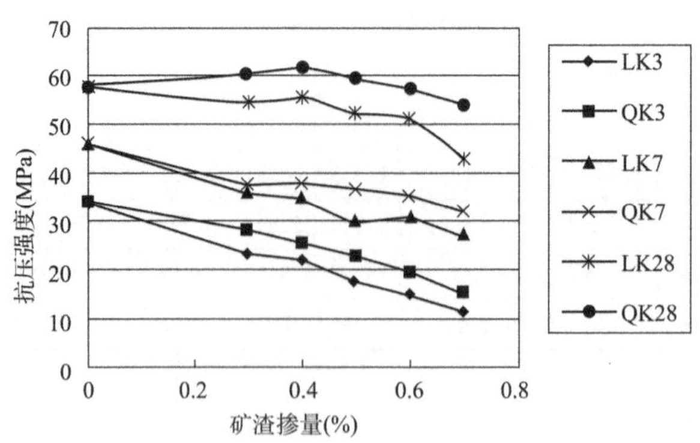

图4-25 不同粉磨方式对矿渣水泥抗压强度的影响

(5)颗粒的粒度分布和形貌对水泥强度的影响

采用灰色关联方法对矿渣水泥的强度性能和颗粒群分布的关系进行分析,分析结果见表4-24,颗粒分布对矿渣水泥强度的影响对于不同的粉磨方式落在不同的范围。对于球磨矿渣,8~64μm的颗粒对强度的影响是正关联、影响程度大,其中16~32μm的颗粒对水泥的早期强度影响最大,而8~16μm的颗粒对水泥后期强度的影响最大;对于立磨矿渣,1~8μm的颗粒对强度的影响是正关联、影响程度大。这个结果与不同粉磨方式的作用相关度很大,如前所述球磨矿渣比立磨矿渣特征粒径 X_e 小即细颗粒的含量多,均匀性系数 n 小即分布宽,对球磨矿渣粉而言,它的加入使矿渣水泥的分布变宽;随矿粉掺量的增加,10~50μm的颗粒含量降低,>50μm的颗粒含量增加。立磨矿渣粉的加入几乎不改变水泥的粒度分布情况,只是>20μm的含量稍有增加,且随矿粉掺量的增加呈增加的趋势。所以配制水泥更接近最佳堆积密度理想筛析曲线,另外颗粒的形貌对堆积也有影响,球磨机加工的矿粉,大颗粒都呈不规则形状,含有多个锋利的棱角,而小颗粒则趋向于呈现球形,无论大颗粒还是小颗粒的断裂面都是平滑的,有时是贝壳状的断裂面。立磨矿渣粉的形状与特性与球磨矿渣粉并无本质的差别,其也存在锋利的棱角,呈现不规则的形状。用图像分析仪分析它们的圆度系数,球磨矿渣粉的圆度系数介于0.68~0.69,立磨矿渣粉的圆度系数介于0.67~0.68,这说明球磨矿渣粉的形状比立磨矿渣粉的形状稍好一些,但区别不是很大。所以在不同粉磨方式的矿渣水泥强度相同的情况下,立磨矿渣的粉磨时间要更长一点,即使得1~8μm的颗粒含量更多。

颗粒分布与矿渣水泥强度之间的灰色关联分析 表4-24

样品	3d抗折强度		3d抗压强度		7d抗折强度		7d抗压强度		28d抗折强度		28d抗压强度	
	QK	LK	QK	LK	QK	LK	QK	LK	QK	LK	QK	LK
0~1μm	-0.62	-0.68	-0.62	-0.71	-0.65	-0.68	-0.68	-0.69	-0.74	-0.72	-0.66	-0.67
1~4μm	-0.68	0.77	-0.71	0.77	-0.80	0.87	-0.81	0.80	-0.94	0.63	-0.88	0.84
4~8μm	-0.67	0.74	-0.69	0.75	-0.76	0.80	-0.77	0.77	-0.92	0.73	-0.82	0.81
8~16μm	0.71	-0.70	0.74	-0.72	0.84	-0.71	0.85	-0.71	0.90	-0.79	0.91	-0.72
16~32μm	0.76	-0.69	0.78	-0.71	0.90	-0.68	0.87	-0.70	0.81	-0.73	0.89	-0.69
32~64μm	0.72	-0.66	0.74	-0.69	0.85	-0.63	0.86	-0.66	0.89	-0.68	0.91	-0.62
>64μm	-0.53	-0.64	-0.55	-0.67	-0.53	-0.59	-0.57	-0.63	-0.56	-0.63	-0.52	-0.57

4.7 掺合料粉煤灰与矿渣水化过程的对比研究

粉煤灰,又称飞灰,是燃煤电厂发电过程中煤粉在锅炉中经过高温悬浮燃烧后,由收尘设备收集下来的细粒灰尘,约占灰渣总量的70%~85%。粉煤灰在建筑材料中可用于制备粉煤灰水泥和粉煤灰混凝土。粉煤灰水泥制品的后期强度增长较大,浇筑实体致密,不易产生裂缝,水泥石结晶完整耐风化,能明显改善混凝土的干燥收缩、脆性以及耐硫酸盐性,可适用于道路工程。

试验样品粉煤灰来源于陕西渭河电厂,简称渭河灰,其化学组成如表4-25所示;矿渣来自太钢,其比表面积为450m^2/kg,化学组成如表4-26所示。

粉煤灰化学组成的质量分数 wt(%) 表4-25

名称	Al_2O_3	SiO_2	Fe_2O_3	CaO	TiO_2	Na_2O	MgO	SO_3	P_2O_5	K_2O	烧失量
粉煤灰	29.8	48.2	6.49	6.60	1.20	0.532	0.559	1.47	0.452	1.25	3.02

注:其中CaO含量为6.60%,低于7%,说明该粉煤灰属于低钙粉煤灰,烧失量为3.02%,低于5%,符合国家标准对Ⅰ级粉煤灰的规定。

矿渣化学组成的质量分数 wt(%) 表4-26

名称	Al_2O_3	SiO_2	Fe_2O_3	CaO	TiO_2	MgO	SO_3	P_2O_5	K_2O	烧失量
矿渣	16.3	33.0	1.8	34.0	0.6	8.0	0.6	—	0.9	0.3

为对比粉煤灰与矿渣在胶凝材料中水化过程的异同,将粉煤灰和矿渣作为水泥的掺合料加入水泥中,其配料方案如表4-27所示。

试验配比方案 表4-27

试样编号	水泥(%)	粉煤灰(%)	矿渣(%)
802	80	0	20
811	80	10	10
820	80	20	0
1000	100	0	0

4.7.1 力学性能研究

抗压强度试验结果如表4-28所示。试样802和811的3d抗压强度较低,而试样1000的强度最高,达到48.41MPa。随着龄期的延长,7d强度仍然是试样1000的最高,但强度增加最快的是试样811,增加了23.57MPa,试样802与820的强度接近。28d时,强度发生了较大的变化:试样811的强度最高,试样802与1000强度接近,试样820强度最低,说明粉煤灰的水化较慢,双掺试样中的粉煤灰与矿渣可以相互促进水化速度,强度增加较快。

抗压强度(MPa) 表4-28

编　号	3d	7d	28d
802	34.52	50.16	70.95
811	32.14	55.71	73.97
820	38.49	51.98	63.17
1000	48.41	62.06	70.16

4.7.2 水化过程研究

(1)水化体系矿物组成

为研究不同龄期时,试样水化体系矿物组成情况,对养生3d、7d及28d后的4种试样分别进行了X-衍射分析。四种试样水化3d后的X衍射曲线如图4-26所示,其水化体系的矿物组成见表4-29。

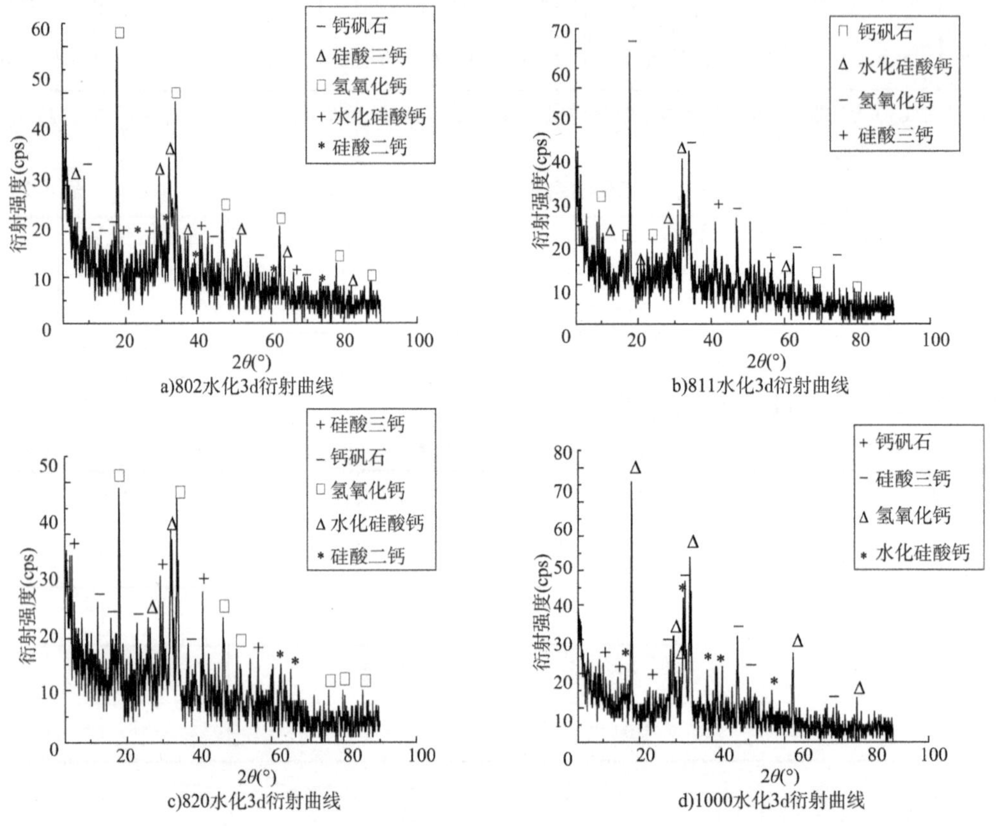

图4-26 水化3d衍射曲线

水化3d矿物组成的质量分数wt(%) 表4-29

编　号	钙矾石	氢氧化钙	硅酸三钙	硅酸二钙	水化硅酸钙
802	10.76	43.74	20.91	10.68	13.91
811	15.60	43.15	12.01	—	29.23
820	10.46	40.21	29.66	7.82	11.85
1000	10.14	49.08	32.92	—	7.85

分析结果显示，水化3d后，四种试样水化体系中的矿物主要以氢氧化钙、未水化的硅酸三钙、钙矾石和水化硅酸钙为主，其中氢氧化钙的含量最多。试样802和820由于水化速度较慢还有部分未水化的硅酸二钙。试样811的矿物中硅酸三钙最少，形成的钙矾石和水化硅酸钙凝胶C—S—H最多，说明其水化最快，而试样1000中的氢氧化钙量最多。

试样水化7d后的衍射曲线如图4-27所示，其水化体系矿物组成见表4-30。水化7d后，主要有三种矿物，石膏、氢氧化钙及未水化的硅酸三钙。尽管试样820和1000中还有一定量的石膏，但铝酸三钙水化生成的水化铝酸三钙已经消耗完，所以不能再与石膏反应生产钙矾石。水化7d时，仍然是试样1000的强度最高。

从水化体系矿物含量上看，试样1000中的氢氧化钙含量最低，试样802中的硅酸三钙含量最高，说明参加反应的硅酸三钙量最少，水化速度较慢，所以802的7d强度最低。尽管试样820的硅酸三钙含量也比较少，但因其氢氧化钙含量较高，所以强度也不高。

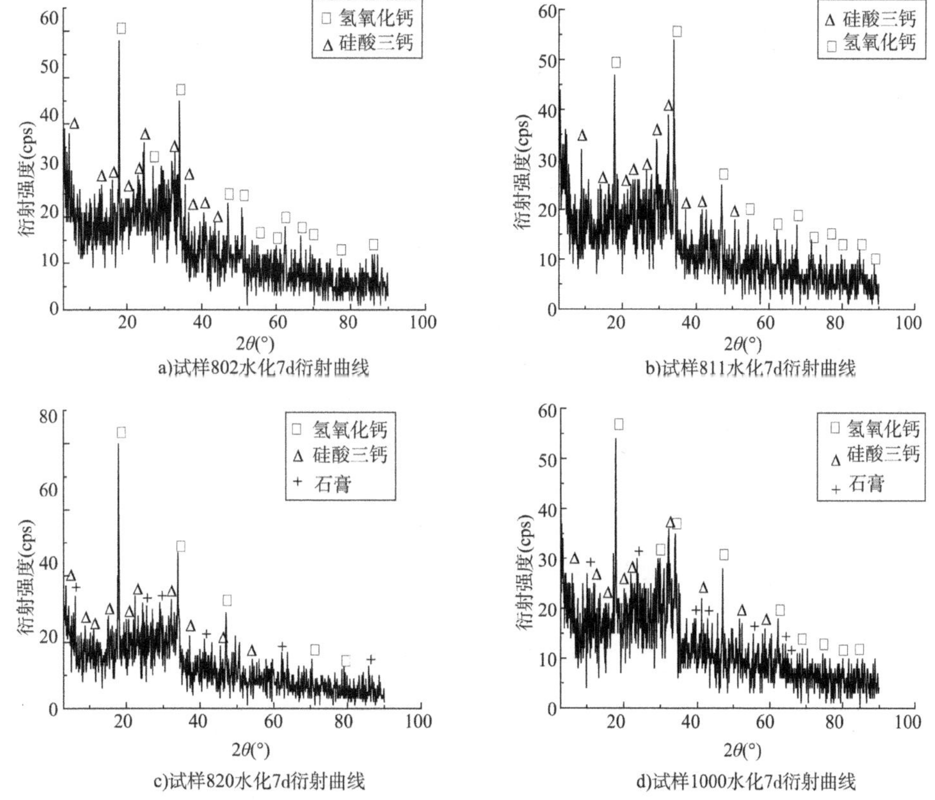

图4-27　水化7d衍射曲线

水化7d矿物组成的质量分数wt(%)　　表4-30

编　号	石　膏	氢氧化钙	硅酸三钙
802	—	56.79	43.21
811	—	62.72	37.28
820	13.73	63.40	22.87
1000	17.25	47.44	35.30

试样水化28d后的衍射曲线如图4-28所示，其水化体系矿物组成见表4-31所示。水化

28d后，主要矿物物为水化铁酸钙、氢氧化钙、硅酸三钙、碳酸钙及水化铝酸钙。从宏观抗压强度上看，28d强度，试样811最高。此时，单就矿物组成无法说明811强度高的原因，必须从水化体系的微观结构入手来寻找答案。

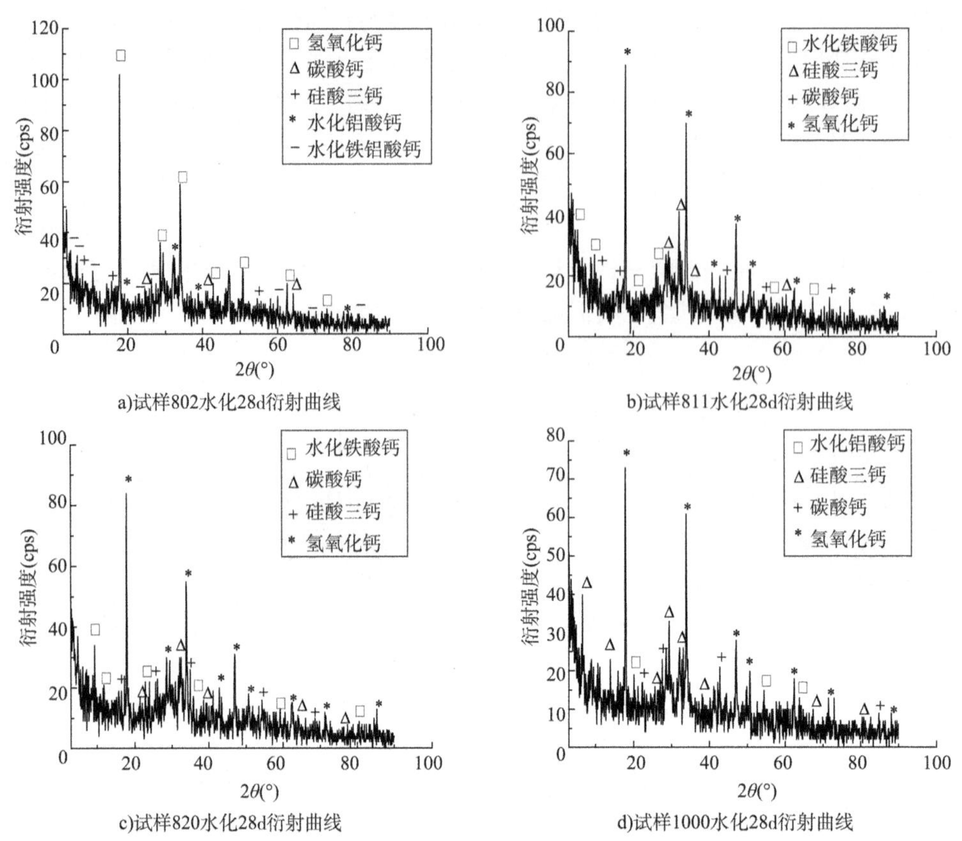

图4-28　水化28d衍射曲线

水化28d矿物组成质量分数wt(%)　表4-31

编　号	水化铁酸钙	氢氧化钙	硅酸三钙	碳酸钙	水化铝酸钙
802	10.94	56.35	16.65	10.56	5.49
811	11.39	63.31	22.0	3.3	—
820	12.63	63.38	20.90	3.09	—
1000	—	71.62	21.32	3.37	3.68

(2)水化过程微观分析

在水化过程微观分析研究初期，曾就如何观察浆体界面做过多次尝试。最初试图对同一断面的某一点进行定位长期跟踪观察，但因在养生过程中，潮湿断面与空气接触后极易碳化，形成厚厚的碳酸钙晶体层(图4-29)，使真实的水化产物被覆盖，无法观察水化过程。后又尝试模拟水化过程中碱性氛围，采用低浓度的氢氧化钠溶液对断面进行养护。结果发现，断面上会覆盖一层碱花晶体(图4-30)，同样很难观察到真正的水化过程。所以需采取每天观察新鲜断面方案。

鉴于浆体在水化早期变化较大，所以每个试样在成型后从16h开始，每天观察一次，水化33d之后,改为每周观察一次。对于不同的试样所关注的重点不同:纯水泥试样1000主要观察氢氧化钙、钙矾石、凝胶及裂缝的变化;单掺矿渣的试样802,主要观察矿渣表面、矿渣与凝胶界面、钙矾石及氢氧化钙的变化;对于单掺粉煤灰的试样820,主要关注粉煤灰颗粒的表面、粉煤灰与凝胶的界面的变化情况;双掺粉煤灰和矿渣的试样811,则关注的是粉煤灰颗粒表面、矿渣表面及界面的变化。

图4-29 水中养护断面碳化

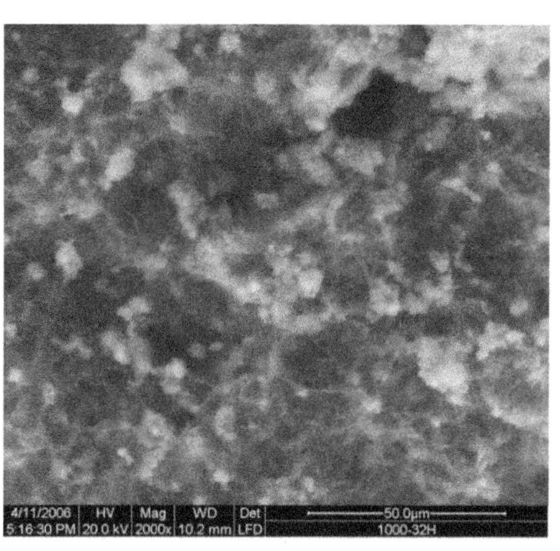

图4-30 微碱溶液中氧化断面碱化

4.7.3 水泥熟料的水化过程分析

水泥熟料矿物的水化产物主要包括氢氧化钙(CH)、钙矾石(AFt)和水化硅酸钙凝胶(C—S—H)。

1)氢氧化钙(CH)

(1)CH的形貌及形成环境

新生成的CH形貌是规则板状的六面体,表面有晶体光泽,结晶度好,CH一般在浆体的孔结构和裂纹中析出(图4-31)。

a)缝隙中的CH

b)孔隙中的CH

图4-31 CH的形貌及形成环境

(2)CH 的排列方式

CH 的排列方式有两种:层状排列和无规则排列(图 4-32)。

a)层状排列　　b)无规则排列

图 4-32　CH 晶体的排列

(3)CH 结晶度的变化

随着水化的进行,CH 的结晶度越来越差,形状变得不规则,表面的晶体光泽逐渐消失(图 4-33)。

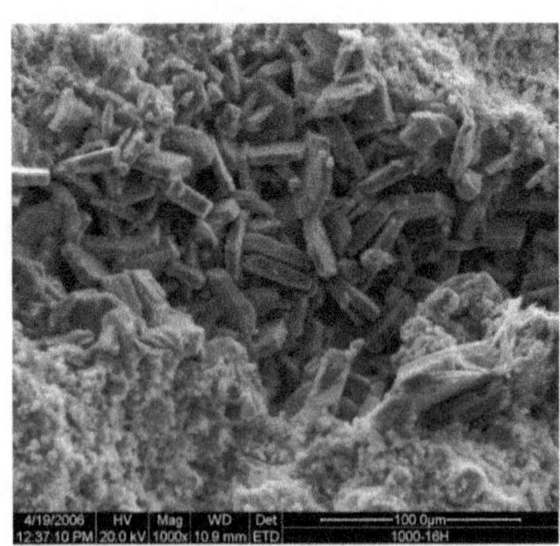

a)水化1d时的CH

b)水化23d时的CH

图 4-33　CH 的结晶度变化

(4)CH 的形貌变化及与凝胶结合情况

水化早期生成的 CH 是形状规则的板状六面体,随着水化的进行,结晶度变差,形貌也不断发生变化(图 4-34)。在孔隙和裂缝中新形成的 CH 与周围凝胶之间有缝隙,结合不紧密,随着水化的进行,凝胶量不断增加,填充在 CH 周围缝隙里,在凝胶挤压力的作用下,CH 之间的缝隙也消失了,最后与凝胶成为一个整体(图 4-35)。可见,在水泥试样中,CH 的变化过程是:随着水化进行,CH 量越来越多;结晶度越来越差,形貌由规则的板状六面体转变为无定形,表面晶体光泽消失。CH 与周围凝胶结合越来越紧密,最后成为一个整体。

a)水化4d时不规则的CH

b)水化4d时规则的层状CH

c)水化22d时的柱状CH

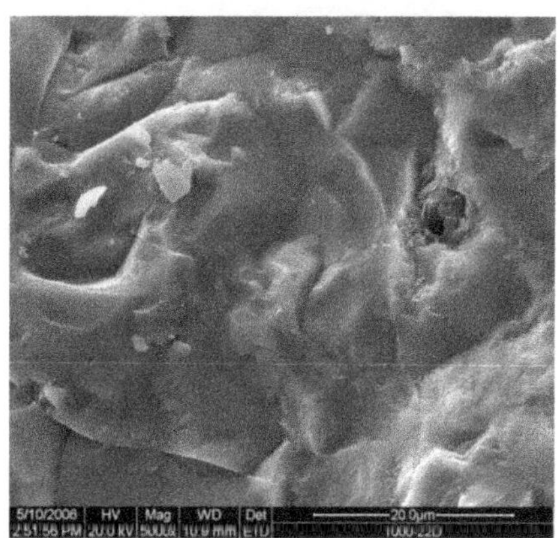

d)水化22d时的褶皱状CH

图4-34　CH形貌的变化

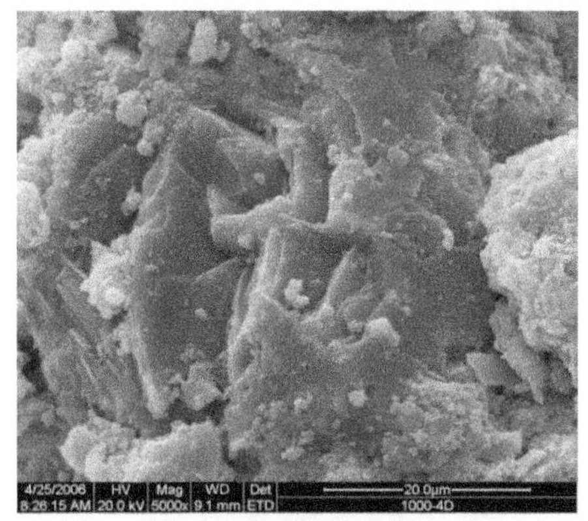

a)水化4d时凝胶与CH的结合

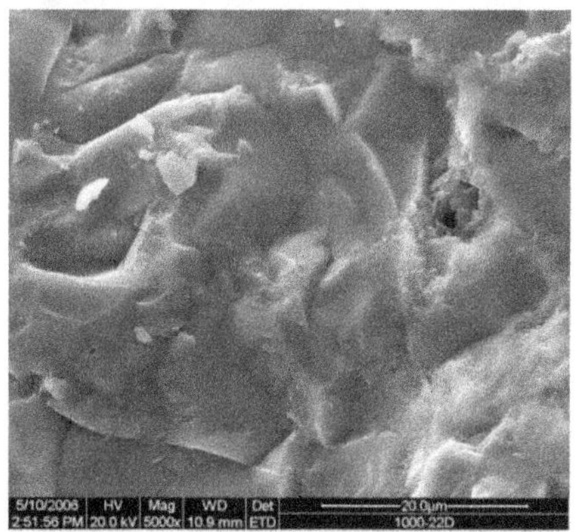

b)水化22d时凝胶与CH的结合

图4-35　CH与周围凝胶的结合

2)钙矾石(AFt)

AFt是水化铝酸三钙与石膏发生反应的产物,一般以针状、棒状生长在凝胶的缝隙中。在观察过程中发现,水化16h时出现针状AFt的晶须,水化3d时,AFt已经形成了针棒状(图4-36);随后,试样中几乎观察不到AFt。分析原因为:随着水化时间的延长,凝胶量不断增加，孔隙减少，结构越来越致密，钙矾石被生成的凝胶所覆盖，所以不容易观察到；另一个原因就是试样中的石膏及水化铝酸三钙是有限的，在水化 3d 后可能已经反应完毕，所以钙矾石的量不会增加。但在水化 46d 时仍能在凝胶的缝隙中观察到 AFt（图 4-36）。

a)水化16h生成AFt晶须　　b)水化3d针棒状Aft

c)水化5d凝胶缝隙中AFt　　d)水化46d凝胶缝隙中的Aft

图 4-36　水泥试样中的 Aft 微观变化过程

水化试样中还观察到少量的花瓣状的单硫型水化硫铝酸钙（AFm），分别出现在水化 4d 和水化 21d（图 4-37）。

a)水化4d生成的AFm

b)水化21d生成的AFm

图 4-37　单硫型水化硫铝酸钙

3)水化硅酸钙凝胶(C—S—H)

如图4-38所示,水化硅酸钙凝胶(C—S—H)是熟料矿物硅酸三钙、硅酸二钙水化的产物。由于这两种矿物在熟料矿物中所占比例较大,所以C—S—H是水泥水化的主要产物。C—S—H凝胶有4种微观形貌:颗粒状、网络状、纤维状及类晶体形状。这些形状的凝胶出现时间有所不同。水化1d时,熟料颗粒没有完全水化,形成的凝胶较少,呈颗粒状。水化4d时,出现了纤维状的凝胶,这类凝胶在浆体中较少。水化6d时,观察到了少量的网状的凝胶。水化17d时,凝胶形成结构致密的体系,表面光滑类似于晶体。

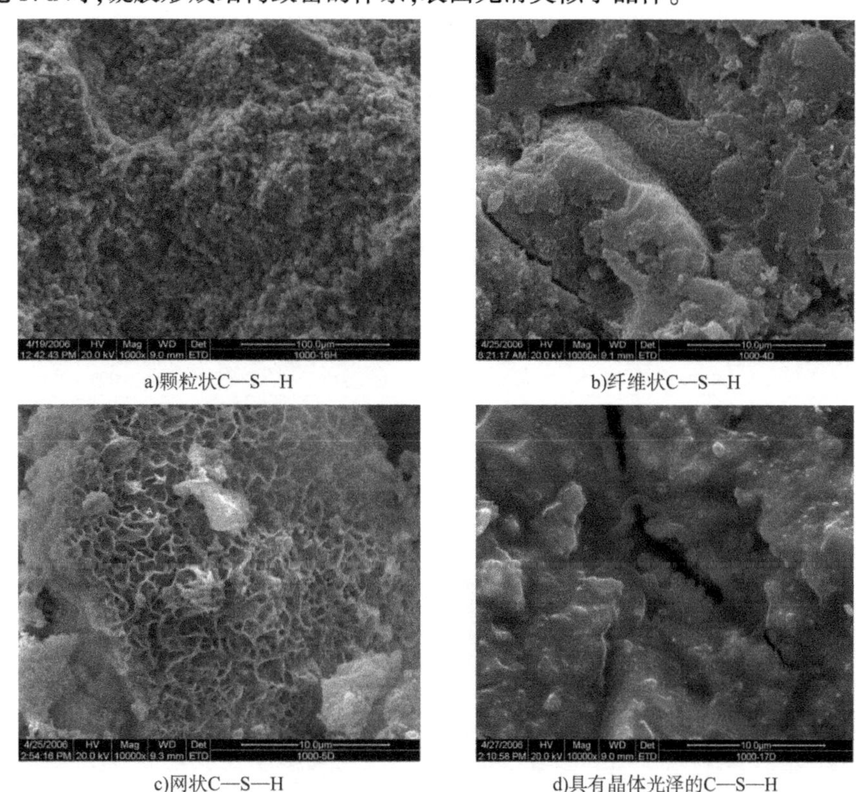

a)颗粒状C—S—H　b)纤维状C—S—H　c)网状C—S—H　d)具有晶体光泽的C—S—H

图4-38 凝胶的微观形貌

4)裂缝

水化早期,不同的水化产物之间没有裂纹出现,如图4-39a)所示。水化19d时,在CH周围观察到微裂缝,如图4-39b)所示。水化27d时,CH与凝胶结合很紧密,如图4-39c)所示,裂缝产生在CH晶体之间,随着水化龄期的延长,这种裂纹不断长大,如图4-39d)所示,说明CH晶体是强度比较薄弱的环节。这可能是水化后期1000试样强度低的一个主要原因。

4.7.4 粒化高炉矿渣的水化过程

(1)矿渣表面的水化过程

单掺矿渣的试样802矿渣表面水化如图4-40所示。16h时观察显示,此时矿渣和熟料颗粒表面均有大量絮状C—S—H凝胶形成。2d时,矿渣表面的凝胶变为针状。3d时,矿渣表面的凝胶进一步长大,矿渣颗粒与周围凝胶之间形成较大裂纹,可见矿渣颗粒的水化放热与周围凝胶的水化放热存在着较大差别。5d 时[图 4-40b)],矿渣表面变得光滑,说明矿渣表面的活性成分已反应,生成的凝胶与矿渣表面之间的结合不紧密,极易脱落,此时周围熟料的水化已经很充分,产生的凝胶将矿渣与凝胶间的缝隙填满,矿渣周围缝隙减小。水化10d 时,原本光滑的矿渣颗粒表面开始出现凹坑状麻点,这是矿渣表面活性 SiO_2 和 Al_2O_3 与熟料水化过程中形成的 CH 进一步反应的结果。随着水化时间的延长,矿渣表面的麻点越来越多,在矿渣表面某些地方贯穿成线,形成裂纹,如图 4-40d) ~ g)所示。水化进行到 14d 时,矿渣颗粒表面的二次水化反应进一步进行,有大量纳米级的粒状凝胶生成,如图 4-40e)所示。在以后的水化过程中,一直有部分矿渣颗粒的表面存在这种反应,且粒状凝胶不断增多、长大,最终形成针状和阔叶状托勃莫来石。

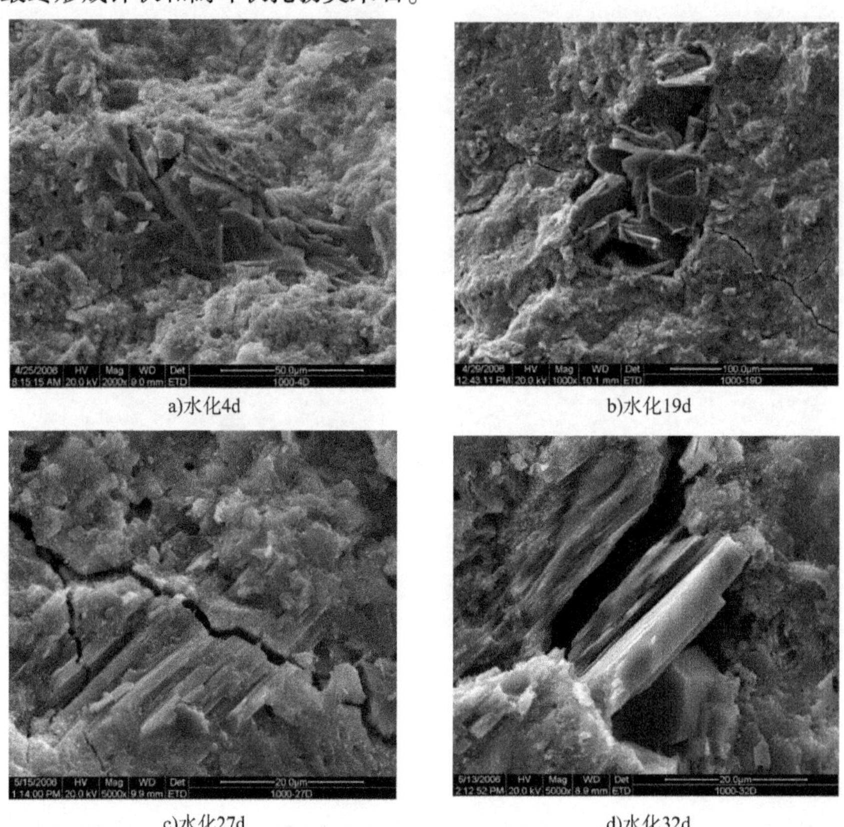

a)水化4d　b)水化19d　c)水化27d　d)水化32d

图 4-39　浆体中的裂纹

随着水化时间的延长,矿渣表面的裂缝中将填充水化生成的凝胶,并最终使矿渣分割成粒径较小的颗粒。在水化过程中,矿渣颗粒的内部新鲜断面比较光滑,没有发生水化反应,如图 4-40k)所示,说明矿渣的水化是由表及里进行的。水化到 31d、39d 时,粒径较大的矿渣颗粒(>40μm)表面裂缝增多,填充了较多的凝胶,有断裂的趋势,如图 4-40m)和图 4-40n)所示。水化龄期为 46d 时,几乎观察不到大粒径的矿渣颗粒,都是 10μm 左右的矿渣颗粒,如图 4-40o)所示。水化进行到 52d 时,水化反应剩下的矿渣颗粒只有几个微米大,如图 4-40p)所示。

由矿渣水化的微观过程可以看出,矿渣水化是由表及里,由点到线再到面进行的,水化进行到一定时期,大颗粒矿渣的表面因水化反应而形成凹进去的麻点。随着反应的进行,麻点越来越多,越来越大,某些麻点连接贯穿起来,在矿渣表面形成裂缝,裂缝不断增多,深度也不断增加,使大矿渣颗粒开裂成小颗粒,接着在矿渣表面又出现二次水化反应析出的粒状凝胶,粒状凝胶不断长大,最终发展成针状或阔叶状托勃莫来石。

a)水化16h矿渣微观形貌

b)水化2d矿渣微观形貌

c)水化3d矿渣微观形貌

d)水化5d矿渣微观形貌

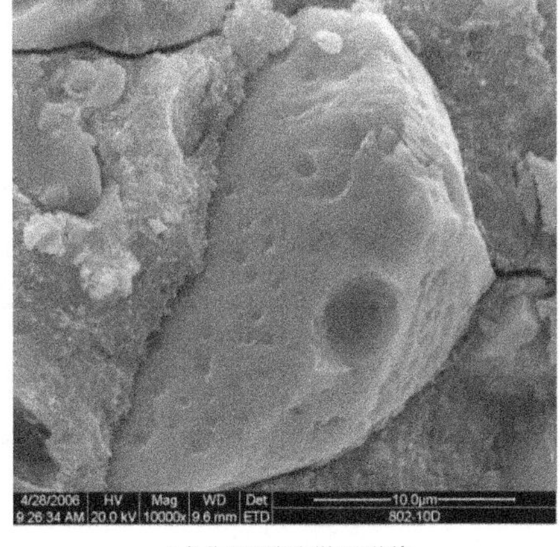

e)水化10d矿渣微观形貌

f)水化13d矿渣微观形貌

图　4-40

g)水化14d矿渣微观形貌

h)水化15d矿渣微观形貌

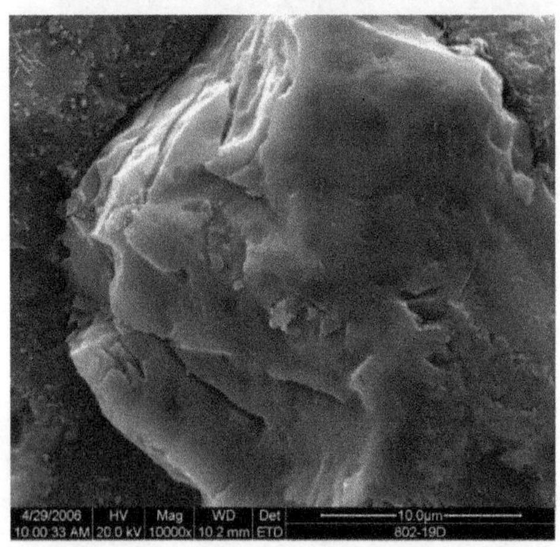

i)水化19d矿渣微观形貌

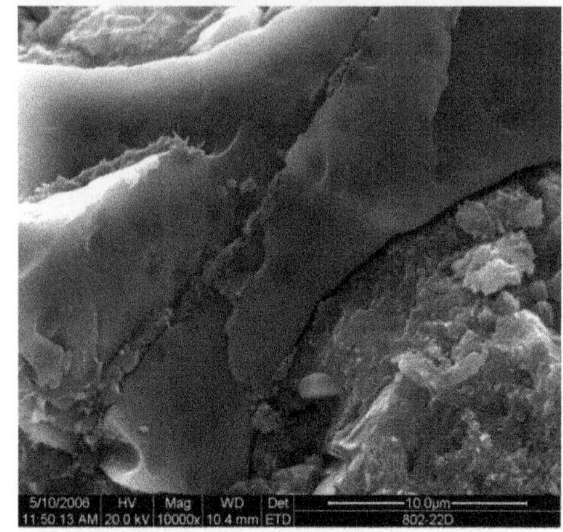

j)水化22d矿渣微观形貌

k)水化22d矿渣微观形貌

l)水化27d矿渣微观形貌

图 4-40

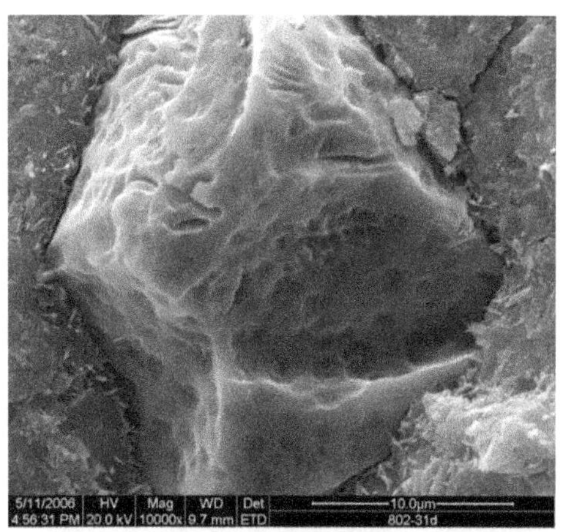

m)水化31d矿渣微观形貌

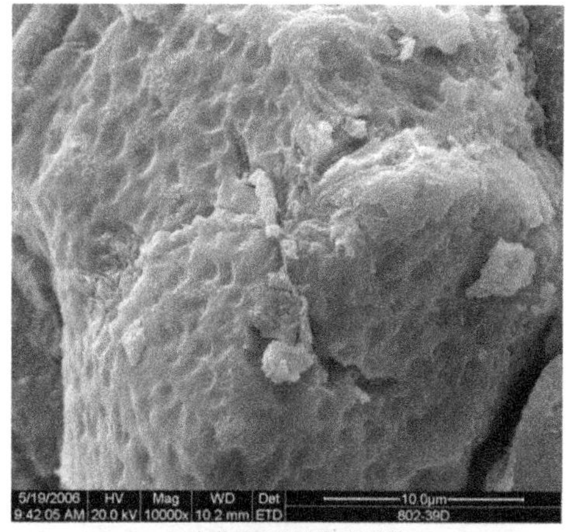

n)水化39d矿渣微观形貌

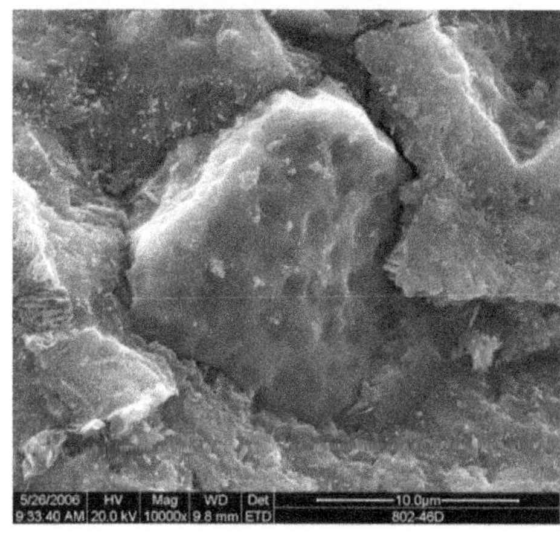

o)水化46d矿渣微观形貌

p)水化52d矿渣微观形貌

图 4-40　矿渣水化微观过程

(2)凝胶的形成过程

掺加矿渣后试样水化产生的凝胶有两种,一种是水泥熟料水化产生的水化硅酸钙凝胶(C—S—H),另一种是熟料水化产生的氢氧化钙与矿渣中的活性二氧化硅反应产生的凝胶,称之为二次凝胶。两种凝胶的微观形貌如图 4-41 所示。水化 1d 时产生的凝胶属于第一种凝胶,是熟料水化产生的,此时的凝胶尺寸较少,中间由须针状莫来石连接,如图 4-41a)所示。水化 3d 时,第二种凝胶产生,这种凝胶呈片状,交错分布,如图 4-41b)所示。这种凝胶存在于一些平坦的界面上,主要是大矿渣颗粒周围与凝胶体系之间的界面上。这些片状凝胶在界面上竖立,呈放射状交错排列。形成很多汇集的核心,随水化过程的进行,这些核心会越长越大,变成球状,鼓起团块,这些团块中的氢氧化钙浓度高,与矿渣表面接触后反应,从而在矿渣表面刻蚀出一个个麻点,这就是矿渣表面麻点凹坑形成的原因,如图 4-41c)和图 4-41d)所示。矿渣与凝胶的接触面产生的片状二次凝胶,与熟料水化产生的凝胶存在着差异,所以在界面上通常有裂缝,这种裂缝随着水化龄期的延长,裂缝宽度有所增加,如图 4-41f)所示。随水化过程的进行,二次凝胶片越来越大,其间团聚的二次凝胶核心团块也随着龄期的延长不断长大,导致矿渣表面随着龄期延长麻点不断长大、加深。水化 30d 时,二次凝胶球形团块的片状物已有些不明显,有联结起来的趋势。

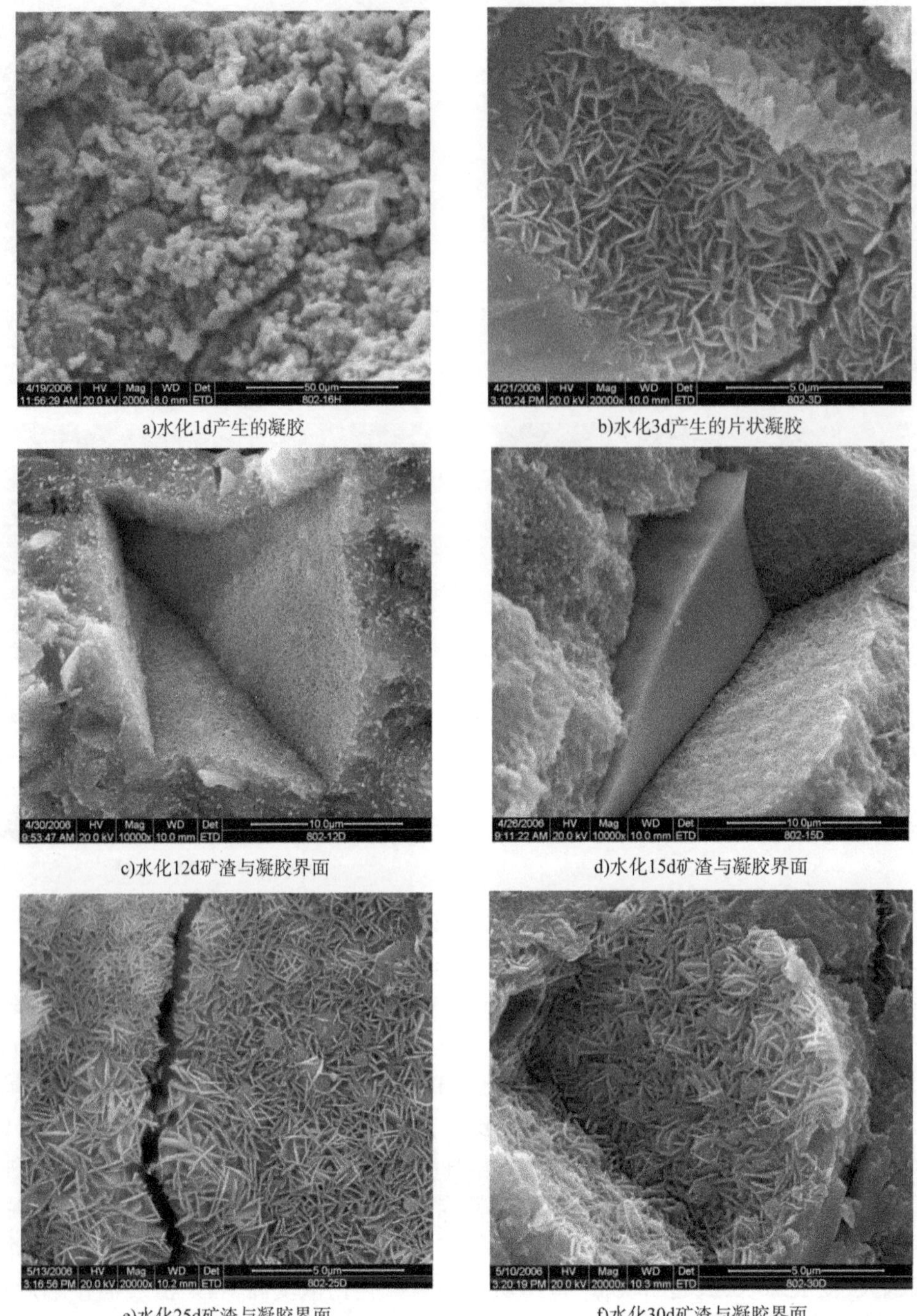

a)水化1d产生的凝胶　　b)水化3d产生的片状凝胶

c)水化12d矿渣与凝胶界面　　d)水化15d矿渣与凝胶界面

e)水化25d矿渣与凝胶界面　　f)水化30d矿渣与凝胶界面

图4-41　掺加矿渣水泥浆体中的凝胶及矿渣与凝胶界面结构

掺加矿渣的胶凝材料在水化过程中形成的凝胶有两种存在形态:熟料水化产生的凝胶和矿渣中活性二氧化硅与氢氧化钙反应产生的二次凝胶。二次凝胶主要是分布在矿渣周围界面上,矿渣颗粒与这种片状的二次凝胶结合不紧密,很容易脱离。

4.7.5　粉煤灰颗粒的水化过程

为便于观察，试样820中掺粉煤灰，这样可以很清楚地观察到粉煤灰中球形微珠的水化过程。粉煤灰与矿渣不同，其微观结构是典型的非均质体，不像矿渣那样只存在一种微观结构，粉煤灰中的不同微珠水化过程是不同的，为了便于说明，将粉煤灰中的微珠水化过程按照表面无孔微珠、表面有孔微珠、内包裹小微珠及磁珠分别进行说明。

(1)表面无孔微珠的水化过程

在粉煤灰水化过程中，表面无孔、光滑、球形度较好的一类微珠在粉煤灰的微观结构中应属于沉珠，这类微珠的水化微观过程如图4-42所示。这种微珠水化较慢，水化达6d时，表面才有变化，开始出现交错的针状物[图4-42a)]。为确定这些针状物是水化产生的还是微珠本来的结构，以及这些针状物的成分，对粉煤灰粉煤灰进行酸侵蚀处理后观察，发现在微珠表面也出现了类似的针状物(图4-43)，对针状物进行能谱分析，结果表明这些针状物是含Al元素较高的氧化物，根据原子比例及形貌确定为莫来石，这说明针状物是粉煤灰微珠本来就有的结构，只是随着水化的进行，将微珠表面的活性硅反应掉之后，针状莫来石显露出来。在这些微珠周围都有块状的CH存在，如图4-42b)所示，说明在粉煤灰的水化过程中，CH必不可少。这种微珠表面的变化非常慢，水化到14d时，只是针状物凸出一些，直到27d，微珠表面的针状莫来石才完全凸现出来，如图4-42e)所示。说明与莫来石在同一层的活性硅已经反应完全。通过大量观察发现，粉煤灰水化早期，凝胶与微珠之间结合不紧密，微珠周围存在着裂缝。特别是粒径较大的微珠，更容易产生裂纹。水化进行到后期，微珠与凝胶结合紧密，裂缝明显减少，如图4-42f)所示。

从结构上看，这种微珠表面光滑无孔，水和熟料无法进入到颗粒的内部，所以其反应只能从表面到内部逐层进行。由表面层上的活性硅与水泥熟料水化产生的氢氧化钙发生反应，形成凝胶，而在颗粒壁面上充当骨架的针状莫来石并不反应，仍然覆盖在微珠的表面，随着水化的进行，表面的活性硅越来越少，针状物越来越凸出，微珠的粒径也不断地减小。与矿渣的由点到线，再到面的反应过程存在着差别。由于这种微珠的粒径都比较大，所以比表面积比小，水化反应面积小，水化速度很慢。

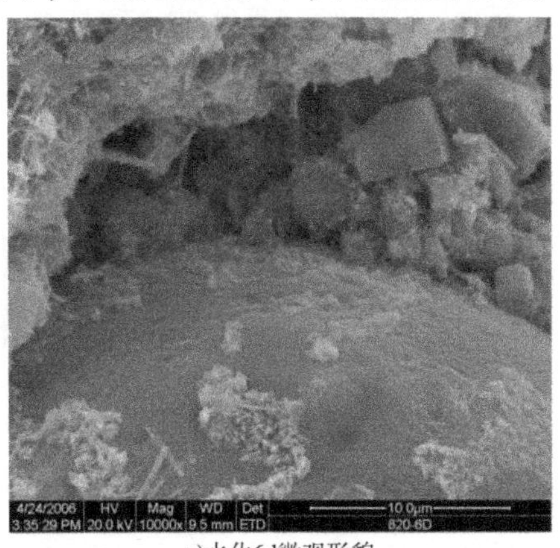

a)水化6d微观形貌

b)水化14d微观形貌

图　4-42

c)水化15d微观形貌

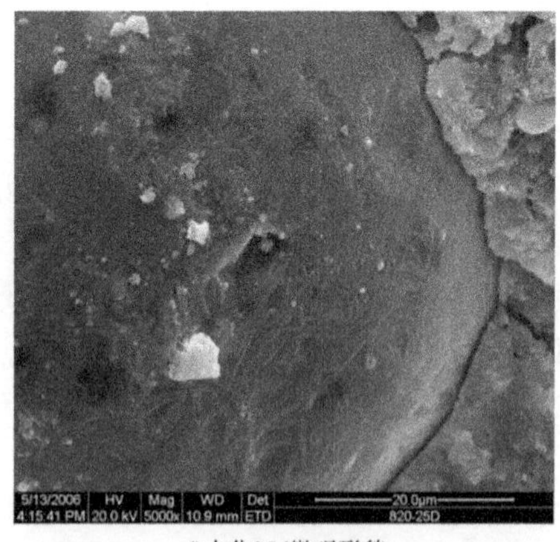

d)水化25d微观形貌

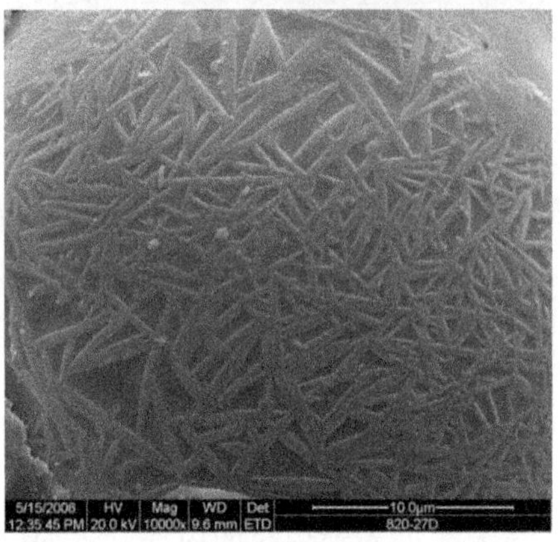

e)水化27d微观形貌

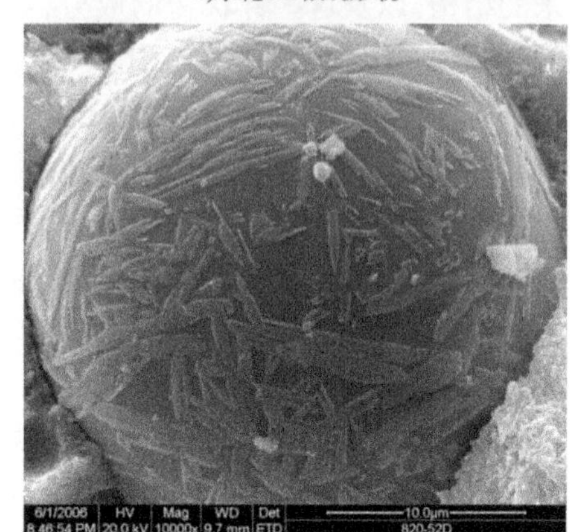

f)水化52d微观形貌

图4-42　粉煤灰中无孔微珠表面水化过程

a)针状莫来石

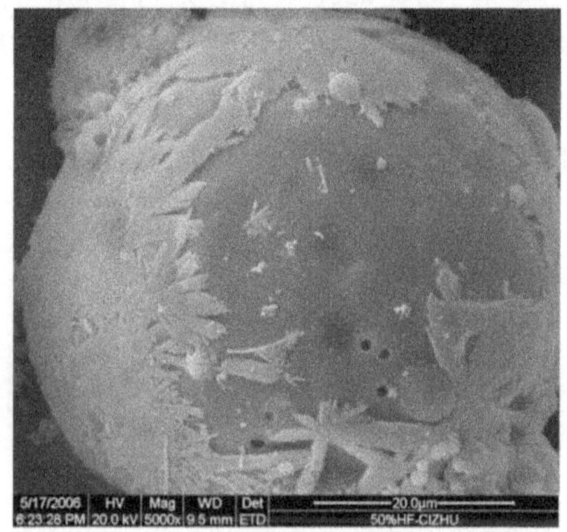

b)磷石英包裹黄长石

图4-43　酸侵蚀后粉煤灰微珠表面

(2)表面有孔微珠的水化过程

在粉煤灰中,存在着很多表面有孔的微珠,这些微珠的粒径较大,球形度很差,壳壁很薄,内部包裹了一些小微珠。其水化微观过程如图4-44所示。由于这类微珠的粒径都比较大,所以对其上的一个孔结构进行放大观察,如图4-44a)所示。发现在孔中充满了凝胶,还有块状CH,小微珠尚未完全水化,表面有少量针状钙矾石黏结在凝胶中。由此可见,由于这类微珠表面有很多孔,在成型过程中,水和水泥熟料由孔进入球壳内部,熟料不断水化,产生凝胶,填充在球壳内部,体积不断膨胀,通过孔胀出到表面,并将里面包裹的超小微珠挤出球壳,这种超小微珠的水化过程与表面无孔微珠很接近,水化较慢。表面有孔微珠的水化较之无孔微珠要快一些,当龄期为16d时,凝胶已经覆盖在微珠的表面上,如图4-44c)所示,说明内部水化较快。而图4-44d)中的微珠,大部分已经被凝胶覆盖。由此可见粉煤灰微珠表面的孔对粉煤灰的水化是很有利的,它极大地加速了粉煤灰的水化。水化龄期达21d时,这类微珠的外表面球壳也明显水化,壳壁内原有的针状晶体开始显现,如图4-44e)所示,内部凝胶已基本将球壳填满,球壳被内部水化反应产物胀裂,内部超小微珠仍然没有明显的水化,只是填充在凝胶中。图4-44f)是水化28d时的微观形貌,随着反应的进行,表面的孔径已近20μm。

粉煤灰有孔微珠的水化过程是内部与壳体同时进行的。水和熟料由孔进入微珠内部,快速水化,水化产生CH与壳内活性硅反应,使球壳越来越薄,孔径不断增大,使表面的孔有彼此联结起来的趋势,外表面的水化过程与表面无孔微珠的水化类似。由于内部氢氧化钙比较集中,所以反应明显快于微珠外表面。微珠内部包裹的超小微珠不易水化,在水化过程中,填充在凝胶中,起到物理填充的作用。

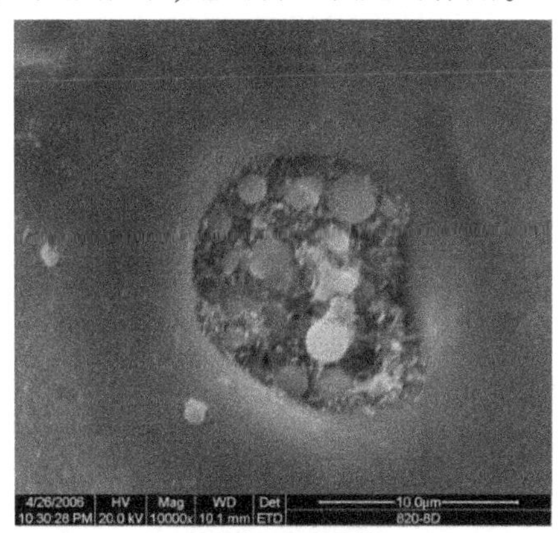

a)水化8d微观形貌

b)水化12d微观形貌

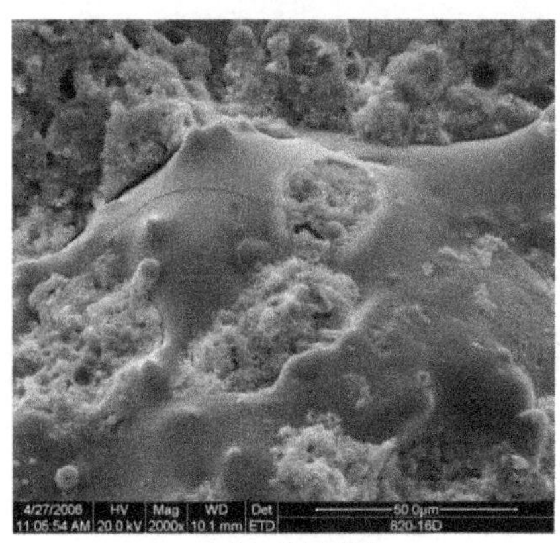

c)水化16d微观形貌

d)水化17d微观形貌

图 4-44

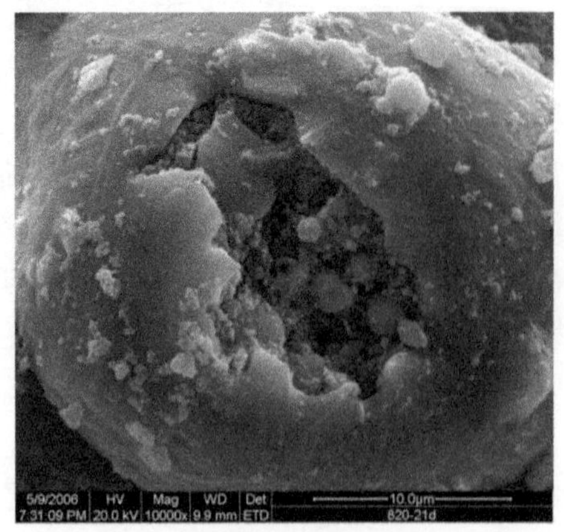

e)水化21d微观形貌

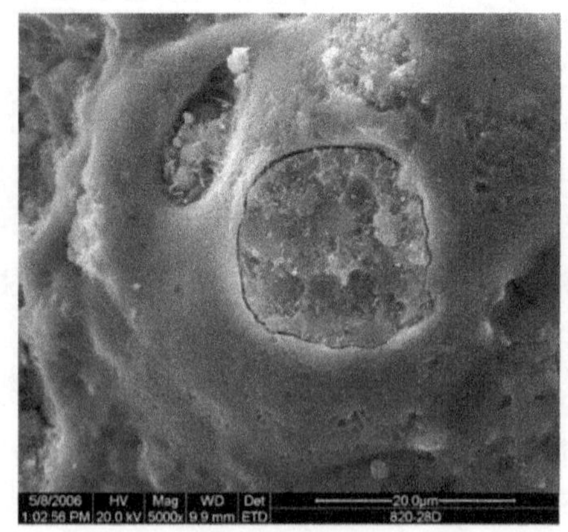

f)水化28d微观形貌

图4-44　粉煤灰中表面有孔微珠水化过程

(3)内部包裹小微珠的水化

在电镜下观察试样断面,发现有些粉煤灰微珠在水化到一定龄期时,球壳开始断裂,可以观察到内包裹微珠的水化情况(图4-45所示)。

观察到这种球壳断裂的现象是在水化5d,如图4-45a)所示,球壳内部充满了熟料水化的凝胶和少量块状CH,内包裹小微珠有的已经发生水化,表面覆盖了一层凝胶,有的还未发生水化,表面很光滑,这些小微珠由凝胶黏结在一起。水化8d后,如图4-45b)所示,内包裹微珠水化较明显,表面开始出现纤维状的凝胶,小微珠成为水化反应的核心。水化15d的小微珠微观形貌如图4-45c)所示,水化产生的凝胶已经将小微珠黏结在一起,小微珠完全被包裹在凝胶内。水化25d时,如图4-45d)所示,内部熟料水化比较充分,产生大量的凝胶,导致体积膨胀,将微珠球壳胀裂。

通过对大量内包裹微珠水化过程的观察,发现5~10μm的微珠很容易水化,而小于1μm的微珠很难水化,在凝胶中起填充作用。水化过程是以小微珠为核心,产生凝胶将微珠黏结在一起的过程。

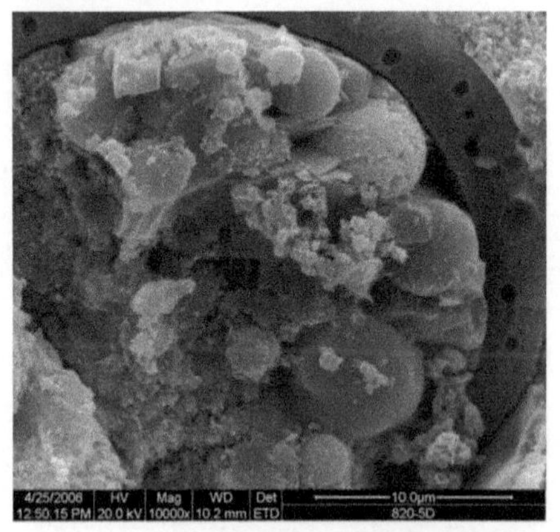

a)内包裹微珠水化5d微观形貌

b)内包裹微珠水化8d微观形貌

图　4-45

c)内包裹微珠水化15d微观形貌

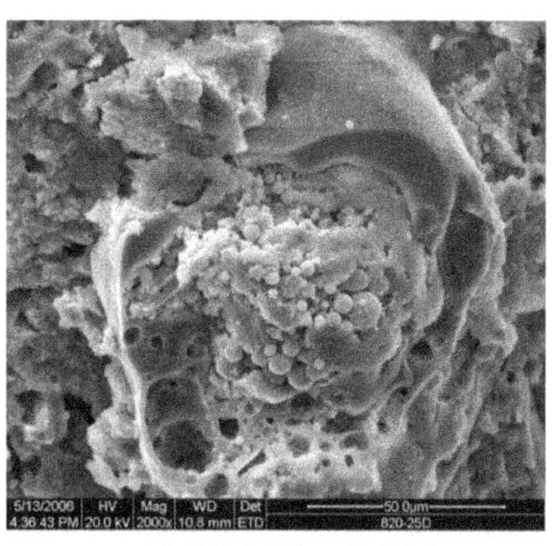

d)内包裹微珠水化21d微观形貌

图4-45　粉煤灰内包裹微珠的水化过程

(4)磁珠的水化过程

粉煤灰中的磁珠粒径较大,平均粒径比粉煤灰大10μm,所以,水化比较缓慢,图4-46所列的是不同龄期不同形貌的磁珠的水化微观形貌。磁珠的水化类似于表面无孔的微珠的水化过程,表面上的活性硅铝先发生水化,铁结晶不参与水化。

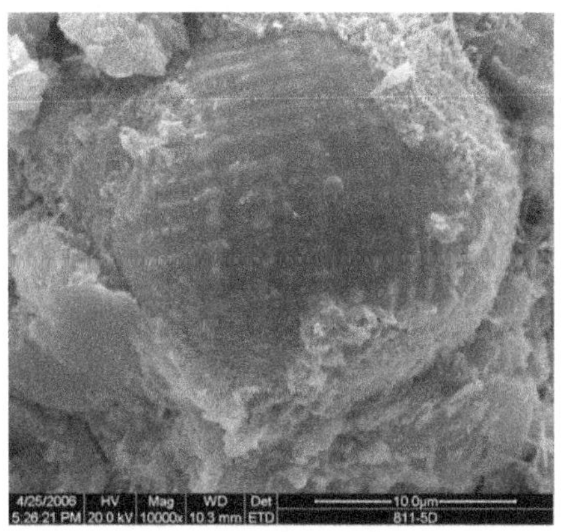

a)粉煤灰中磁珠水化5d微观形貌

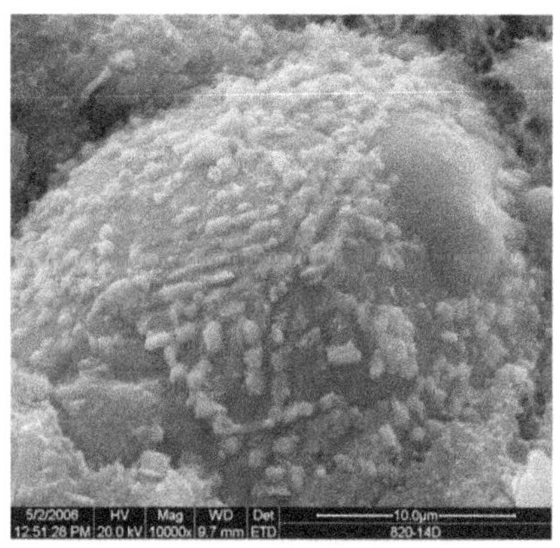

b)粉煤灰中磁珠水化14d微观形貌

c)粉煤灰中磁珠水化17d微观形貌

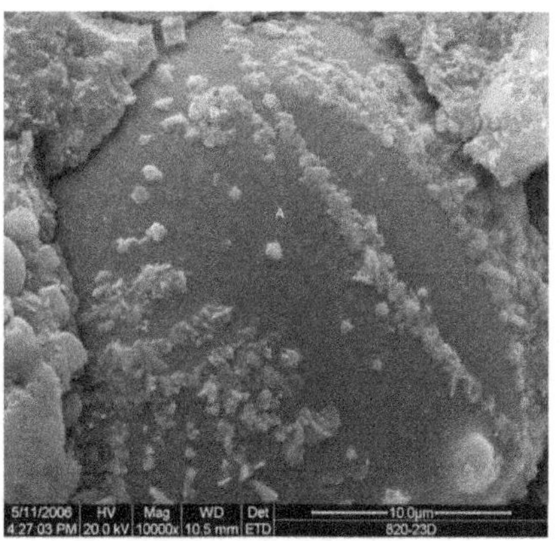

d)粉煤灰中磁珠水化23d微观形貌

图4-46　粉煤灰中磁珠水化过程

与矿渣相比,粉煤灰水化有以下特点:①粉煤灰的水化速度较慢。主要是矿渣粒径小,最大的不超过40μm,而粉煤灰中有的微珠粒径超过100μm,比表面积小,水化反应的面积也就比较小,所以水化较慢。②粉煤灰的水化反应比矿渣要复杂。矿渣属于均质体,其微观形貌也是单一的,都是有棱角的块状玻璃体,而粉煤灰是典型的非均质体,微观颗粒类型较多,不同类型的微珠水化过程不同。③水化反应的形式不同。结构不同,水化的方式也就存在着差别,矿渣表面无孔,结构致密,不可能从内部开始水化。其反应是由点到线,由线到面,由表及里的过程。粉煤灰中的表面无孔的微珠的水化是从面开始,由表及里;有孔微珠则是内外同时进行,其内部主要是熟料和内包裹小微珠的水化过程,外表面的水化类似于无孔微珠的水化,内部水化速度远大于外表面的水化。④裂缝产生时间不同。水化早期,矿渣还未发生水化,矿渣周围不出现裂缝,随着龄期的延长,矿渣发生水化,产生二次凝胶,矿渣周围出现裂缝。在水化早期,粉煤灰微珠周围产生裂纹,随着水化的进行,水化后期微珠周围的裂缝消失。

4.7.6 双掺矿渣、粉煤灰胶凝材料的水化过程

双掺试样811的水化兼有单掺试样水化的特点,又与之存在着差异,进一步针对3d、7d和28d三个水化阶段双掺试样水化过程与单掺试样的对比来说明这种差异。

(1)水化3d

试样811与试样820中粉煤灰颗粒表面的凝胶在形貌及量上存在着差异。试样811中粉煤灰颗粒表面尽管覆盖了很多凝胶,如图4-47a)所示,但凝胶结构比较单一,都是絮状的;试样820中粉煤灰颗粒表面覆盖了较多的针状、絮状及片状凝胶,如图4-47b)所示,在凝胶内有很多针状托勃莫来石,这在一定程度上增加了浆体的强度。在凝胶生成量方面,虽然两个试样中的粉煤灰颗粒都没有掺加二次水化反应,只是为大量水化产物提供初始形核点,但从掺量上看,试样820要比试样811中粉煤灰颗粒多,所以形核点增多,促进水化,产生的凝胶量也多。

3d时试样811与试样802的凝胶量存在着差别,试样811中矿渣颗粒表面的凝胶较802的少,如图4-47c)和图4-47d)所示,说明试样802较811的水化快。

a)试样811水化3d

b)试样820水化3d

图 4-47

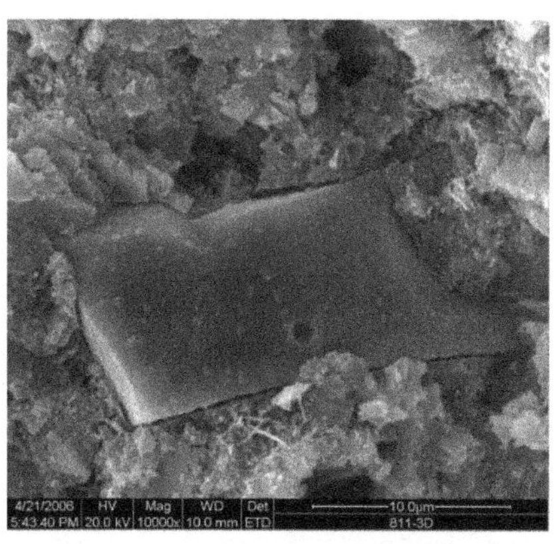

c)试样811水化3d

d)试样802水化3d

图 4-47　双掺试样与单掺试样水化 3d 时的对比

(2)水化 7d

随着水化的进行,矿渣大颗粒及粉煤灰微珠开始参与水化,浆体的结构变得致密。试样 811 中粉煤灰颗粒周围的裂缝少于试样 820,而 802 中的矿渣与凝胶结合不紧密,很容易脱离,孔隙较多,此时试样 811 的结构最致密,如图 4-48 所示。

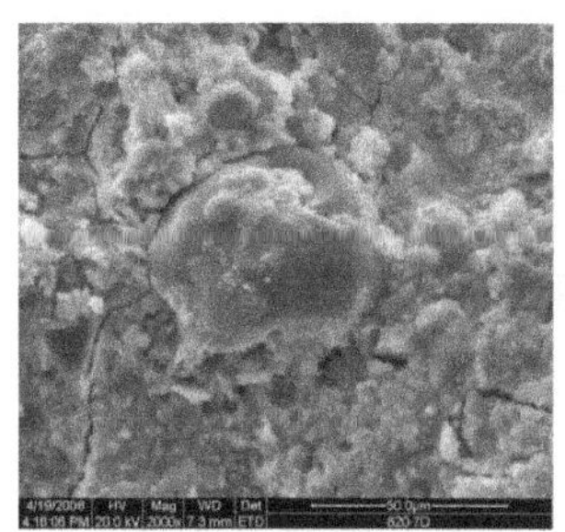
a)试样820水化7d

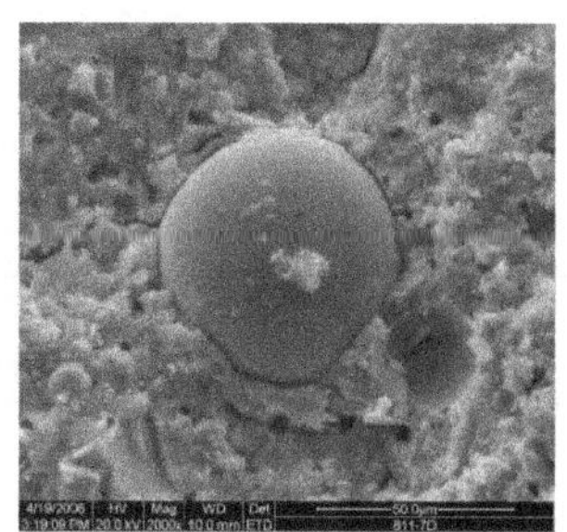
b)试样811水化7d

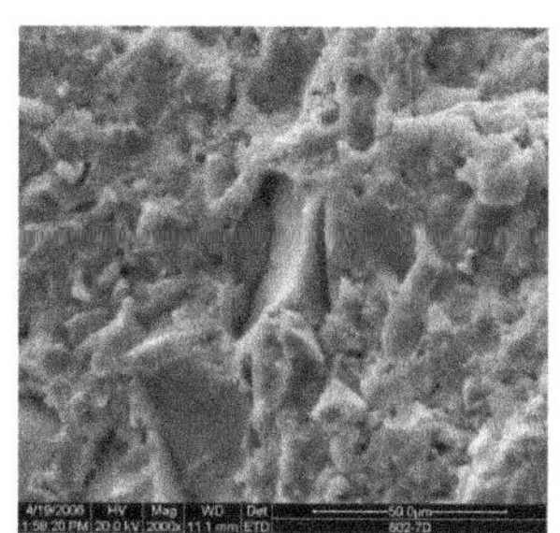
c)试样802水化7d

图 4-48　水化 7d 的对比

(3)水化 28d

试样 811 与 820 水化过程的差异主要表现在 3 个方面:①粉煤灰微珠表面的差异。试样 811 中粉煤灰微珠表面的针状莫来石较 820 中的更凸出一些,如图 4-49a)和图 4-49b)所示,说明 811 的水化速度快于 820。②微珠内部水化差异,如图 4-49c)和图 4-49d)所示。811 中的微珠内部长出很多针状凝胶,试样 820 中微珠内部光滑,没有反应,水化速度相对较慢。③微珠周围凝胶的差异。811 的凝胶中长出很多针状莫来石,而试样 820 的凝胶中针状物比较短,也比较少。这些针状莫来石的存在对增加体系强度有利。

试样 811 与 802 水化过程的差异主要表现在:①矿渣颗粒及凝胶的差异。试样 811 中矿渣颗粒表面及周围凝胶断面上都有阔叶状托勃莫来石出现,而试样 802 中矿渣颗粒表面及周围凝胶都很光滑,无托勃莫来石出现,如图 4-50a)和图 4-50b)所示。②凝胶体系内部的差异。试样 811 的凝胶内部针状莫来石明显多于试样 802,如图 4-50c)和图 4-50d)所示。说明矿渣和粉煤灰共存,可促进水化,并有利于针状托勃莫来石的形成。

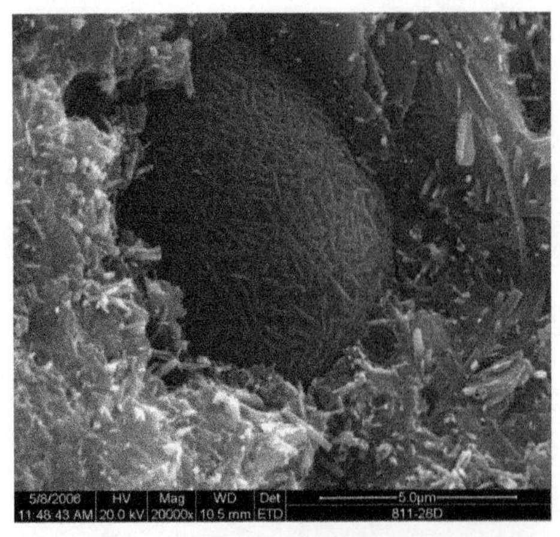

a)试样811水化28d

b)试样820水化28d

c)试样811水化28d

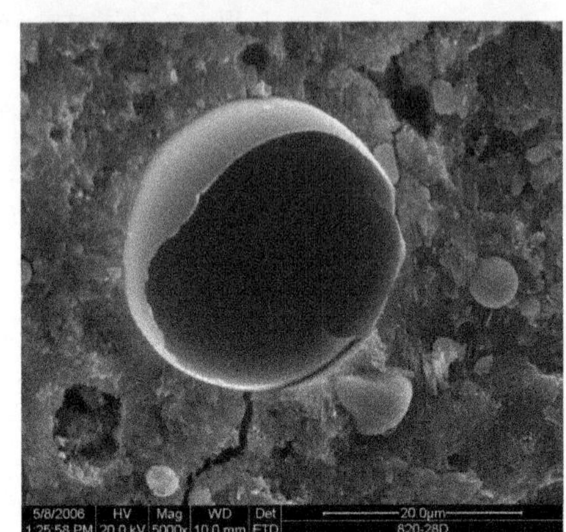

d)试样820水化28d

图4-49 水化试样811与820的比较

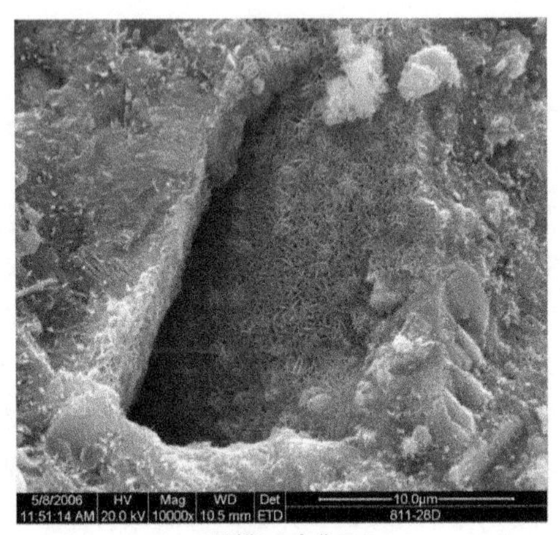

a)试样811水化28d

b)试样802水化28d

图 4-50

c)试样811水化28d

d)试样802水化28d

图4-50　水化试样811与802的比较

水化3d时,双掺试样的水化程度低于试样802及820。随着水化的进行,水化7d时双掺试样的凝胶结构较单掺试样的更致密,水化速度快,初步显示了矿渣与粉煤灰水化互补的优势。水化28d时,这种优势进一步体现在两个方面:①双掺试样中的粉煤灰颗粒无论是外壳还是内壁的水化程度都好于单掺试样。②双掺试样的凝胶中有大量托勃莫来石形成,单掺试样中则比较少。这些因素导致了水化28d时双掺试样的抗压强度高于其他体系。

第 5 章　道路水泥混凝土耐久性损伤的宏细观一体化模型

道路水泥混凝土出现强度、抗冻以及抗渗等耐久性能降低，导致混凝土表面剥落、裂纹以及断板等现象的出现，问题根源是其内部缺陷损伤累积。根据细观损伤来判断混凝土性能衰减规律，一直是行业迫切需要解决的问题。本章基于混凝土内部孔缺陷、裂缝缺陷以及界面过渡区特征的分析结果，来建立混凝土抗弯拉强度、抗冻性以及抗渗性与细观结构缺陷之间的定量关系。

5.1　细观损伤因子对性能的影响程度分析

由于表征混凝土细观结构缺陷特征的参数有多个，如描述孔结构的参数有孔隙率、总孔表面积、面积中间孔径、平均孔径、最可几孔径、孔分形维数、多害孔、有害孔、少害孔、无害孔、孔间距系数 11 个参数，描述裂纹结构的参数有裂缝密度、裂缝长度、裂缝宽度、裂缝分形维数 4 个参数以及描述界面过渡区结构的密实度、裂缝宽度、裂缝长度参数。这些参数在不同方面反映了混凝土结构内部缺陷的特征，即在某种程度上影响着混凝土的性能，但每种参数的影响程度有多大，哪些参数是影响混凝土性能的主要因素，哪些是次要因素，则需要借助数学理论进行影响程度分析。

灰色系统理论为该问题的解决提供了必要的方法。1982 年，华中理工大学邓聚龙教授首先提出并创立了一门系统工程学科即灰色系统理论。它是一种用有限的数据去解决未知系统所存在问题的新方法，以“小样本、贫信息”的不确定性系统为研究对象，通过对“部分”已知信息的生成、开发，实现对系统行为以及演化规律的正确描述。灰色关联分析是灰色系统理论中提出的一种有效的系统分析方法，通过数据处理在随机的因素序列间找出影响研究对象的主要因素，因而特适用于本书这类影响因素多、关系复杂的不确定问题的分析。

灰色关联分析根据各因素之间发展趋势的相似程度衡量各因素之间关联紧密程度，基本步骤如下：

(1)首先，确定反映系统行为特征的参考数列 $X_i=\{x_i(k)|x_i(1),x_i(2),\cdots,x_i(n)|\}$，$i=0,1,2,\cdots,m$ 和影响系统行为由因素组成的比较序列 $Y_i=\{y_i(k)|y_i(1),y_i(2),\cdots,y_i(n)|\}$，$i=0,1,2,\cdots,m$；其次，对参考数列以及比较数列进行无量纲化处理：

$$X_i'=\{x_i'(k)|x_i(1)/x_i(1),x_i(2)/x_i(1),\cdots,x_i(n)/x_i(1)|\},i=0,1,2,\cdots,m$$

$$Y_i'=\{y_i'(k)|y_i(1)/y_i(1),y_i(2)/y_i(1),\cdots,y_i(n)/y_i(1)|\},i=0,1,2,\cdots,m$$

以避免因各因素物理意义的不同导致的数据量纲不同。

(2)根据 $\Delta_i(k)=|x_i(k)-y_i(k)|$ 计算求差序列、两极差 $M=\max\limits_i\max\limits_k\Delta_i(k)$ 和 $m=\min\limits_i$

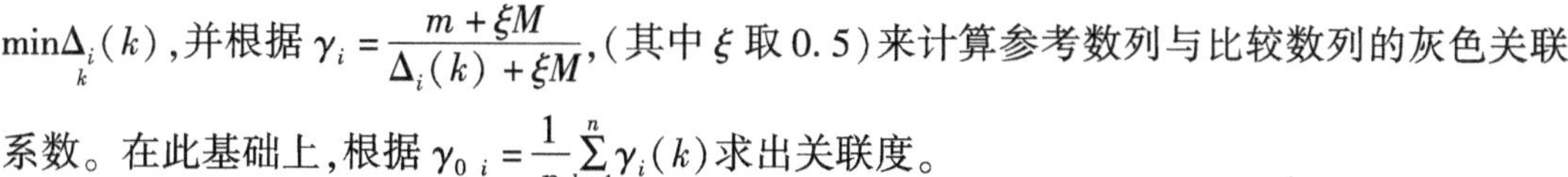

$\min\limits_{k}\Delta_i(k)$，并根据 $\gamma_i=\dfrac{m+\xi M}{\Delta_i(k)+\xi M}$，（其中 ξ 取 0.5）来计算参考数列与比较数列的灰色关联系数。在此基础上，根据 $\gamma_{0\,i}=\dfrac{1}{n}\sum\limits_{k=1}^{n}\gamma_i(k)$ 求出关联度。

（3）根据关联度的大小次序进行关联度排序，确定各因素对研究问题影响的主次程度。

5.1.1 混凝土细观结构损伤特征与强度相关性

为找出影响混凝土强度性能的主要结构缺陷参数，通过灰色关联分析方法进行分析，在对混凝土损伤特征与强度的关联性研究中，抗弯拉强度是参考数列，比较序列是孔结构参数、裂纹参数和界面过渡区结构参数。

（1）荷载、冻融和干湿循环作用下孔结构与弯拉强度关系

表 5-1 是荷载、冻融和干湿循环因素影响下混凝土孔结构特征参数与抗弯拉强度的灰度相关分析结果。孔结构参数与混凝土抗弯拉强度关联度由大到小顺序依次是：50% 荷载水平时，最可几孔径 > 孔隙率 > 少害孔 > 孔分形维数 > 无害孔 > 多害孔 > 总孔表面积 > 孔间距系数 > 有害孔 > 面积中间孔径 > 平均孔径，表明该条件下影响混凝土强度的主要孔结构参数有最可几孔径、孔隙率、少害孔、孔分形维数以及孔间距系数；而 80% 荷载水平时，最可几孔径 > 孔分形维数 > 少害孔 > 孔隙率 > 多害孔 > 孔间距系数 > 无害孔 > 有害孔 > 总孔表面积 > 面积中间孔径 > 平均孔径，表明该条件下影响混凝土强度的主要孔结构参数有最可几孔径、孔分形维数、少害孔、孔隙率以及多害孔等。

荷载、冻融与干湿循环条件下孔结构参数与强度的灰相关度 表 5-1

强度		参数										
		孔隙率（%）	总孔表面积（m^2/g）	面积中间孔径（nm）	平均孔径（nm）	最可几孔径（nm）	孔分形维数	多害孔（nm）	有害孔（nm）	少害孔（nm）	无害孔（nm）	孔间距系数
50% 荷载	C30	0.866	0.736	0.531	0.596	0.903	0.845	0.777	0.627	0.858	0.815	0.716
	C40	0.889	0.749	0.549	0.538	0.893	0.850	0.749	0.713	0.884	0.807	0.724
80% 荷载	C30	0.862	0.765	0.643	0.601	0.973	0.926	0.856	0.771	0.915	0.823	0.843
	C40	0.886	0.728	0.670	0.575	0.909	0.910	0.796	0.799	0.891	0.789	0.798

根据灰度相关分析结果，选择最可几孔径、孔隙率、少害孔、孔分形维数 4 个参数作为主要影响因子，通过多元线性回归分析和多元非线性回归分析，给出了相关性模型，如式（5-1）~式（5-4）所示。50% 荷载水平时，用多元非线性方程描述孔结构与混凝土抗弯拉强度之间关系具有更高的精确度，其相关系数为 0.970，其中分形维数和最可几孔径与强度是负相关，而少害孔和孔隙率与强度之间是正相关；而 80% 荷载水平时，用多元线性方程和多元非线性方程描述孔结构参数与混凝土抗弯拉强度关系都具有较高的精度，其相关系数为 0.999，其中少害孔为负相关，而孔分形维数、最可几孔径和孔隙率为正相关。

50% 荷载水平下多元线性回归 $R=0.931$：

$$\frac{\sigma}{\sigma_0}=8.310+0.647\times\frac{P_{\mathrm{lh}}}{P_{\mathrm{lh0}}}-7.432\times\frac{F_{\mathrm{p}}}{F_{\mathrm{p0}}}-1.633\times\frac{R_{\mathrm{p}}}{R_{\mathrm{p0}}}+1.099\times\frac{P_{\mathrm{g}}}{P_{\mathrm{g0}}} \tag{5-1}$$

50%荷载水平下多元非线性回归 $R=0.970$：

$$\frac{\sigma}{\sigma_0}=0.977\times\left(\frac{P_{\mathrm{lh}}}{P_{\mathrm{lh0}}}\right)^{0.986}\times\left(\frac{F_{\mathrm{p}}}{F_{\mathrm{p0}}}\right)^{-10.457}\times\left(\frac{R_{\mathrm{p}}}{R_{\mathrm{p0}}}\right)^{-2.637}\times\left(\frac{P_{\mathrm{g}}}{P_{\mathrm{g0}}}\right)^{1.036} \tag{5-2}$$

80%荷载水平下多元线性回归 $R=0.999$：

$$\frac{\sigma}{\sigma_0}=0.382-0.279\times\frac{P_{\mathrm{lh}}}{P_{\mathrm{lh0}}}+0.440\times\frac{F_{\mathrm{p}}}{F_{\mathrm{p0}}}+0.025\times\frac{R_{\mathrm{p}}}{R_{\mathrm{p0}}}+0.433\times\frac{P_{\mathrm{g}}}{P_{\mathrm{g0}}} \tag{5-3}$$

80%荷载水平下多元非线性回归 $R=0.999$：

$$\frac{\sigma}{\sigma_0}=\left(\frac{P_{\mathrm{lh}}}{P_{\mathrm{lh0}}}\right)^{-0.701}\times\left(\frac{F_{\mathrm{p}}}{F_{\mathrm{p0}}}\right)^{-0.547}\times\left(\frac{R_{\mathrm{p}}}{R_{\mathrm{p0}}}\right)^{0.564}\times\left(\frac{P_{\mathrm{g}}}{P_{\mathrm{g0}}}\right)^{0.411} \tag{5-4}$$

式中：σ——疲劳后样品抗弯拉强度(MPa)；

σ_0——样品初始抗弯拉强度(MPa)；

P_{lh}——疲劳后样品中少害孔含量(%)；

P_{lh0}——样品初始少害孔含量(%)；

F_{p}——疲劳后样品孔分形维数；

F_{p0}——初始样品孔分形维数；

R_{p}——疲劳后样品最可几孔径(nm)；

R_{p0}——初始样品最可几孔径(nm)；

P_{g}——疲劳后样品孔隙率(%)；

P_{g0}——初始样品孔隙率(%)。

(2)荷载、低温与干燥环境下孔结构与抗弯拉强度关系

表5-2是荷载、低温温差与干燥作用下混凝土孔结构特征参数与抗弯拉强度的灰度相关分析结果。孔结构参数与混凝土抗弯拉强度关联程度由大到小顺序依次是：50%荷载水平时，孔分形维数 > 最可几孔径 > 孔隙率 > 少害孔 > 无害孔 > 有害孔 > 总孔表面积 > 多害孔 > 孔间距系数 > 面积中间孔径 > 平均孔径，表明该条件下影响混凝土强度的主要孔结构参数有孔分形维数、最可几孔径、孔隙率、少害孔以及无害孔；而80%荷载水平时，孔分形维数 > 最可几孔径 > 有害孔 > 多害孔 > 孔隙率 > 无害孔 > 总孔表面积 > 孔间距系数 > 少害孔 > 面积中间孔径 > 平均孔径，表明该条件下影响混凝土强度的主要孔结构参数有孔分形维数、最可几孔径、有害孔、多害孔以及孔隙率等。

荷载、低温温差与干燥条件下孔结构参数与强度的灰相关度　　表5-2

强度		参数										
		孔隙率(%)	总孔表面积(m^2/g)	面积中间孔径(nm)	平均孔径(nm)	最可几孔径(nm)	孔分形维数	多害孔(nm)	有害孔(nm)	少害孔(nm)	无害孔(nm)	孔间距系数
50%荷载	C30	0.820	0.713	0.543	0.638	0.837	0.866	0.699	0.761	0.800	0.776	0.662
	C40	0.836	0.728	0.566	0.522	0.869	0.880	0.723	0.744	0.838	0.777	0.671
80%荷载	C30	0.711	0.700	0.610	0.577	0.860	0.929	0.802	0.805	0.669	0.713	0.680
	C40	0.763	0.643	0.615	0.551	0.917	0.949	0.750	0.859	0.618	0.738	0.657

考虑影响强度孔结构参数重要程度，以及无害孔对性能影响程度较小，同时孔隙率又被认为是影响混凝土强度的主要因素，因此在建立强度与孔结构参数关系时，50% 荷载水平选择孔分形维数、最可几孔径、孔隙率、少害孔 4 个参数，而 80% 荷载水平选择孔分形维数、最可几孔径、有害孔、多害孔以及孔隙率 5 个参数。通过多元线性回归和多元非线性回归分析得到的结果见式(5-5)～式(5-8)。荷载、低温与干燥条件时，孔结构与强度之间的关系用多元非线性方程来描述具有更高的精确度，其相关系数分别为 0.853(50% 荷载水平)和0.953(80% 荷载水平)。其中 50% 荷载水平下的三场耦合少害孔、孔分形维数和最可几孔径与强度是正相关，而孔隙率与强度是负相关；而 80% 荷载水平下的三场耦合，孔分形维数和孔隙率与强度之间是正相关，而多害孔、有害孔以及最可几孔径与强度之间是负相关。

50% 荷载水平下多元线性回归 $R=0.840$：

$$\frac{\sigma}{\sigma_0}=0.775\times\frac{P_{\mathrm{lh}}}{P_{\mathrm{lh0}}}+5.821\times\frac{F_{\mathrm{p}}}{F_{\mathrm{p0}}}+0.580\times\frac{R_{\mathrm{p}}}{R_{\mathrm{p0}}}-1.062\times\frac{P_{\mathrm{g}}}{P_{\mathrm{g0}}}-5.114 \tag{5-5}$$

50% 荷载水平下多元非线性回归 $R=0.853$：

$$\frac{\sigma}{\sigma_0}=\left(\frac{P_{\mathrm{lh}}}{P_{\mathrm{lh0}}}\right)^{1.225}\times\left(\frac{F_{\mathrm{p}}}{F_{\mathrm{p0}}}\right)^{7.547}\times\left(\frac{R_{\mathrm{p}}}{R_{\mathrm{p0}}}\right)^{0.816}\times\left(\frac{P_{\mathrm{g}}}{P_{\mathrm{g0}}}\right)^{-1.269} \tag{5-6}$$

80% 荷载水平下多元线性回归 $R=0.946$：

$$\frac{\sigma}{\sigma_0}=0.758-0.200\times\frac{P_{\mathrm{mh}}}{P_{\mathrm{mh0}}}-0.274\times\frac{P_{\mathrm{h}}}{P_{\mathrm{h0}}}+0.964\times\frac{F_{\mathrm{p}}}{F_{\mathrm{p0}}}-0.320\times\frac{R_{\mathrm{p}}}{R_{\mathrm{p0}}}+0.074\times\frac{P_{\mathrm{g}}}{P_{\mathrm{g0}}} \tag{5-7}$$

80% 荷载水平下多元非线性回归 $R=0.953$：

$$\frac{\sigma}{\sigma_0}=1.002\left(\frac{P_{\mathrm{mh}}}{P_{\mathrm{mh0}}}\right)^{-0.175}\times\left(\frac{P_{\mathrm{h}}}{P_{\mathrm{h0}}}\right)^{-0.162}\times\left(\frac{F_{\mathrm{p}}}{F_{\mathrm{p0}}}\right)^{0.145}\times\left(\frac{R_{\mathrm{p}}}{R_{\mathrm{p0}}}\right)^{-0.328}\times\left(\frac{P_{\mathrm{g}}}{P_{\mathrm{g0}}}\right)^{0.224} \tag{5-8}$$

式中：σ——疲劳后样品弯拉强度(MPa)；

σ_0——样品初始弯拉强度(MPa)；

P_{lh}——疲劳后样品中少害孔含量(%)；

P_{lh0}——样品初始少害孔含量(%)；

F_{p}——疲劳后样品孔分形维数；

F_{p0}——初始样品孔分形维数；

R_{p}——疲劳后样品最可几孔径(nm)；

R_{p0}——初始样品最可几孔径(nm)；

P_{g}——疲劳后样品孔隙率(%)；

P_{g0}——初始样品孔隙率(%)；

P_{mh}——疲劳后样品中多害孔含量(%)；

P_{mh0}——试样初始多害孔含量(%)；

P_{h}——疲劳后样品中有害孔含量(%)；

P_{h0}——试样初始有害孔含量(%)。

(3)荷载、常温冻融与干湿循环作用下孔结构与弯拉强度关系

表 5-3 是荷载、常温冻融与干湿循环条件下混凝土孔结构特征参数与抗弯拉强度的灰度相关度结果。孔结构参数与混凝土抗弯拉强度关联程度由大到小顺序依次是：50% 荷载水

平时，最可几孔径、孔分形维数 > 孔隙率 > 少害孔 > 无害孔 > 总孔表面积 > 面积中间孔径 > 多害孔 > 有害孔 > 孔间距系数、平均孔径，表明该条件下影响混凝土强度主要孔结构参数有最可几孔径、孔分形维数、孔隙率、少害孔以及无害孔；而 80% 荷载水平时，孔分形维数 > 最可几孔径 > 孔隙率 > 少害孔 > 多害孔 > 总孔表面积 > 面积中间孔径 > 有害孔、无害孔 > 平均孔径 > 孔间距系数，表明该条件影响混凝土强度主要孔结构参数有孔分形维数、最可几孔径、孔隙率、少害孔以及多害孔等。

荷载、常温冻融与干湿条件下孔结构参数与强度的灰相关度　　表 5-3

强度		参数										
		孔隙率（%）	总孔表面积（m^2/g）	面积中间孔径（nm）	平均孔径（nm）	最可几孔径（nm）	孔分形维数	多害孔（nm）	有害孔（nm）	少害孔（nm）	无害孔（nm）	孔间距系数
50%荷载	C30	0.760	0.742	0.712	0.643	0.906	0.870	0.714	0.690	0.871	0.866	0.666
	C40	0.769	0.710	0.676	0.593	0.966	0.830	0.713	0.666	0.853	0.762	0.637
80%荷载	C30	0.803	0.791	0.781	0.630	0.840	0.886	0.794	0.646	0.783	0.751	0.583
	C40	0.850	0.793	0.773	0.639	0.882	0.869	0.797	0.771	0.804	0.707	0.585

考虑荷载、常温冻融与干湿循环条件下影响强度孔结构参数重要程度，以及无害孔对性能影响较小，因此在建立强度与孔结构参数关系时，选择最可几孔径、孔分形维数、少害孔以及孔隙率 4 个参数。通过多元线性回归和多元非线性回归分析得到的结果见式（5-9）~式（5-12），50% 荷载水平时，孔结构与强度之间的关系用多元线性方程描述具有更高的精确度，其相关系数为 0.998，其中少害孔和孔隙率与强调之间是正相关，而孔分形维数和最可几孔径与强度是负相关；而 80% 荷载水平时，用多元非线性方程描述孔结构参数与混凝土抗弯拉强度关系精确度较高，其相关系数为 0.930，其中少害孔、孔分形维数和最可几孔径与强度之间是正相关，而孔隙率与强度之间是负相关。

50% 荷载水平下多元线性回归 $R=0.998$：

$$\frac{\sigma}{\sigma_0}=88.351+3.187\times\frac{P_{\mathrm{lh}}}{P_{\mathrm{lh0}}}-94.392\times\frac{F_{\mathrm{p}}}{F_{\mathrm{p0}}}-0.278\times\frac{R_{\mathrm{p}}}{R_{\mathrm{p0}}}+4.132\times\frac{P_{\mathrm{g}}}{P_{\mathrm{g0}}} \tag{5-9}$$

50% 荷载水平下多元非线性回归 $R=0.960$：

$$\frac{\sigma}{\sigma_0}=0.989\times\left(\frac{P_{\mathrm{lh}}}{P_{\mathrm{lh0}}}\right)^{2.428}\times\left(\frac{F_{\mathrm{p}}}{F_{\mathrm{p0}}}\right)^{-56.955}\times\left(\frac{R_{\mathrm{p}}}{R_{\mathrm{p0}}}\right)^{0.208}\times\left(\frac{P_{\mathrm{g}}}{P_{\mathrm{g0}}}\right)^{1.717} \tag{5-10}$$

80% 荷载水平下多元线性回归 $R=0.923$：

$$\frac{\sigma}{\sigma_0}=0.230\times\frac{P_{\mathrm{lh}}}{P_{\mathrm{lh0}}}+5.302\times\frac{F_{\mathrm{p}}}{F_{\mathrm{p0}}}+0.207\times\frac{R_{\mathrm{p}}}{R_{\mathrm{p0}}}-0.111\times\frac{P_{\mathrm{g}}}{P_{\mathrm{g0}}}-4.437 \tag{5-11}$$

80% 荷载水平下多元非线性回归 $R=0.930$：

$$\frac{\sigma}{\sigma_0}=0.991\times\left(\frac{P_{\mathrm{lh}}}{P_{\mathrm{lh0}}}\right)^{0.086}\times\left(\frac{F_{\mathrm{p}}}{F_{\mathrm{p0}}}\right)^{4.615}\times\left(\frac{R_{\mathrm{p}}}{R_{\mathrm{p0}}}\right)^{0.076}\times\left(\frac{P_{\mathrm{g}}}{P_{\mathrm{g0}}}\right)^{-0.012} \tag{5-12}$$

式中：σ——疲劳后样品弯拉强度（MPa）；

σ_0——样品初始弯拉强度（MPa）；

P_{lh}——疲劳后样品中少害孔含量(%)；

P_{lh0}——样品初始少害孔含量(%)；

F_p——疲劳后样品孔分形维数；

F_{p0}——初始样品孔分形维数；

R_p——疲劳后样品最可几孔径(nm)；

R_{p0}——初始样品最可几孔径(nm)；

P_g——疲劳后样品孔隙率(%)；

P_{g0}——初始样品孔隙率(%)。

(4)荷载、高温温差与干湿循环条件下孔结构与弯拉强度关系

表5-4是荷载、高温温差与干湿循环条件下混凝土孔结构特征参数与抗弯拉强度的灰度相关度结果，该三场作用下的孔结构参数与混凝土抗弯拉强度关联度由大到小顺序依次是:50%荷载水平时，少害孔>孔隙率>最可几孔径>孔分形维数>总孔表面积>孔间距系数>无害孔>多害孔>有害孔>面积中间孔径、平均孔径，因此选择该条件下影响混凝土强度主要孔结构参数有少害孔、孔隙率、最可几孔径、孔分形维数以及总孔表面积；而80%荷载水平时，孔隙率>孔分形维数>最可几孔径>总孔表面积>孔间距系数、少害孔>多害孔>有害孔>无害孔>面积中间孔径、平均孔径，该条件影响混凝土强度主要孔结构参数有孔隙率、孔分形维数、最可几孔径、总孔表面积以及孔间距系数等。

荷载、高温温差与干湿循环条件下孔结构参数与强度的灰相关度　　表5-4

强度		参数										
		孔隙率(%)	总孔表面积(m^2/g)	面积中间孔径(nm)	平均孔径(nm)	最可几孔径(nm)	孔分形维数	多害孔(nm)	有害孔(nm)	少害孔(nm)	无害孔(nm)	孔间距系数
50%荷载	C30	0.881	0.856	0.670	0.620	0.882	0.864	0.787	0.685	0.927	0.803	0.836
	C40	0.901	0.824	0.672	0.566	0.848	0.835	0.713	0.675	0.905	0.818	0.813
80%荷载	C30	0.981	0.893	0.627	0.565	0.897	0.912	0.794	0.735	0.850	0.726	0.840
	C40	0.907	0.904	0.657	0.555	0.908	0.906	0.720	0.740	0.816	0.709	0.821

根据荷载、高温温差与干湿循环作用下影响强度孔结构参数重要程度，同时去掉对性能影响较小的无害孔，在建立强度与孔结构参数关系时，50%荷载水平选择少害孔、孔隙率、最可几孔径、孔分形维数4个参数，而80%荷载水平选择孔隙率、孔分形维数、最可几孔径、总孔表面积4个参数。通过多元线性回归分析和多元非线性回归分析得到的结果见式(5-13)~式(5-16)，50%荷载水平时，孔结构与强度之间的关系用多元非线性方程来描述具有更高的精确度，其相关系数为0.997，其中孔分形维数、最可几孔径以及孔隙率与强度之间是正相关，而少害孔与强度是负相关；而80%荷载水平时，用多元线性回归方程描述孔结构参数对混凝土抗弯拉强度的影响精确度较高，其相关系数为0.959，其中总孔表面积、孔分形维数以及最可几孔径与强度是正相关，而孔隙率与强度是负相关。

50%荷载水平下多元线性回归 $R=0.996$：

$$\frac{\sigma}{\sigma_0}=-0.353\times\frac{P_{lh}}{P_{lh0}}+14.398\times\frac{F_p}{F_{p0}}+1.038\times\frac{R_p}{R_{p0}}+0.699\times\frac{P_g}{P_{g0}}-14.787 \tag{5-13}$$

50% 荷载水平下多元非线性回归 $R = 0.997$：

$$\frac{\sigma}{\sigma_0} = 1.007 \times \left(\frac{P_{lh}}{P_{lh0}}\right)^{-0.555} \times \left(\frac{F_p}{F_{p0}}\right)^{24.533} \times \left(\frac{R_p}{R_{p0}}\right)^{1.486} \times \left(\frac{P_g}{P_{g0}}\right)^{0.638} \tag{5-14}$$

80% 荷载水平下多元线性回归 $R = 0.959$：

$$\frac{\sigma}{\sigma_0} = 0.096 \times \frac{S_{gp}}{S_{gp0}} + 0.794 \times \frac{F_p}{F_{p0}} + 0.136 \times \frac{R_p}{R_{p0}} - 0.412 \times \frac{P_g}{P_{g0}} - 0.438 \tag{5-15}$$

80% 荷载水平下多元非线性回归 $R = 0.951$：

$$\frac{\sigma}{\sigma_0} = 0.998 \times \left(\frac{S_{gp}}{S_{gp0}}\right)^{0.102} \times \left(\frac{F_p}{F_{p0}}\right)^{1.207} \times \left(\frac{R_p}{R_{p0}}\right)^{0.144} \times \left(\frac{P_g}{P_{g0}}\right)^{-0.329} \tag{5-16}$$

式中：σ——疲劳后样品弯拉强度(MPa)；

σ_0——样品初始弯拉强度(MPa)；

P_{lh}——疲劳后样品中少害孔含量(%)；

P_{lh0}——样品初始少害孔含量(%)；

F_p——疲劳后样品孔分形维数；

F_{p0}——初始样品孔分形维数；

R_p——疲劳后样品最可几孔径(nm)；

R_{p0}——初始样品最可几孔径(nm)；

P_g——疲劳后样品孔隙率(%)；

P_{g0}——初始样品孔隙率(%)；

S_{gp}——疲劳后样品总孔表面积(m^2/g)；

S_{gp0}——试样初始总孔表面积(m^2/g)。

5.1.2 细观尺度裂缝特征参数与弯拉强度

(1)荷载、冻融与干湿循环作用下裂缝结构与弯拉强度的关系

表 5-5 是荷载、冻融与干湿循环条件下混凝土裂缝结构的特征参数与抗弯拉强度的灰色相关度结果，常规荷载和超载条件下，裂缝结构参数与强度的相关度顺序由大到小均为：裂缝宽度 > 裂缝分形维数 > 裂缝长度 > 裂缝密度。

荷载、冻融与干湿循环条件下裂缝结构参数与强度灰相关度 表 5-5

强度		参数			
		裂缝密度(%)	裂缝长度(μm)	裂缝宽度(μm)	裂缝分形维数
50% 荷载水平	C30	0.568	0.859	0.962	0.963
	C40	0.570	0.841	0.956	0.951
80% 荷载水平	C30	0.638	0.861	0.989	0.942
	C40	0.633	0.890	0.993	0.948

根据灰度相关分析结果，选择裂缝宽度、裂缝分形维数和裂缝长度来建立裂缝结构参数与混凝土抗弯拉强度之间的关系，多元线性回归分析和多元非线性回归分析的结果见式(5-17)～式(5-20)，在描述裂缝结构参数与抗弯拉强度之间的关系式，50% 荷载水平时用

多元非线性回归方程具有较高的准确度，相关系数为 0.999；而 80% 荷载水平时用多元线性回归方程具有较高的准确度，相关系数为 0.999。

50% 荷载水平下多元线性回归 $R=0.997$：

$$\frac{\sigma}{\sigma_0} = -0.288 \times \frac{L_C}{L_{C0}} + 0.136 \times \frac{W_C}{W_{C0}} + 3.472 \times \frac{F_C}{F_{C0}} - 2.326 \tag{5-17}$$

50% 荷载水平下多元非线性回归 $R=0.999$：

$$\frac{\sigma}{\sigma_0} = \left(\frac{L_C}{L_{C0}}\right)^{-0.750} \times \left(\frac{W_C}{W_{C0}}\right)^{0.135} \times \left(\frac{F_C}{F_{C0}}\right)^{11.628} \tag{5-18}$$

80% 荷载水平下多元线性回归 $R=0.999$：

$$\frac{\sigma}{\sigma_0} = -0.041 \times \frac{L_C}{L_{C0}} + 0.941 \times \frac{W_C}{W_{C0}} + 1.277 \times \frac{F_C}{F_{C0}} - 0.179 \tag{5-19}$$

80% 荷载水平下多元非线性回归 $R=0.969$：

$$\frac{\sigma}{\sigma_0} = 0.998 \times \left(\frac{L_C}{L_{C0}}\right)^{-0.356} \times \left(\frac{W_C}{W_{C0}}\right)^{0.407} \times \left(\frac{F_C}{F_{C0}}\right)^{8.455} \tag{5-20}$$

式中：σ——疲劳后样品弯拉强度(MPa)；

σ_0——样品初始弯拉强度(MPa)；

L_C——疲劳后样品的裂缝长度(μm)；

L_{C0}——试样初始裂缝长度(μm)；

W_C——疲劳后样品裂缝宽度(μm)；

W_{C0}——试样初始裂缝宽度(μm)；

F_C——疲劳后样品裂缝分形维数；

F_{C0}——试样初始裂缝分形维度。

(2)荷载、低温与干燥作用下裂缝结构与弯拉强度的关系

表 5-6 是荷载、低温与干燥条件下混凝土裂缝结构的特征参数与抗弯拉强度的灰色相关度，不同荷载水平时裂缝结构参数与强度的相关度顺序不同：50% 荷载水平时，裂缝宽度 > 裂缝分形维数 > 裂缝长度 > 裂缝密度；而 80% 荷载水平时，裂缝分形维数 > 裂缝宽度 > 裂缝长度 > 裂缝密度。

荷载、低温与干燥条件下裂缝结构参数与强度灰相关度 表 5-6

强度		参数			
		裂缝密度(%)	裂缝长度(μm)	裂缝宽度(μm)	裂缝分形维数
50% 荷载水平	C30	0.565	0.912	0.974	0.966
	C40	0.569	0.910	0.973	0.962
80% 荷载水平	C30	0.593	0.872	0.962	0.978
	C40	0.587	0.863	0.969	0.970

根据灰度相关分析结果，选择裂缝分形维数、裂缝宽度和裂缝长度来建立裂缝结构参数与混凝土抗弯拉强度之间的关系，通过多元线性回归分析和多元非线性回归分析的结果见式(5-21)～式(5-24)，在描述裂缝结构参数与抗弯拉强度之间关系时，两个荷载水平、低温与干燥耦合用多元线性回归方程具有较高的准确度，相关系数为 0.924(50% 荷载水平)和

0.981(80%荷载水平);其中50%荷载水平下三场耦合,裂缝长度、裂缝宽度和裂缝分形维数与强度都是负相关,而80%荷载水平下三场耦合时,裂缝长度是负相关,裂缝宽度和分形维数是正相关。

50%荷载水平下多元线性回归 $R=0.924$:

$$\frac{\sigma}{\sigma_0}=25.072-0.783\times\frac{L_C}{L_{C0}}-1.359\times\frac{W_C}{W_{C0}}-21.908\times\frac{F_C}{F_{C0}} \tag{5-21}$$

50%荷载水平下多元非线性回归 $R=0.862$:

$$\frac{\sigma}{\sigma_0}=1.081\times\left(\frac{L_C}{L_{C0}}\right)^{-0.052}\times\left(\frac{W_C}{W_{C0}}\right)^{-0.444}\times\left(\frac{F_C}{F_{C0}}\right)^{-44.783} \tag{5-22}$$

80%荷载水平下多元线性回归 $R=0.981$:

$$\frac{\sigma}{\sigma_0}=-0.263\times\frac{L_C}{L_{C0}}+0.394\times\frac{W_C}{W_{C0}}+15.850\times\frac{F_C}{F_{C0}}-14.980 \tag{5-23}$$

80%荷载水平下多元非线性回归 $R=0.972$:

$$\frac{\sigma}{\sigma_0}=1.009\times\left(\frac{L_C}{L_{C0}}\right)^{-0.587}\times\left(\frac{W_C}{W_{C0}}\right)^{0.052}\times\left(\frac{F_C}{F_{C0}}\right)^{16.198} \tag{5-24}$$

式中:σ——疲劳后样品弯拉强度(MPa);

σ_0——样品初始弯拉强度(MPa);

L_C——疲劳后样品的裂缝长度(μm);

L_{C0}——试样初始裂缝长度(μm);

W_C——疲劳后样品裂缝宽度(μm);

W_{C0}——试样初始裂缝宽度(μm);

F_C——疲劳后样品裂缝分形维数;

F_{C0}——试样初始裂缝分形维度。

(3)荷载、常温冻融与干湿循环作用下裂缝结构与弯拉强度的关系

表5-7是荷载、常温冻融与干湿循环条件下混凝土裂缝结构的特征参数与抗弯拉强度的灰色相关度,两个荷载水平与常温冻融、干湿循环三场耦合下裂缝结构参数与强度的相关度顺序一致,由大到小依次为:裂缝宽度 > 裂缝分形维数 > 裂缝长度 > 裂缝密度。

荷载、常温冻融与干湿循环条件下裂缝结构参数与强度灰相关度 表5-7

强度		参数			
		裂缝密度(%)	裂缝长度(μm)	裂缝宽度(μm)	裂缝分形维数
50%荷载水平	C30	0.613	0.904	0.956	0.944
	C40	0.579	0.902	0.961	0.941
80%荷载水平	C30	0.627	0.919	0.972	0.968
	C40	0.606	0.914	0.986	0.965

根据灰度相关分析结果,选择裂缝分形维数、裂缝宽度和裂缝长度来建立裂缝结构参数与混凝土抗弯拉强度之间的关系,通过多元线性回归分析和多元非线性回归分析的结果见式(5-25)~式(5-28),在描述该条件下裂缝结构参数与抗弯拉强度之间的关系时,50%荷

载水平时用多元非线性回归方程具有较高的准确度,相关系数为0.994,方程中三个裂缝结构参数与强度之间都是负相关;而80%荷载水平时用多元线性方程具有较高的准确度,相关系数为0.992,其中裂缝宽度和分形维数与强度之间是正相关,而裂缝长度与强度是负相关。

50%荷载水平下多元线性回归 $R=0.991$:

$$\frac{\sigma}{\sigma_0}=5.659-1.732\times\frac{L_C}{L_{C0}}-1.456\times\frac{W_C}{W_{C0}}-1.490\times\frac{F_C}{F_{C0}} \tag{5-25}$$

50%荷载水平下多元非线性回归 $R=0.994$:

$$\frac{\sigma}{\sigma_0}=0.982\times\left(\frac{L_C}{L_{C0}}\right)^{-2.784}\times\left(\frac{W_C}{W_{C0}}\right)^{-2.288}\times\left(\frac{F_C}{F_{C0}}\right)^{-3.882} \tag{5-26}$$

80%荷载水平下多元线性回归 $R=0.992$:

$$\frac{\sigma}{\sigma_0}=-0.615\times\frac{L_C}{L_{C0}}+0.264\times\frac{W_C}{W_{C0}}+5.373\times\frac{F_C}{F_{C0}}-4.023 \tag{5-27}$$

80%荷载水平下多元非线性回归 $R=0.988$:

$$\frac{\sigma}{\sigma_0}=\left(\frac{L_C}{L_{C0}}\right)^{-0.742}\times\left(\frac{W_C}{W_{C0}}\right)^{0.125}\times\left(\frac{F_C}{F_{C0}}\right)^{3.482} \tag{5-28}$$

式中:σ——疲劳后样品弯拉强度(MPa);

σ_0——样品初始弯拉强度(MPa);

L_C——疲劳后样品的裂缝长度(μm);

L_{C0}——试样初始裂缝长度(μm);

W_C——疲劳后样品裂缝宽度(μm);

W_{C0}——试样初始裂缝宽度(μm);

F_C——疲劳后样品裂缝分形维数;

F_{C0}——试样初始裂缝分形维度。

(4)荷载、高温温差与干湿循环作用下裂缝结构与弯拉强度的关系

表5-8是荷载、高温温差与干湿循环条件下混凝土裂缝结构的特征参数与抗弯拉强度的灰色相关度,两个荷载水平与高温温差、干湿循环三场耦合下裂缝结构参数与强度的相关度顺序一致,由大到小依次为:裂缝分形维数>裂缝宽度>裂缝长度>裂缝密度。

荷载、高温温差与干湿循环条件下裂缝结构参数与强度灰相关度 表5-8

强度		参数			
		裂缝密度(%)	裂缝长度(μm)	裂缝宽度(μm)	裂缝分形维数
50%荷载水平	C30	0.571	0.893	0.936	0.965
	C40	0.574	0.892	0.951	0.960
80%荷载水平	C30	0.653	0.906	0.966	0.992
	C40	0.641	0.896	0.973	0.987

根据灰度相关分析结果,选择裂缝分形维数、裂缝宽度和裂缝长度来建立裂缝结构参数与混凝土抗弯拉强度之间的关系,通过多元线性回归分析和多元非线性回归分析的结果见

式(5-29)~式(5-32),两种荷载水平时,用多元线性方程来描述裂缝结构参数与抗弯拉强度之间的关系具有较高的准确度,相关系数分别为0.971(50%荷载水平)和0.986(80%荷载水平)。其中,50%荷载水平下,裂缝长度和裂缝宽度与强度之间是负相关,分形维数与强度是正相关;而80%荷载水平下,裂缝宽度和分形维数与强度是正相关,而裂缝长度与强度是负相关。

50%荷载水平下多元线性回归 $R=0.971$:

$$\frac{\sigma}{\sigma_0}=-0.152\times\frac{L_C}{L_{C0}}-0.890\times\frac{W_C}{W_{C0}}+2.437\times\frac{F_C}{F_{C0}}-0.411 \tag{5-29}$$

50%荷载水平下多元非线性回归 $R=0.964$:

$$\frac{\sigma}{\sigma_0}=0.982\times\left(\frac{L_C}{L_{C0}}\right)^{-0.304}\times\left(\frac{W_C}{W_{C0}}\right)^{-1.697}\times\left(\frac{F_C}{F_{C0}}\right)^{8.214} \tag{5-30}$$

80%荷载水平下多元线性回归 $R=0.986$:

$$\frac{\sigma}{\sigma_0}=-0.126\times\frac{L_C}{L_{C0}}+0.131\times\frac{W_C}{W_{C0}}+3.217\times\frac{F_C}{F_{C0}}-2.226 \tag{5-31}$$

80%荷载水平下多元非线性回归 $R=0.973$:

$$\frac{\sigma}{\sigma_0}=0.995\times\left(\frac{L_C}{L_{C0}}\right)^{-0.230}\times\left(\frac{W_C}{W_{C0}}\right)^{0.317}\times\left(\frac{F_C}{F_{C0}}\right)^{6.393} \tag{5-32}$$

式中:σ——疲劳后样品弯拉强度(MPa);

σ_0——样品初始弯拉强度(MPa);

L_C——疲劳后样品的裂缝长度(μm);

L_{C0}——试样初始裂缝长度(μm);

W_C——疲劳后样品裂缝宽度(μm);

W_{C0}——试样初始裂缝宽度(μm);

F_C——疲劳后样品裂缝分形维数;

F_{C0}——试样初始裂缝分形维度。

5.1.3 界面过渡区结构特征参数与弯拉强度

(1)荷载、冻融与干湿作用下界面区结构与弯拉强度的关系

在荷载、冻融与干湿条件下,通过多元线性和多元非线性回归分析方法建立的裂缝参数与混凝土强度之间的关系结果见式(5-33)~式(5-36),两种荷载水平时,用多元线性回归方程描述界面区结构与混凝土强度之间关系具有较高的精确度,相关系数分别为0.751(50%荷载水平)和0.983(80%荷载水平);此外,两种情况下密实度和裂缝宽度与强度之间均为正相关,而裂缝长度与强度之间为负相关,结构参数对强度影响程度大小顺序为:密实度 > 裂缝宽度 > 裂缝长度。

50%荷载水平下多元线性回归 $R=0.751$:

$$\frac{\sigma}{\sigma_0}=1.587\times\frac{C}{C_0}-0.906\times\frac{L_C}{L_{C0}}+0.791\times\frac{W_C}{W_{C0}}-0.472 \tag{5-33}$$

50%荷载水平下多元非线性回归 $R=0.670$：

$$\frac{\sigma}{\sigma_0}=0.991\times\left(\frac{C}{C_0}\right)^{1.238}\times\left(\frac{L_C}{L_{C0}}\right)^{-0.492}\times\left(\frac{W_C}{W_{C0}}\right)^{0.396} \tag{5-34}$$

80%荷载水平下多元线性回归 $R=0.983$：

$$\frac{\sigma}{\sigma_0}=0.113+0.893\times\frac{C}{C_0}-0.133\times\frac{L_C}{L_{C0}}+0.151\times\frac{W_C}{W_{C0}} \tag{5-35}$$

80%荷载水平下多元非线性回归 $R=0.860$：

$$\frac{\sigma}{\sigma_0}=0.977\times\left(\frac{C}{C_0}\right)^{0.238}\times\left(\frac{L_C}{L_{C0}}\right)^{0.047}\times\left(\frac{W_C}{W_{C0}}\right)^{-0.078} \tag{5-36}$$

式中：σ——疲劳后样品弯拉强度(MPa)；

σ_0——样品初始弯拉强度(MPa)；

L_C——疲劳后样品的裂缝长度(μm)；

L_{C0}——试样初始裂缝长度(μm)；

W_C——疲劳后样品裂缝宽度(μm)；

W_{C0}——试样初始裂缝宽度(μm)；

C——疲劳后样品密实度；

C_0——试样初始密实度。

(2)荷载、低温温差与干燥作用下界面区结构与弯拉强度的关系

在荷载、低温温差与干燥条件下，通过多元线性和多元非线性回归分析建立的裂缝参数与混凝土强度之间的关系结果见式(5-37)~式(5-40)，两个荷载水平时，界面区结构参数与混凝土抗弯拉强度之间的关系用多元线性回归方程描述具有较高精确度，相关系数分别为0.783 (50%荷载水平)和0.728(80%荷载水平)；两种情况密实度和裂缝长度与强度之间均为正相关，而裂缝宽度与强度之间为负相关，其中50%荷载水平时参数对强度影响程度大小顺序为：密实度>裂缝宽度>裂缝长度，80%荷载水平时对强度影响程度顺序为裂缝长度>密实度>裂缝宽度。

50%荷载水平下多元线性回归 $R=0.783$：

$$\frac{\sigma}{\sigma_0}=0.556+0.536\times\frac{C}{C_0}+0.216\times\frac{L_C}{L_{C0}}-0.354\times\frac{W_C}{W_{C0}} \tag{5-37}$$

50%荷载水平下多元非线性回归 $R=0.742$：

$$\frac{\sigma}{\sigma_0}=0.920\times\left(\frac{C}{C_0}\right)^{0.801}\times\left(\frac{L_C}{L_{C0}}\right)^{0.188}\times\left(\frac{W_C}{W_{C0}}\right)^{-0.436} \tag{5-38}$$

80%荷载水平下多元线性回归 $R=0.728$：

$$\frac{\sigma}{\sigma_0}=1.515-0.703\times\frac{C}{C_0}+0.774\times\frac{L_C}{L_{C0}}-0.632\times\frac{W_C}{W_{C0}} \tag{5-39}$$

80%荷载水平下多元非线性回归 $R=0.596$：

$$\frac{\sigma}{\sigma_0}=0.933\times\left(\frac{C}{C_0}\right)^{-1.014}\times\left(\frac{L_C}{L_{C0}}\right)^{1.087}\times\left(\frac{W_C}{W_{C0}}\right)^{-0.936} \tag{5-40}$$

式中：σ——疲劳后样品弯拉强度(MPa)；

σ_0——样品初始弯拉强度(MPa);

L_C——疲劳后样品的裂缝长度(μm);

L_{C0}——试样初始裂缝长度(μm);

W_C——疲劳后样品裂缝宽度(μm);

W_{C0}——试样初始裂缝宽度(μm);

C——疲劳后样品密实度;

C_0——试样初始密实度。

(3)荷载、常温冻融与干湿作用下界面区结构与弯拉强度的关系

在荷载、常温冻融与干湿条件下,通过多元线性回归和多元非线性回归分析建立的界面结构参数与混凝土强度之间的关系结果见式(5-41)~式(5-44),两个荷载水平时,用多元线性回归方程描述界面区结构参数与混凝土强度之间的关系具有较高精确度,相关系数分别为0.743(50%荷载水平)和0.745(80%荷载水平);其中,50%荷载水平时,密实度和裂缝长度与强度之间为正相关,而裂缝宽度与强度之间为负相关,参数对强度影响程度大小顺序为:裂缝长度>密实度>裂缝宽度;而80%荷载水平时,密实度和裂缝宽度与强度是负相关,而裂缝长度与强度是正相关,对强度影响程度顺序为密实度>裂缝长度>裂缝宽度。

50%荷载水平下多元线性回归 $R=0.743$:

$$\frac{\sigma}{\sigma_0}=0.607+0.117\times\frac{C}{C_0}+0.218\times\frac{L_C}{L_{C0}}-0.0006\times\frac{W_C}{W_{C0}} \tag{5-41}$$

50%荷载水平下多元非线性回归 $R=0.691$:

$$\frac{\sigma}{\sigma_0}=0.865\times\left(\frac{C}{C_0}\right)^{0.085}\times\left(\frac{L_C}{L_{C0}}\right)^{0.263}\times\left(\frac{W_C}{W_{C0}}\right)^{-0.013} \tag{5-42}$$

80%荷载水平下多元线性回归 $R=0.745$:

$$\frac{\sigma}{\sigma_0}=0.745-0.485\times\frac{C}{C_0}+0.308\times\frac{L_C}{L_{C0}}-0.279\times\frac{W_C}{W_{C0}} \tag{5-43}$$

80%荷载水平下多元非线性回归 $R=0.622$:

$$\frac{\sigma}{\sigma_0}=0.918\times\left(\frac{C}{C_0}\right)^{-0.351}\times\left(\frac{L_C}{L_{C0}}\right)^{0.246}\times\left(\frac{W_C}{W_{C0}}\right)^{-0.140} \tag{5-44}$$

式中:σ——疲劳后样品弯拉强度(MPa);

σ_0——样品初始弯拉强度(MPa);

L_C——疲劳后样品的裂缝长度(μm);

L_{C0}——试样初始裂缝长度(μm);

W_C——疲劳后样品裂缝宽度(μm);

W_{C0}——试样初始裂缝宽度(μm);

C——疲劳后样品密实度;

C_0——试样初始密实度。

(4)荷载、高温温差与干湿作用下界面区结构与弯拉强度的关系

在荷载、高温温差与干湿条件下,通过多元线性回归和多元非线性回归分析建立的界面

结构参数与混凝土强度之间关系结果见式(5-45)~式(5-48),两个荷载水平时,界面区结构参数与混凝土强度之间的关系用多元线性回归方程描述具有较高的精确度,相关系数分别为0.772(50%荷载水平)和0.854(80%荷载水平);两种情况下,密实度和裂缝宽度与强度之间为负相关,而裂缝长度与强度之间为正相关,50%荷载水平时,参数对强度影响程度大小顺序为:裂缝宽度>裂缝长度>密实度,而80%荷载水平时,对强度影响程度顺序为裂缝长度>裂缝宽度>密实度。

50%荷载水平下多元线性回归 $R=0.772$:

$$\frac{\sigma}{\sigma_0}=0.836-0.091\times\frac{C}{C_0}+2.501\times\frac{L_C}{L_{C0}}-2.347\times\frac{W_C}{W_{C0}} \tag{5-45}$$

50%荷载水平下多元非线性回归 $R=0.629$:

$$\frac{\sigma}{\sigma_0}=0.794\times\left(\frac{C}{C_0}\right)^{-0.131}\times\left(\frac{L_C}{L_{C0}}\right)^{1.045}\times\left(\frac{W_C}{W_{C0}}\right)^{-1.123} \tag{5-46}$$

80%荷载水平下多元线性回归 $R=0.854$:

$$\frac{\sigma}{\sigma_0}=0.854-0.305\times\frac{C}{C_0}+0.711\times\frac{L_C}{L_{C0}}-0.583\times\frac{W_C}{W_{C0}} \tag{5-47}$$

80%荷载水平下多元非线性回归 $R=0.843$:

$$\frac{\sigma}{\sigma_0}=0.984\times\left(\frac{C}{C_0}\right)^{-0.318}\times\left(\frac{L_C}{L_{C0}}\right)^{0.666}\times\left(\frac{W_C}{W_{C0}}\right)^{-0.557} \tag{5-48}$$

式中:σ——疲劳后样品弯拉强度(MPa);

σ_0——样品初始弯拉强度(MPa);

L_C——疲劳后样品的裂缝长度(μm);

L_{C0}——试样初始裂缝长度(μm);

W_C——疲劳后样品裂缝宽度(μm);

W_{C0}——试样初始裂缝宽度(μm);

C——疲劳后样品密实度;

C_0——试样初始密实度。

5.2 多场耦合混凝土细观结构损伤特征与抗冻等级相关性

为找出影响混凝土抗冻性能的主要结构缺陷参数,采用灰色关联分析方法进行分析,对于混凝土损伤特征与抗冻等级的关联性研究中,抗冻等级是参考数列;比较序列是孔结构参数、裂缝参数和界面区结构参数。在此基础上,利用多元线性回归和多元非线性回归分析方法建立主要结构缺陷参数与相对动弹模量之间的关系。

5.2.1 细观尺度孔结构特征参数与抗冻指标

(1)荷载、冻融与干湿循环作用下孔结构与抗冻指标的关系

表5-9是根据灰度相关分析得出不同荷载水平、冻融与干湿循环三场耦合作用下混凝

土孔结构特征参数与抗冻性等级的灰色相关度结果。由结果可知，荷载、冻融与干湿循环耦合下孔结构参数与抗冻性关联度由大到小的顺序依次是：50%荷载水平、冻融与干湿循环耦合时，无害孔＞孔隙率＞总孔表面积＞少害孔＞最可几孔径＞孔分形维数＞多害孔＞孔间距系数＞有害孔＞面积中间孔径、平均孔径；而80%荷载水平时，总孔表面积＞无害孔＞孔隙率＞少害孔＞最可几孔径＞孔分形维数＞多害孔＞有害孔、平均孔径＞面积中间孔径＞孔间距系数。

荷载、冻融与干湿条件下孔结构参数与抗冻性的灰相关度　　表5-9

强度		参数										
		孔隙率（%）	总孔表面积（m^2/g）	面积中间孔径（nm）	平均孔径（nm）	最可几孔径（nm）	孔分形维数	多害孔（nm）	有害孔（nm）	少害孔（nm）	无害孔（nm）	孔间距系数
50%荷载水平	C30	0.905	0.838	0.533	0.585	0.782	0.733	0.692	0.600	0.835	0.931	0.655
	C40	0.930	0.885	0.587	0.569	0.787	0.785	0.710	0.699	0.807	0.957	0.704
80%荷载水平	C30	0.842	0.896	0.579	0.561	0.749	0.731	0.721	0.644	0.762	0.873	0.695
	C40	0.819	0.943	0.624	0.563	0.737	0.737	0.690	0.700	0.739	0.900	0.691

根据灰度相关分析结果，选择相关程度较大的结构参数建立孔结构参数与抗冻性关系，此外考虑无害孔和孔间距系数的重要程度，两个荷载水平时均选择孔隙率、总孔表面积、少害孔、最可几孔径以及孔间距系数5个参数。通过回归得到的结果见式(5-49)～式(5-52)，两个荷载水平下抗冻性与孔结构参数之间用多元线性方程描述较准确，其相关系数为0.999，其中最可几孔径、总孔表面积和孔隙率与相对动弹性模量是正相关，而少害孔和孔间距系数与其是负相关。

50%荷载水平下多元线性回归$R=0.999$：

$$\frac{E}{E_0}=-0.336+0.291\times\frac{R_p}{R_{p0}}+0.336\times\frac{S_g}{S_{g0}}-0.048\times\frac{P_{lh}}{P_{lh0}}+0.296\times\frac{P_g}{P_{g0}}-0.365\frac{L_p}{L_0} \tag{5-49}$$

50%荷载水平下多元非线性回归$R=0.985$：

$$\frac{E}{E_0}=0.998\times\left(\frac{R_p}{R_{p0}}\right)^{0.146}\times\left(\frac{S_g}{S_{g0}}\right)^{0.267}\times\left(\frac{P_{lh}}{P_{lh0}}\right)^{-0.233}\times\left(\frac{P_g}{P_{g0}}\right)^{0.329}\times\left(\frac{L_p}{L_0}\right)^{-0.891} \tag{5-50}$$

80%荷载水平下多元线性回归$R=0.999$：

$$\frac{E}{E_0}=-0.184+1.170\times\frac{R_p}{R_{p0}}+0.132\times\frac{S_g}{S_{g0}}-0.203\times\frac{P_{lh}}{P_{lh0}}+0.521\times\frac{P_g}{P_{g0}}-0.461\frac{L_p}{L_0} \tag{5-51}$$

80%荷载水平下多元非线性回归$R=0.998$：

$$\frac{E}{E_0}=\left(\frac{R_p}{R_{p0}}\right)^{4.612}\times\left(\frac{S_g}{S_{g0}}\right)^{0.058}\times\left(\frac{P_{lh}}{P_{lh0}}\right)^{-1.633}\times\left(\frac{P_g}{P_{g0}}\right)^{2.134}\times\left(\frac{L_p}{L_0}\right)^{-1.685} \tag{5-52}$$

式中：E——疲劳后样品动弹性模量；

E_0——试样初始动弹性模量；

L_p——疲劳后样品孔间距系数；

L_0——试样初始孔间距系数；

P_{lh}——疲劳后样品中少害孔含量(%)；

P_{lh0}——样品初始少害孔含量(%)；

R_p——疲劳后样品最可几孔径(nm)；

R_{p0}——初始样品最可几孔径(nm)；

P_g——疲劳后样品孔隙率(%)；

P_{g0}——初始样品孔隙率(%)；

S_g——疲劳后样品总孔表面积(m^2/g)；

S_{g0}——初始试样的总孔表面积(m^2/g)。

(2)荷载、低温与干燥作用下孔结构与抗冻指标的关系

表5-10是荷载、低温与干燥作用下混凝土孔结构特征参数与抗冻性等级的相关度结果，孔结构参数与抗冻性关联度由大到小的顺序依次是：50%荷载水平时，孔隙率>最可几孔径>孔分形维数>总孔表面积>无害孔>少害孔>多害孔>有害孔>孔间距系数>面积中间孔径、平均孔径；而80%荷载水平时，孔隙率>无害孔>总孔表面积>最可几孔径>孔分形维数>多害孔>有害孔>少害孔、孔间距系数>面积中间孔径、平均孔径。

荷载、低温温差与干燥条件下孔结构参数与抗冻性的灰相关度　　表5-10

强度		参数										
		孔隙率(%)	总孔表面积(m^2/g)	面积中间孔径(nm)	平均孔径(nm)	最可几孔径(nm)	孔分形维数	多害孔(nm)	有害孔(nm)	少害孔(nm)	无害孔(nm)	孔间距系数
50%荷载水平	C30	0.927	0.814	0.552	0.641	0.867	0.820	0.740	0.645	0.773	0.782	0.636
	C40	0.932	0.794	0.574	0.561	0.894	0.824	0.750	0.730	0.784	0.788	0.646
80%荷载水平	C30	0.980	0.827	0.569	0.547	0.768	0.753	0.740	0.669	0.605	0.871	0.609
	C40	0.932	0.843	0.575	0.530	0.756	0.754	0.754	0.650	0.619	0.925	0.601

根据灰度相关分析的结果，并考虑无害孔以及孔间距系数的重要程度，选择相关程度较大的、结构参数建立孔结构参数与抗冻性关系，两个荷载水平时选择孔隙率、最可几孔径、孔分形维数、总孔表面积以及孔间距系数5个参数。通过多元回归分析得到的结果见式(5-53)~式(5-56)，两个荷载下抗冻性与孔结构参数之间用多元线性方程和多元非线性方程描述都具有较高的准确度，其相关系数为0.999，其中最可几孔径、总孔表面积和孔分形维数与相对动弹性模量是正相关，而少害孔和孔间距系数与其是负相关。

50%荷载水平下多元线性回归 $R=0.999$：

$$\frac{E}{E_0}=0.467\times\frac{R_p}{R_{p0}}+0.136\times\frac{S_g}{S_{g0}}-0.073\times\frac{P_{lh}}{P_{lh0}}+2.662\times\frac{F_p}{F_{p0}}-0.279\frac{L_p}{L_0}-2.476 \quad (5\text{-}53)$$

50%荷载水平下多元非线性回归 $R=0.999$：

$$\frac{E}{E_0}=0.995\times\left(\frac{R_p}{R_{p0}}\right)^{0.550}\times\left(\frac{S_g}{S_{g0}}\right)^{0.171}\times\left(\frac{P_{lh}}{P_{lh0}}\right)^{-0.126}\times\left(\frac{F_p}{F_{p0}}\right)^{3.734}\times\left(\frac{L_p}{L_0}\right)^{-0.533} \tag{5-54}$$

80%荷载水平下多元线性回归 $R=0.999$：

$$\frac{E}{E_0}=-2.712+0.464\times\frac{R_p}{R_{p0}}+0.040\times\frac{S_g}{S_{g0}}-0.025\times\frac{P_{lh}}{P_{lh0}}+3.032\times\frac{F_p}{F_{p0}}-0.202\frac{L_p}{L_0} \tag{5-55}$$

80%荷载水平下多元非线性回归 $R=0.999$：

$$\frac{E}{E_0}=\left(\frac{R_p}{R_{p0}}\right)^{0.636}\times\left(\frac{S_g}{S_{g0}}\right)^{0.033}\times\left(\frac{P_{lh}}{P_{lh0}}\right)^{-0.010}\times\left(\frac{F_p}{F_{p0}}\right)^{3.671}\times\left(\frac{L_p}{L_0}\right)^{-0.418} \tag{5-56}$$

式中：E——疲劳后样品动弹性模量；

E_0——试样初始动弹性模量；

L_p——疲劳后样品孔间距系数；

L_0——试样初始孔间距系数；

P_{lh}——疲劳后样品中少害孔含量（%）；

P_{lh0}——样品初始少害孔含量（%）；

R_p——疲劳后样品最可几孔径（nm）；

R_{p0}——初始样品最可几孔径（nm）；

F_p——疲劳后样品孔分形维数；

F_{p0}——初始样品孔分形维数；

S_g——疲劳后样品总孔表面积（m^2/g）；

S_{g0}——初始试样的总孔表面积（m^2/g）。

（3）荷载、常温冻融与干湿条件下孔结构与抗冻指标的关系

表5-11是根据灰度相关分析得出荷载、常温冻融与干湿循环下孔结构参数与抗冻性关联度由大到小的顺序依次是：50%荷载水平时，无害孔＞孔隙率＞总孔表面积＞最可几孔径＞少害孔＞多害孔＞孔分形维数＞面积中间孔径＞有害孔＞孔间距系数、平均孔径；而80%荷载水平时，无害孔＞孔隙率、总孔表面积＞少害孔＞最可几孔径＞多害孔＞孔分形维数＞有害孔、面积中间孔径＞孔间距系数、平均孔径。

荷载、常温冻融与干湿条件下孔结构参数与抗冻性的灰相关度 表5-11

强度		参数										
		孔隙率（%）	总孔表面积（m^2/g）	面积中间孔径（nm）	平均孔径（nm）	最可几孔径（nm）	孔分形维数	多害孔（nm）	有害孔（nm）	少害孔（nm）	无害孔（nm）	孔间距系数
50%荷载水平	C30	0.858	0.844	0.654	0.601	0.774	0.749	0.769	0.620	0.772	0.890	0.611
	C40	0.798	0.798	0.583	0.548	0.660	0.656	0.656	0.578	0.708	0.878	0.564
80%荷载水平	C30	0.846	0.813	0.681	0.596	0.801	0.740	0.743	0.608	0.805	0.917	0.571
	C40	0.789	0.805	0.629	0.584	0.687	0.683	0.684	0.643	0.709	0.885	0.562

根据灰度相关分析的结果，并考虑无害孔以及孔间距系数的重要程度，建立孔结构参数

与抗冻性关系时选择孔隙率、总孔表面积、最可几孔径、少害孔以及孔间距系数5个参数。通过多元回归分析得到的结果见式(5-57)～式(5-60)，由此可知，两个荷载水平下抗冻性与孔结构参数之间用多元线性回归方程描述较准确，其相关系数分别为0.999(50%荷载水平)和0.994(80%荷载水平)，其中最可几孔径、总孔表面积和孔隙率与相对动弹性模量是正相关，而少害孔和孔间距系数与其是负相关。

50%荷载水平下多元线性回归 $R=0.999$：

$$\frac{E}{E_0}=0.617+0.293\times\frac{R_p}{R_{p0}}+0.256\times\frac{S_g}{S_{g0}}-0.084\times\frac{P_{lh}}{P_{lh0}}+0.041\times\frac{P_g}{P_{g0}}-0.290\times\frac{L_p}{L_0} \tag{5-57}$$

50%荷载水平下多元非线性回归 $R=0.999$：

$$\frac{E}{E_0}=\left(\frac{R_p}{R_{p0}}\right)^{0.413}\times\left(\frac{S_g}{S_{g0}}\right)^{0.129}\times\left(\frac{P_{lh}}{P_{lh0}}\right)^{-0.173}\times\left(\frac{P_g}{P_{g0}}\right)^{0.113}\times\left(\frac{L_p}{L_0}\right)^{-0.404} \tag{5-58}$$

80%荷载水平下多元线性回归 $R=0.994$：

$$\frac{E}{E_0}=0.357+0.172\times\frac{R_p}{R_{p0}}+0.127\times\frac{S_g}{S_{g0}}-0.107\times\frac{P_{lh}}{P_{lh0}}+0.444\times\frac{P_g}{P_{g0}}-0.210\times\frac{L_p}{L_0} \tag{5-59}$$

80%荷载水平下多元非线性回归 $R=0.991$：

$$\frac{E}{E_0}=0.995\times\left(\frac{R_p}{R_{p0}}\right)^{0.142}\times\left(\frac{S_g}{S_{g0}}\right)^{0.080}\times\left(\frac{P_{lh}}{P_{lh0}}\right)^{-0.035}\times\left(\frac{P_g}{P_{g0}}\right)^{0.382}\times\left(\frac{L_p}{L_0}\right)^{-0.378} \tag{5-60}$$

式中：E——疲劳后样品动弹性模量；

E_0——试样初始动弹性模量；

L_p——疲劳后样品孔间距系数；

L_0——试样初始孔间距系数；

P_{lh}——疲劳后样品中少害孔含量(%)；

P_{lh0}——样品初始少害孔含量(%)；

R_p——疲劳后样品最可几孔径(nm)；

R_{p0}——初始样品最可几孔径(nm)；

P_g——疲劳后样品孔隙率(%)；

P_{g0}——初始样品孔隙率(%)；

S_g——疲劳后样品总孔表面积(m^2/g)；

S_{g0}——初始试样的总孔表面积(m^2/g)。

5.2.2　细观尺度裂缝特征参数与抗冻指标

(1)荷载、冻融与干湿作用下裂缝结构与抗冻指标的关系

表5-12是根据灰度相关分析计算得出的荷载、冻融与干湿循环作用下混凝土裂缝结构的特征参数与抗冻性的灰度相关度，不同荷载水平下混凝土裂缝结构参数与抗冻性性能相关程度由大到小顺序一致，灰度相关度由大到小顺序依次是：裂缝宽度 > 裂缝分形维数 > 裂缝长度 > 裂缝密度。

荷载、冻融与干湿循环条件下裂缝结构参数与抗冻性的灰相关度　　表 5-12

强　度		参　数			
		裂缝密度(%)	裂缝长度(μm)	裂缝宽度(μm)	裂缝分形维数
50% 荷载水平	C30	0.562	0.832	0.946	0.929
	C40	0.563	0.812	0.929	0.913
80% 荷载水平	C30	0.623	0.774	0.853	0.819
	C40	0.623	0.805	0.864	0.839

通过多元回归分析建立裂缝参数与抗冻性的关系结果如式(5-61)~式(5-64)所示,在描述荷载、冻融与干湿条件下裂缝结构特征与抗冻性关系时,50% 荷载水平时采用多元非线性方程具有较高准确度,相关系数为 0.979,其中裂缝分形维数和裂缝长度与相对动弹性模量之间是负相关,而裂缝宽度与其是正相关;而 80% 荷载水平时采用多元线性方程具有较高准确度,其相关系数为 0.999。其中裂缝分形维数与相对动弹性模量是负相关,而裂缝宽度和裂缝长度与其是正相关。

50% 荷载水平下多元线性回归 $R=0.868$:

$$\frac{E}{E_0}=8.723-0.110\times\frac{L_C}{L_{C0}}+0.424\times\frac{W_C}{W_{C0}}-8.050\times\frac{F_C}{F_{C0}} \tag{5-61}$$

50% 荷载水平下多元非线性回归 $R=0.979$:

$$\frac{E}{E_0}=0.991\times\left(\frac{L_C}{L_{C0}}\right)^{-0.218}\times\left(\frac{W_C}{W_{C0}}\right)^{0.239}\times\left(\frac{F_C}{F_{C0}}\right)^{-10.318} \tag{5-62}$$

80% 荷载水平下多元线性回归 $R=0.999$:

$$\frac{E}{E_0}=0.831\times\frac{L_C}{L_{C0}}+3.366\times\frac{W_C}{W_{C0}}-2.509\times\frac{F_C}{F_{C0}}-0.694 \tag{5-63}$$

80% 荷载水平下多元非线性回归 $R=0.955$:

$$\frac{E}{E_0}=0.962\times\left(\frac{L_C}{L_{C0}}\right)^{0.109}\times\left(\frac{W_C}{W_{C0}}\right)^{0.497}\times\left(\frac{F_C}{F_{C0}}\right)^{-20.072} \tag{5-64}$$

式中:E——疲劳后样品相对动弹性模量;

E_0——试样初始相对动弹性模量;

L_C——疲劳后样品的裂缝长度(μm);

L_{C0}——试样初始裂缝长度(μm);

W_C——疲劳后样品裂缝宽度(μm);

W_{C0}——试样初始裂缝宽度(μm);

F_C——疲劳后样品裂缝分形维数;

F_{C0}——试样初始裂缝分形维度。

(2)荷载、低温温差与干燥作用下裂缝结构与抗冻指标的关系

表 5-13 是根据灰度相关分析计算得出荷载、低温温差与干燥作用下混凝土裂缝结构的特征参数与抗冻性的灰度相关度,不同荷载水平下混凝土裂缝结构参数与抗冻性相关程度顺序一致,灰度相关度由大到小顺序依次是:裂缝宽度 > 裂缝分形维数 > 裂缝长度 > 裂缝密度。

荷载、低温温差与干燥条件下裂缝结构参数与抗冻性的灰相关度 表5-13

强度		参数			
		裂缝密度(%)	裂缝长度(μm)	裂缝宽度(μm)	裂缝分形维数
50%荷载水平	C30	0.560	0.898	0.990	0.952
	C40	0.563	0.897	0.986	0.947
80%荷载水平	C30	0.587	0.830	0.966	0.916
	C40	0.583	0.823	0.958	0.906

通过多元回归分析建立裂缝结构参数与抗冻性的数学方程见式(5-65)~式(5-68),在描述荷载、低温温差与干燥条件下裂缝结构特征与抗冻性关系时,50%荷载水平时采用多元线性方程具有较高准确度,相关系数为0.926,其中裂缝宽度和裂缝分形维数与相对动弹性模量是正相关,而裂缝长度与其是负相关;而80%荷载水平时采用多元线性方程具有较高准确度,其相关系数为0.984,其中裂缝长度和裂缝宽度与相对动弹性模量是正相关,而裂缝分形维数与其是负相关。

50%荷载水平下多元线性回归 $R=0.926$:

$$\frac{E}{E_0}=-11.841-0.460\times\frac{L_C}{L_{C0}}+2.347\times\frac{W_C}{W_{C0}}+10.017\times\frac{F_C}{F_{C0}} \tag{5-65}$$

50%荷载水平下多元非线性回归 $R=0.846$:

$$\frac{E}{E_0}=0.955\times\left(\frac{L_C}{L_{C0}}\right)^{-0.131}\times\left(\frac{W_C}{W_{C0}}\right)^{1.952}\times\left(\frac{F_C}{F_{C0}}\right)^{20.370} \tag{5-66}$$

80%荷载水平下多元线性回归 $R=0.984$:

$$\frac{E}{E_0}=27.653+0.566\times\frac{L_C}{L_{C0}}+1.293\times\frac{W_C}{W_{C0}}-28.514\times\frac{F_C}{F_{C0}} \tag{5-67}$$

80%荷载水平下多元非线性回归 $R=0.883$:

$$\frac{E}{E_0}=0.973\times\left(\frac{L_C}{L_{C0}}\right)^{1.319}\times\left(\frac{W_C}{W_{C0}}\right)^{2.529}\times\left(\frac{F_C}{F_{C0}}\right)^{-9.556} \tag{5-68}$$

式中:E——疲劳后样品相对动弹性模量;

E_0——试样初始相对动弹性模量;

L_C——疲劳后样品的裂缝长度(μm);

L_{C0}——试样初始裂缝长度(μm);

W_C——疲劳后样品裂缝宽度(μm);

W_{C0}——试样初始裂缝宽度(μm);

F_C——疲劳后样品裂缝分形维数;

F_{C0}——试样初始裂缝分形维度。

(3)荷载、常温冻融与干湿作用下裂缝结构与抗冻指标的关系

表5-14是根据灰度相关分析计算得出荷载、常温冻融与干湿作用下混凝土裂缝结构特征参数与抗冻性的灰度相关度,不同荷载下混凝土裂缝参数与抗冻性相关程度顺序一致,灰度相关度由大到小顺序依次是:裂缝宽度>裂缝分形维数>裂缝长度>裂缝密度。

荷载、常温冻融与干湿条件下裂缝结构参数与抗冻性的灰相关度　　表 5-14

强　度		参　数			
		裂缝密度(%)	裂缝长度(μm)	裂缝宽度(μm)	裂缝分形维数
50%荷载水平	C30	0.604	0.887	0.959	0.927
	C40	0.573	0.891	0.952	0.929
80%荷载水平	C30	0.620	0.873	0.940	0.913
	C40	0.602	0.873	0.933	0.914

根据荷载、常温冻融与干湿条件下裂缝结构参数与抗冻性的灰色相关分析结果，选择裂缝宽度、裂缝分形维数和裂缝长度 3 个参数建立裂缝结构参数与抗冻性的关系，通过多元回归分析得到的数学方程见式(5-69)～式(5-72)，在描述荷载、常温冻融和干湿作用下裂缝结构特征与抗冻性关系时，采用多元非线性方程具有较高准确度，相关系数为 0.946；50% 和 80% 荷载水平情况下裂缝长度和裂缝分形维数与相对动弹性模量是负相关，而裂缝宽度与其是正相关。

50% 荷载水平下多元线性回归 $R = 0.944$：

$$\frac{E}{E_0} = 3.151 - 0.323 \times \frac{L_C}{L_{C0}} + 1.154 \times \frac{W_C}{W_{C0}} - 3.012 \times \frac{F_C}{F_{C0}} \tag{5-69}$$

50% 荷载水平下多元非线性回归 $R = 0.946$：

$$\frac{E}{E_0} = 0.966 \times \left(\frac{L_C}{L_{C0}}\right)^{-0.439} \times \left(\frac{W_C}{W_{C0}}\right)^{1.217} \times \left(\frac{F_C}{F_{C0}}\right)^{-3.390} \tag{5-70}$$

80% 荷载水平下多元线性回归 $R = 0.984$：

$$\frac{E}{E_0} = 5.074 - 0.396 \times \frac{L_C}{L_{C0}} + 0.941 \times \frac{W_C}{W_{C0}} - 4.626 \times \frac{F_C}{F_{C0}} \tag{5-71}$$

80% 荷载水平下多元非线性回归 $R = 0.987$：

$$\frac{E}{E_0} = 0.993 \times \left(\frac{L_C}{L_{C0}}\right)^{-0.478} \times \left(\frac{W_C}{W_{C0}}\right)^{0.940} \times \left(\frac{F_C}{F_{C0}}\right)^{-7.927} \tag{5-72}$$

式中：E——疲劳后样品相对动弹性模量；

E_0——试样初始相对动弹性模量；

L_C——疲劳后样品的裂缝长度(μm)；

L_{C0}——试样初始裂缝长度(μm)；

W_C——疲劳后样品裂缝宽度(μm)；

W_{C0}——试样初始裂缝宽度(μm)；

F_C——疲劳后样品裂缝分形维数；

F_{C0}——试样初始裂缝分形维度。

5.2.3　界面过渡区结构参数与抗冻指标

(1)荷载、冻融与干湿作用下界面区结构与抗冻指标的关系

在荷载水平、冻融与干湿作用下，根据多元回归分析建立了界面区参数与抗冻性之间的关系方程，其结果可见式(5-73)～式(5-76)，两个荷载水平下，界面区参数与抗冻性关系采用多元线性方程描述具有较高的准确度，其相关系数分别为 0.997(50% 荷载水平)和 0.994

(80%荷载水平);其中密实度和裂缝长度与相对动弹性模量之间是正相关,而裂缝宽度与其是负相关。

50%荷载水平下多元线性回归 $R=0.997$:

$$\frac{E}{E_0}=0.350+0.511\times\frac{C}{C_0}+0.072\times\frac{L_C}{L_{C0}}-0.068\times\frac{W_C}{W_{C0}} \tag{5-73}$$

50%荷载水平下多元非线性回归 $R=0.995$:

$$\frac{E}{E_0}=\left(\frac{C}{C_0}\right)^{0.455}\times\left(\frac{L_C}{L_{C0}}\right)^{0.059}\times\left(\frac{W_C}{W_{C0}}\right)^{-0.057} \tag{5-74}$$

80%荷载水平下多元线性回归 $R=0.994$:

$$\frac{E}{E_0}=0.090+0.694\times\frac{C}{C_0}+0.154\times\frac{L_C}{L_{C0}}-0.066\times\frac{W_C}{W_{C0}} \tag{5-75}$$

80%荷载水平下多元非线性回归 $R=0.949$:

$$\frac{E}{E_0}=0.977\times\left(\frac{C}{C_0}\right)^{0.288}\times\left(\frac{L_C}{L_{C0}}\right)^{0.206}\times\left(\frac{W_C}{W_{C0}}\right)^{-0.094} \tag{5-76}$$

式中:E——疲劳后样品相对动弹性模量;

E_0——试样初始相对动弹性模量;

L_C——疲劳后样品的裂缝长度(μm);

L_{C0}——试样初始裂缝长度(μm);

W_C——疲劳后样品裂缝宽度(μm);

W_{C0}——试样初始裂缝宽度(μm);

C——疲劳后样品界面区密实度;

C_0——试样初始界面区密实度。

(2)荷载、低温温差与干燥作用下界面区结构与抗冻指标的关系

根据多元回归分析建立了荷载、低温温差与干燥作用下界面区结构参数与抗冻性之间的关系方程,其结果可见式(5-77)~式(5-80),两个荷载水平下,界面区参数与抗冻性关系采用多元线性方程描述具有较高的准确度,其相关系数分别为0.783(50%荷载水平)和0.798(80%荷载水平);其中50%荷载水平时,密实度和裂缝长度与相对动弹性模量之间是正相关,而裂缝宽度与其是负相关;而80%荷载水平时,密实度和裂缝宽度与相对动弹性模量是负相关。

50%荷载水平下多元线性回归 $R=0.783$:

$$\frac{E}{E_0}=0.556+0.536\times\frac{C}{C_0}+0.216\times\frac{L_C}{L_{C0}}-0.354\times\frac{W_C}{W_{C0}} \tag{5-77}$$

50%荷载水平下多元非线性回归 $R=0.742$:

$$\frac{E}{E_0}=0.920\times\left(\frac{C}{C_0}\right)^{0.801}\times\left(\frac{L_C}{L_{C0}}\right)^{0.188}\times\left(\frac{W_C}{W_{C0}}\right)^{-0.436} \tag{5-78}$$

80%荷载水平下多元线性回归 $R=0.798$:

$$\frac{E}{E_0}=1.515-0.703\times\frac{C}{C_0}+0.774\times\frac{L_C}{L_{C0}}-0.632\times\frac{W_C}{W_{C0}} \tag{5-79}$$

80% 荷载水平下多元非线性回归 $R=0.696$：

$$\frac{E}{E_0}=0.933\times\left(\frac{C}{C_0}\right)^{-1.007}\times\left(\frac{L_C}{L_{C0}}\right)^{1.014}\times\left(\frac{W_C}{W_{C0}}\right)^{-0.936} \tag{5-80}$$

式中：E——疲劳后样品相对动弹性模量；

E_0——试样初始相对动弹性模量；

L_C——疲劳后样品的裂缝长度(μm)；

L_{C0}——试样初始裂缝长度(μm)；

W_C——疲劳后样品裂缝宽度(μm)；

W_{C0}——试样初始裂缝宽度(μm)；

C——疲劳后样品界面区密实度；

C_0——试样初始界面区密实度。

(3)荷载、常温冻融与干湿作用下界面区结构与抗冻指标的关系

根据多元回归分析建立了荷载、常温冻融与干湿作用下界面区结构参数与抗冻性间的关系方程，其结果可见式(5-81)~式(5-84)，两个荷载水平作用下，界面区参数与抗冻性关系采用多元线性方程描述具有较高的准确度，其相关系数分别为0.993(50% 荷载水平)和0.774(80% 荷载水平)；其中50% 荷载水平时，裂缝宽度和裂缝长度与相对动弹性模量之间是正相关，而密实度与其是负相关；而80% 荷载水平时，裂缝长度与相对动弹性模量是正相关，而密实度和裂缝宽度与其是负相关。

50% 荷载水平下多元线性回归 $R=0.993$：

$$\frac{E}{E_0}=0.616-0.020\times\frac{C}{C_0}+0.335\times\frac{L_C}{L_{C0}}+0.067\times\frac{W_C}{W_{C0}} \tag{5-81}$$

50% 荷载水平下多元非线性回归 $R=0.978$：

$$\frac{E}{E_0}=0.989\times\left(\frac{C}{C_0}\right)^{-0.011}\times\left(\frac{L_C}{L_{C0}}\right)^{0.210}\times\left(\frac{W_C}{W_{C0}}\right)^{0.069} \tag{5-82}$$

80% 荷载水平下多元线性回归 $R=0.774$：

$$\frac{E}{E_0}=0.952-0.283\times\frac{C}{C_0}+0.506\times\frac{L_C}{L_{C0}}-0.239\times\frac{W_C}{W_{C0}} \tag{5-83}$$

80% 荷载水平下多元非线性回归 $R=0.617$：

$$\frac{E}{E_0}=0.877\times\left(\frac{C}{C_0}\right)^{-0.279}\times\left(\frac{L_C}{L_{C0}}\right)^{0.288}\times\left(\frac{W_C}{W_{C0}}\right)^{-0.203} \tag{5-84}$$

式中：E——疲劳后样品相对动弹模量；

E_0——试样初始相对动弹模量；

L_C——疲劳后样品的裂缝长度(μm)；

L_{C0}——试样初始裂缝长度(μm)；

W_C——疲劳后样品裂缝宽度(μm)；

W_{C0}——试样初始裂缝宽度(μm)；

C——疲劳后样品界面区密实度；

C_0——试样初始界面区密实度。

5.3 多场耦合混凝土细观结构损伤特征与抗渗性相关性

为找出影响混凝土抗渗性能的主要结构缺陷参数，下面将采用灰色关联分析方法进行分析。对于混凝土损伤特征与抗渗性的关联性研究中，电通量是参考数列；比较序列是孔结构参数、裂缝参数和界面区结构参数。

5.3.1 细观孔结构特征参数与氯离子渗透系数

(1)荷载、冻融与干湿作用下孔结构与氯离子渗透系数的关系

表5-15是根据灰度相关分析得出荷载、冻融与干湿作用下混凝土孔结构特征参数与抗渗性的灰色相关分析结果，不同荷载水平下孔结构参数与抗渗性关联度由大到小的顺序是：50%荷载水平、冻融与干湿耦合时，面积中间孔径 > 平均孔径 > 有害孔 > 孔间距系数 > 多害孔 > 孔分形维数 > 最可几孔径 > 少害孔 > 孔隙率 > 无害孔 > 总孔表面积；而80%荷载水平、冻融与干湿耦合时，平均孔径 > 面积中间孔径 > 有害孔 > 多害孔 > 孔间距系数 > 孔分形维数、少害孔、最可几孔径 > 孔隙率 > 无害孔 > 总孔表面积；由此可知，两种荷载水平、冻融与干湿耦合下对混凝土抗渗性影响较大的孔结构参数有面积中间孔径、平均孔径、多害孔、有害孔以及孔间距系数。

荷载、冻融与干湿条件下孔结构参数与抗渗性的灰相关度　　表5-15

强度		参数										
		孔隙率(%)	总孔表面积(m^2/g)	面积中间孔径(nm)	平均孔径(nm)	最可几孔径(nm)	孔分形维数	多害孔(nm)	有害孔(nm)	少害孔(nm)	无害孔(nm)	孔间距系数
50%荷载水平	C30	0.650	0.620	0.757	0.752	0.663	0.673	0.682	0.724	0.654	0.638	0.695
	C40	0.646	0.609	0.743	0.720	0.666	0.666	0.685	0.694	0.663	0.625	0.691
80%荷载水平	C30	0.636	0.611	0.783	0.791	0.654	0.659	0.666	0.705	0.652	0.626	0.663
	C40	0.642	0.614	0.734	0.793	0.662	0.662	0.681	0.686	0.666	0.626	0.680

根据灰色相关分析确定荷载、冻融与干湿耦合作用下面积中间孔径、平均孔径、多害孔、有害孔以及孔间距系数是影响混凝土抗渗性的主要因子来建立孔结构参数与抗渗性的关系，基于多元回归分析的结果见式(5-85)～式(5-88)，两种荷载水平下，用多元线性回归方程描述孔结构参数与抗渗性之间的关系具有较高的准确度，其相关系数为0.999。50%荷载水平时，面积中间孔径和多害孔与氯离子渗透系数为负相关，而平均孔径、有害孔以及孔间距系数与其是正相关；而80%荷载水平时，面积中间孔径和平均孔径与氯离子渗透系数为负相关，而多害孔、有害孔以及孔间距系数与其是正相关。

50%荷载水平下多元线性回归 $R=0.999$：

$$\frac{K}{K_0} = -2.379\times\frac{R_{\mathrm{m}}}{R_{\mathrm{m0}}} + 1.136\times\frac{R_{\mathrm{a}}}{R_{\mathrm{a0}}} - 1.973\times\frac{P_{\mathrm{mh}}}{P_{\mathrm{mh0}}} + 2.600\times\frac{P_{\mathrm{h}}}{P_{\mathrm{h0}}} + 11.566\times\frac{L_{\mathrm{p}}}{L_{\mathrm{p0}}} - 9.951 \tag{5-85}$$

50% 荷载水平下多元非线性回归 $R=0.997$：

$$\frac{K}{K_0}=\left(\frac{R_m}{R_{m0}}\right)^{-0.982}\times\left(\frac{R_a}{R_{a0}}\right)^{0.567}\times\left(\frac{P_{mh}}{P_{mh0}}\right)^{-0.579}\times\left(\frac{P_h}{P_{h0}}\right)^{1.120}\times\left(\frac{L_p}{L_{p0}}\right)^{4.623} \tag{5-86}$$

80% 荷载水平下多元线性回归 $R=0.999$：

$$\frac{K}{K_0}=-2.228\times\frac{R_m}{R_{m0}}-0.945\times\frac{R_a}{R_{a0}}+3.915\times\frac{P_{mh}}{P_{mh0}}+3.189\times\frac{P_h V}{P_{h0}}+11.088\times\frac{L_p}{L_{p0}}-16.247 \tag{5-87}$$

80% 荷载水平下多元非线性回归 $R=0.995$：

$$\frac{K}{K_0}=\left(\frac{R_m}{R_{m0}}\right)^{-0.861}\times\left(\frac{R_a}{R_{a0}}\right)^{-0.267}\times\left(\frac{P_{mh}}{P_{mh0}}\right)^{1.402}\times\left(\frac{P_h}{P_{h0}}\right)^{1.225}\times\left(\frac{L_p}{L_{p0}}\right)^{5.235} \tag{5-88}$$

式中：K——疲劳后样品氯离子渗透系数；

K_0——试样初始氯离子渗透系数；

R_m——疲劳后样品面积中间孔径(nm)；

R_{m0}——试样初始面积中间孔径(nm)；

R_a——疲劳后样品平均孔径(nm)；

R_{a0}——样品初始的平均孔径(nm)；

P_{mh}——疲劳后样品中多害孔含量(%)；

P_{mh0}——试样初始多害孔含量(%)；

P_h——疲劳后样品中有害孔含量(%)；

P_{h0}——试样初始有害孔含量(%)；

L_p——疲劳后样品孔间距系数；

L_{p0}——试样初始孔间距系数。

(2)荷载、低温与干燥作用下孔结构与氯离子渗透系数的关系

表 5-16 是根据灰度相关分析得出荷载、低温与干燥作用下混凝土孔结构特征参数与抗渗性的灰色相关分析结果，关联度由大到小的顺序是：50% 荷载水平时，面积中间孔径 > 平均孔径 > 孔间距系数 > 有害孔 > 多害孔 > 孔分形维数、最可几孔径、少害孔 > 孔隙率 > 无害孔 > 总孔表面积；而 80% 荷载水平时，平均孔径、面积中间孔径 > 孔间距系数 > 有害孔、多害孔 > 少害孔 > 孔分形维数、最可几孔径 > 孔隙率、无害孔 > 总孔表面积；两种荷载水平下对混凝土抗渗性影响较大的孔结构参数有面积中间孔径、平均孔径、孔间距系数以及有害孔。

荷载、低温温差与干燥条件下孔结构参数与抗渗性的灰相关度 表 5-16

强度		参数										
		孔隙率(%)	总孔表面积(m^2/g)	面积中间孔径(nm)	平均孔径(nm)	最可几孔径(nm)	孔分形维数	多害孔(nm)	有害孔(nm)	少害孔(nm)	无害孔(nm)	孔间距系数
50%荷载水平	C30	0.617	0.592	0.676	0.681	0.635	0.642	0.645	0.699	0.635	0.615	0.691
	C40	0.598	0.562	0.701	0.705	0.617	0.612	0.634	0.640	0.624	0.581	0.649
80%荷载水平	C30	0.621	0.608	0.729	0.713	0.641	0.649	0.668	0.666	0.656	0.627	0.684
	C40	0.638	0.614	0.722	0.710	0.661	0.657	0.677	0.655	0.653	0.635	0.693

根据灰色相关分析确定荷载、低温与干燥作用下面积中间孔径、平均孔径、孔间距系数以及有害孔是影响混凝土抗渗性的主要因子，基于多元回归分析的结果见式(5-89)～式(5-92)，两种荷载水平下，采用多元线性回归方程可以较准确地描述孔结构参数与抗渗性之间的关系，其相关系数分别为0.997(50%荷载水平)和0.986(80%荷载水平)。50%荷载水平时，面积中间孔径和有害孔与氯离子渗透系数为负相关，而平均孔径和孔间距系数与其是正相关；而80%荷载水平时，有害孔和平均孔径与氯离子渗透系数为负相关，而面积中间孔径以及孔间距系数与其是正相关。

50%荷载水平下多元线性回归 $R=0.997$：

$$\frac{K}{K_0}=-0.488\times\frac{R_m}{R_{m0}}+0.612\times\frac{R_a}{R_{a0}}-1.085\times\frac{P_h}{P_{h0}}+6.494\times\frac{L_p}{L_{p0}}-4.528 \tag{5-89}$$

50%荷载水平下多元非线性回归 $R=0.995$：

$$\frac{K}{K_0}=1.002\times\left(\frac{R_m}{R_{m0}}\right)^{-0.051}\times\left(\frac{R_a}{R_{a0}}\right)^{0.202}\times\left(\frac{P_h}{P_{h0}}\right)^{-0.615}\times\left(\frac{L_p}{L_{p0}}\right)^{3.691} \tag{5-90}$$

80%荷载水平下多元线性回归 $R=0.986$：

$$\frac{K}{K_0}=4.052\times\frac{R_m}{R_{m0}}-3.086\times\frac{R_a}{R_{a0}}-2.783\times\frac{P_h}{P_{h0}}+7.095\times\frac{L_p}{L_{p0}}-4.208 \tag{5-91}$$

80%荷载水平下多元非线性回归 $R=0.977$：

$$\frac{K}{K_0}=1.012\times\left(\frac{R_m}{R_{m0}}\right)^{3.817}\times\left(\frac{R_a}{R_{a0}}\right)^{-2.798}\times\left(\frac{P_h}{P_{h0}}\right)^{-1.526}\times\left(\frac{L_p}{L_{p0}}\right)^{4.555} \tag{5-92}$$

式中：K——疲劳后样品氯离子渗透系数；

K_0——试样初始氯离子渗透系数；

R_m——疲劳后样品面积中间孔径(nm)；

R_{m0}——试样初始面积中间孔径(nm)；

R_a——疲劳后样品平均孔径(nm)；

R_{a0}——样品初始的平均孔径(nm)；

P_h——疲劳后样品中有害孔含量(%)；

P_{h0}——试样初始有害孔含量(%)；

L_p——疲劳后样品孔间距系数；

L_{p0}——试样初始孔间距系数。

(3)荷载、常温冻融与干湿作用下孔结构与氯离子渗透系数的关系

表5-17是根据灰度相关分析得出荷载、常温冻融与干湿作用下混凝土孔结构特征参数与抗渗性的灰色相关分析结果，关联度由大到小的顺序依次是：50%荷载水平时，平均孔径>孔间距系数>有害孔>面积中间孔径>多害孔>孔分形维数、少害孔>最可几孔径>无害孔>总孔表面积>孔隙率；而80%荷载水平时，平均孔径>孔间距系数>面积中间孔径>有害孔>少害孔>多害孔、孔分形维数>最可几孔径>总孔表面积、孔隙率>无害孔。由此可知，两种荷载水平下对混凝土抗渗性影响较大的孔结构参数有平均孔径、孔间距系数、面积中间孔径以及有害孔。

荷载、常温冻融与干湿条件下孔结构参数与抗渗性的灰相关度　　表 5-17

强度		参数										
		孔隙率（%）	总孔表面积（m^2/g）	面积中间孔径（nm）	平均孔径（nm）	最可几孔径（nm）	孔分形维数	多害孔（nm）	有害孔（nm）	少害孔（nm）	无害孔（nm）	孔间距系数
50%荷载水平	C30	0.582	0.587	0.683	0.735	0.619	0.632	0.635	0.699	0.653	0.603	0.697
	C40	0.595	0.587	0.687	0.737	0.636	0.637	0.663	0.687	0.626	0.587	0.693
80%荷载水平	C30	0.583	0.586	0.631	0.680	0.601	0.611	0.610	0.630	0.630	0.585	0.668
	C40	0.580	0.577	0.626	0.671	0.603	0.604	0.604	0.618	0.607	0.569	0.658

根据灰色相关分析确定荷载、常温冻融与干湿作用下平均孔径、孔间距系数、面积中间孔径以及有害孔是影响抗渗性的主要因子，基于多元回归分析的结果见式(5-93)～式(5-96)，两种荷载水平下，采用多元线性回归方程和多元非线性回归方程都可以较准确地描述孔结构参数与抗渗性之间的关系，其相关系数均在 0.992 以上。两种情况下，面积中间孔径、有害孔和孔间距系数与氯离子渗透系数之间是正相关，而平均孔径与其是负相关。

50% 荷载水平下多元线性回归 $R=0.993$：

$$\frac{K}{K_0}=0.439\times\frac{R_m}{R_{m0}}-0.326\times\frac{R_a}{R_{a0}}+0.238\times\frac{P_h}{P_{h0}}+3.438\times\frac{L_p}{L_{p0}}-2.775 \tag{5-93}$$

50% 荷载水平下多元非线性回归 $R=0.992$：

$$\frac{K}{K_0}=1.007\times\left(\frac{R_m}{R_{m0}}\right)^{0.401}\times\left(\frac{R_a}{R_{a0}}\right)^{-0.062}\times\left(\frac{P_h}{P_{h0}}\right)^{0.140}\times\left(\frac{L_p}{L_{p0}}\right)^{2.196} \tag{5-94}$$

80% 荷载水平下多元线性回归 $R=0.993$：

$$\frac{K}{K_0}=1.356\times\frac{R_m}{R_{m0}}-0.568\times\frac{R_a}{R_{a0}}+0.304\times\frac{P_h}{P_{h0}}+3.822\times\frac{L_p}{L_{p0}}-3.890 \tag{5-95}$$

80% 荷载水平下多元非线性回归 $R=0.994$：

$$\frac{K}{K_0}=1.007\times\left(\frac{R_m}{R_{m0}}\right)^{0.563}\times\left(\frac{R_a}{R_{a0}}\right)^{-0.093}\times\left(\frac{P_h}{P_{h0}}\right)^{0.013}\times\left(\frac{L_p}{L_{p0}}\right)^{2.413} \tag{5-96}$$

式中：K——疲劳后样品氯离子渗透系数；

K_0——试样初始氯离子渗透系数；

R_m——疲劳后样品面积中间孔径(nm)；

R_{m0}——试样初始面积中间孔径(nm)；

R_a——疲劳后样品平均孔径(nm)；

R_{a0}——样品初始的平均孔径(nm)；

P_h——疲劳后样品中有害孔含量(%)；

P_{h0}——试样初始有害孔含量(%)；

L_p——疲劳后样品孔间距系数；

L_{p0}——试样初始孔间距系数。

(4)荷载、高温温差与干湿作用下孔结构与氯离子渗透系数的关系

表5-18是根据灰度相关分析得出荷载、高温温差与干湿作用下混凝土孔结构特征参数与抗渗性的灰色相关分析结果,孔结构参数与抗渗性关联度由大到小的顺序是:50%荷载水平时,平均孔径 > 面积中间孔径 > 有害孔 > 多害孔 > 孔间距系数 > 孔分形维数 > 最可几孔径、孔隙率 > 总孔表面积 > 少害孔 > 无害孔;而80%荷载水平时,平均孔径 > 面积中间孔径 > 有害孔、多害孔 > 孔分形维数、孔间距系数 > 少害孔、最可几孔径、孔隙率 > 总孔表面积 > 无害孔。由此可知,两种荷载水平、高温温差与干湿条件下对混凝土抗渗性影响较大的孔结构参数有面积中间孔径、平均孔径、多害孔以及有害孔。

荷载、高温温差与干湿条件下孔结构参数与抗渗性的灰相关度　　表5-18

强度		参数										
		孔隙率(%)	总孔表面积(m^2/g)	面积中间孔径(nm)	平均孔径(nm)	最可几孔径(nm)	孔分形维数	多害孔(nm)	有害孔(nm)	少害孔(nm)	无害孔(nm)	孔间距系数
50%荷载水平	C30	0.600	0.593	0.629	0.677	0.591	0.601	0.609	0.636	0.587	0.571	0.603
	C40	0.602	0.597	0.630	0.694	0.607	0.608	0.624	0.625	0.597	0.579	0.608
80%荷载水平	C30	0.595	0.588	0.626	0.675	0.587	0.600	0.609	0.616	0.591	0.575	0.600
	C40	0.595	0.593	0.628	0.680	0.603	0.605	0.621	0.608	0.585	0.577	0.605

根据灰色相关分析确定荷载、高温温差与干湿作用下面积中间孔径、平均孔径、多害孔以及有害孔是影响混凝土抗渗性的主要因子,基于多元回归分析的结果见式(5-97)～式(5-100),两种荷载水平下,采用多元线性方程和多元非线性方程都可以较准确地描述孔结构参数与抗渗性之间的关系,其相关系数均在0.993以上。两种情况下,面积中间孔径、平均孔径、有害孔和多害孔与氯离子渗透系数之间是正相关。

50%荷载水平下多元线性回归 $R=0.993$:

$$\frac{K}{K_0}=1.582\times\frac{R_m}{R_{m0}}+0.550\times\frac{R_a}{R_{a0}}+5.752\times\frac{P_{mh}}{P_{mh0}}+2.426\times\frac{P_h}{P_{h0}}-9.283 \tag{5-97}$$

50%荷载水平下多元非线性回归 $R=0.993$:

$$\frac{K}{K_0}=1.016\times\left(\frac{R_m}{R_{m0}}\right)^{0.925}\times\left(\frac{R_a}{R_{a0}}\right)^{0.826}\times\left(\frac{P_{mh}}{P_{mh0}}\right)^{2.147}\times\left(\frac{P_h}{P_{h0}}\right)^{1.154} \tag{5-98}$$

80%荷载水平下多元线性回归 $R=0.994$:

$$\frac{K}{K_0}=0.115\times\frac{R_m}{R_{m0}}+0.713\times\frac{R_a}{R_{a0}}+7.699\times\frac{P_{mh}}{P_{mh0}}+5.148\times\frac{P_h}{P_{h0}}-12.649 \tag{5-99}$$

80%荷载水平下多元非线性回归 $R=0.995$:

$$\frac{K}{K_0}=1.012\times\left(\frac{R_m}{R_{m0}}\right)^{0.155}\times\left(\frac{R_a}{R_{a0}}\right)^{0.950}\times\left(\frac{P_{mh}}{P_{mh0}}\right)^{2.702}\times\left(\frac{P_h}{P_{h0}}\right)^{1.826} \tag{5-100}$$

式中:K——疲劳后样品氯离子渗透系数;

K_0——试样初始氯离子渗透系数;

R_m——疲劳后样品面积中间孔径(nm);

R_{m0}——试样初始面积中间孔径(nm);
R_a——疲劳后样品平均孔径(nm);
R_{a0}——样品初始的平均孔径(nm);
P_h——疲劳后样品中有害孔含量(%);
P_{h0}——试样初始有害孔含量(%);
P_{mh}——疲劳后样品中多害孔含量(%);
P_{mh0}——试样初始多害孔含量(%)。

5.3.2 细观裂缝特征参数与氯离子渗透系数

(1)荷载、冻融与干湿作用下裂缝结构与氯离子渗透系数的关系

表5-19是根据灰度相关分析得出荷载、冻融与干湿作用下混凝土裂缝结构特征参数与抗渗性的灰度相关度,50%荷载水平下混凝土裂缝结构参数与抗渗性能相关程度由大到小的顺序为:裂缝长度 > 裂缝分形维数 > 裂缝宽度 > 裂缝密度;而80%荷载水平时,灰度相关度顺序为:裂缝密度 > 裂缝长度 > 裂缝分形维数 > 裂缝宽度。

荷载、冻融与干湿条件下裂缝结构参数与抗渗性的灰相关度 表5-19

强度		参数			
		裂缝密度(%)	裂缝长度(μm)	裂缝宽度(μm)	裂缝分形维数
50%荷载水平	C30	0.519	0.731	0.633	0.651
	C40	0.710	0.794	0.724	0.735
80%荷载水平	C30	0.956	0.756	0.729	0.739
	C40	0.974	0.838	0.820	0.827

根据灰度相关分析不同荷载水平、冻融与干湿作用下时需选择不同裂缝结构参数来建立其与抗渗性之间关系,50%荷载水平时,选择裂缝长度、裂缝分形维数以及裂缝宽度3个参数,而80%荷载水平时,需要选择裂缝密度、裂缝长度以及裂缝分形维数3个参数。通过多元线性回归分析和多元非线性回归分析的结果见式(5-101)~式(5-104),两种情况下用多元非线性方程描述裂缝结构和抗渗性之间关系具有更高的精确度,其相关系数为0.999;其中50%荷载水平时,裂缝宽度、裂缝长度和裂缝分形维数与氯离子渗透系数均为正相关;而在80%荷载水平时,裂缝密度和裂缝分形维数与氯离子渗透系数为正相关,而裂缝长度与其是负相关。

50%荷载水平下多元线性回归 $R=0.996$:

$$\frac{K}{K_0}=1.998\times\frac{L_C}{L_{C0}}+0.122\times\frac{W_C}{W_{C0}}+28.589\times\frac{F_C}{F_{C0}}-29.733 \tag{5-101}$$

50%荷载水平下多元非线性回归 $R=0.999$:

$$\frac{K}{K_0}=0.993\times\left(\frac{L_C}{L_{C0}}\right)^{1.139}\times\left(\frac{W_C}{W_{C0}}\right)^{0.136}\times\left(\frac{F_C}{F_{C0}}\right)^{22.363} \tag{5-102}$$

80%荷载水平下多元线性回归 $R=0.995$:

$$\frac{K}{K_0}=-2.736-0.607\times\frac{L_C}{L_{C0}}+3.248\times\frac{\rho_C}{\rho_{C0}}+5.120\times\frac{F_C}{F_{C0}} \tag{5-103}$$

80%荷载水平下多元非线性回归 $R=0.999$：

$$\frac{K}{K_0}=1.014\times\left(\frac{L_C}{L_{C0}}\right)^{-0.169}\times\left(\frac{\rho_C}{\rho_{C0}}\right)^{0.775}\times\left(\frac{F_C}{F_{C0}}\right)^{26.722} \tag{5-104}$$

式中：K——疲劳后样品氯离子渗透系数；

K_0——试样初始氯离子渗透系数；

L_C——疲劳后样品的裂缝长度(μm)；

L_{C0}——试样初始裂缝长度(μm)；

W_C——疲劳后样品裂缝宽度(μm)；

W_{C0}——试样初始裂缝宽度(μm)；

F_C——疲劳后样品裂缝分形维数；

F_{C0}——试样初始裂缝分形维度；

ρ_C——疲劳后样品裂缝密度；

ρ_{C0}——样品初始裂缝密度。

(2)荷载、低温与干燥耦合作用下裂缝结构与氯离子渗透系数的关系

表5-20是根据灰度相关分析计算得出荷载、低温与干燥作用下混凝土裂缝结构的特征参数与抗渗性的灰度相关度，50%荷载水平下裂缝结构参数与抗渗性能相关程度由大到小顺序为：裂缝长度>裂缝分形维数>裂缝宽度>裂缝密度；而80%荷载水平、低温与干燥耦合时，灰度相关度顺序为：裂缝长度>裂缝密度>裂缝分形维数>裂缝宽度。

荷载、低温温差与干燥条件下裂缝结构参数与抗渗性的灰相关度　　表5-20

强度		参数			
		裂缝密度(%)	裂缝长度(μm)	裂缝宽度(μm)	裂缝分形维数
50%荷载水平	C30	0.540	0.771	0.707	0.731
	C40	0.551	0.682	0.633	0.652
80%荷载水平	C30	0.691	0.696	0.626	0.648
	C40	0.679	0.686	0.626	0.646

根据灰度相关分析荷载水平不同、低温与干燥条件时需选择不同裂缝参数来建立其与抗渗性之间关系，50%荷载水平时，选择裂缝长度、裂缝分形维数以及裂缝宽度3个参数，而80%荷载水平时，需要选择裂缝长度、裂缝密度以及裂缝分形维数3个参数。通过多元线性回归分析和多元非线性回归分析的结果见式(5-105)～式(5-108)，两种条件下用多元线性方程描述裂缝结构和抗渗性之间关系具有更高的精确度，其相关系数分别为0.973(50%荷载水平)和0.999(80%荷载水平)；其中50%荷载水平时裂缝长度和裂缝宽度与氯离子渗透系数为正相关，而裂缝分形维数与其是负相关；而80%荷载水平时，裂缝长度和裂缝密度与氯离子渗透系数为正相关，而裂缝分形维数与其是负相关。

50%荷载水平下多元线性回归 $R=0.973$：

$$\frac{K}{K_0}=8.148\times\frac{L_C}{L_{C0}}+3.228\times\frac{W_C}{W_{C0}}-157.980\times\frac{F_C}{F_{C0}}+153.994 \tag{5-105}$$

50%荷载水平下多元非线性回归 $R=0.969$：

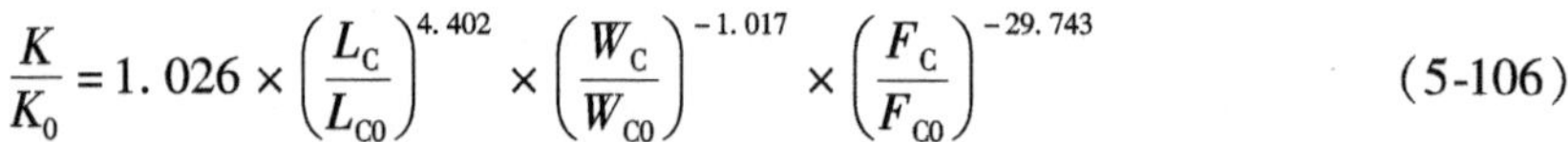

$$\frac{K}{K_0}=1.026\times\left(\frac{L_C}{L_{C0}}\right)^{4.402}\times\left(\frac{W_C}{W_{C0}}\right)^{-1.017}\times\left(\frac{F_C}{F_{C0}}\right)^{-29.743} \tag{5-106}$$

80%荷载水平下多元线性回归 $R=0.999$：

$$\frac{K}{K_0}=357.278+2.378\times\frac{L_C}{L_{C0}}+1.160\times\frac{\rho_C}{\rho_{C0}}-359.839\times\frac{F_C}{F_{C0}} \tag{5-107}$$

80%荷载水平下多元非线性回归 $R=0.989$：

$$\frac{K}{K_0}=0.977\times\left(\frac{L_C}{L_{C0}}\right)^{2.895}\times\left(\frac{\rho_C}{\rho_{C0}}\right)^{0.422}\times\left(\frac{F_C}{F_{C0}}\right)^{-80.427} \tag{5-108}$$

式中：K——疲劳后样品氯离子渗透系数；

K_0——试样初始氯离子渗透系数；

L_C——疲劳后样品的裂缝长度(μm)；

L_{C0}——试样初始裂缝长度(μm)；

W_C——疲劳后样品裂缝宽度(μm)；

W_{C0}——试样初始裂缝宽度(μm)；

F_C——疲劳后样品裂缝分形维数；

F_{C0}——试样初始裂缝分形维度；

ρ_C——疲劳后样品裂缝密度；

ρ_{C0}——样品初始裂缝密度。

(3)荷载、常温冻融与干湿作用下裂缝结构与氯离子渗透系数的关系

表5-21是根据灰度相关分析计算得出混凝土裂缝结构的特征参数与抗渗性的灰度相关度，两个荷载水平、常温冻融与干湿作用下混凝土裂缝结构参数与混凝土强度性能相关程度由大到小的顺序均为：裂缝密度 > 裂缝长度 > 裂缝分形维数 > 裂缝宽度。

荷载、常温冻融与干湿条件下裂缝结构参数与抗渗性的灰相关度 表5-21

强度		参数			
		裂缝密度(%)	裂缝长度(μm)	裂缝宽度(μm)	裂缝分形维数
50%荷载水平	C30	0.643	0.620	0.584	0.599
	C40	0.630	0.622	0.588	0.601
80%荷载水平	C30	0.765	0.604	0.572	0.585
	C40	0.702	0.599	0.570	0.579

根据灰度相关分析荷载水平、常温冻融与干湿条件下选择裂缝密度、裂缝长度以及裂缝分形维数来建立其与抗渗性之间关系，通过多元回归分析的结果见式(5-109)～式(5-112)，50%荷载水平时用多元线性方程描述裂缝结构和抗渗性之间关系具有较高的精确度，其相关系数为0.997，其中裂缝长度、裂缝密度和裂缝分形维数与氯离子渗透系数均为正相关；而在80%荷载水平时用多元非线性方程具有较高的精确度，其相关系数为0.996，其中裂缝长度与氯离子渗透系数为负相关，而裂缝密度和裂缝分形维数与其是正相关。

50%荷载水平下多元线性回归 $R=0.997$：

$$\frac{K}{K_0}=4.568\times\frac{L_C}{L_{C0}}+0.230\times\frac{\rho_C}{\rho_{C0}}+1.683\times\frac{F_C}{F_{C0}}-5.464 \tag{5-109}$$

50%荷载水平下多元非线性回归 $R=0.994$：

$$\frac{K}{K_0}=1.005\times\left(\frac{L_C}{L_{C0}}\right)^{1.154}\times\left(\frac{\rho_C}{\rho_{C0}}\right)^{0.451}\times\left(\frac{F_C}{F_{C0}}\right)^{0.971} \tag{5-110}$$

80%荷载水平下多元线性回归 $R=0.994$：

$$\frac{K}{K_0}=-1.430\times\frac{L_C}{L_{C0}}+0.529\times\frac{\rho_C}{\rho_{C0}}+65.968\times\frac{F_C}{F_{C0}}-63.927 \tag{5-111}$$

80%荷载水平下多元非线性回归 $R=0.996$：

$$\frac{K}{K_0}=1.040\times\left(\frac{L_C}{L_{C0}}\right)^{-0.960}\times\left(\frac{\rho_C}{\rho_{C0}}\right)^{0.833}\times\left(\frac{F_C}{F_{C0}}\right)^{15.736} \tag{5-112}$$

式中：K——疲劳后样品氯离子渗透系数；

K_0——试样初始氯离子渗透系数；

L_C——疲劳后样品的裂缝长度（μm）；

L_{C0}——试样初始裂缝长度（μm）；

F_C——疲劳后样品裂缝分形维数；

F_{C0}——试样初始裂缝分形维度；

ρ_C——疲劳后样品裂缝密度；

ρ_{C0}——样品初始裂缝密度。

（4）荷载、高温与干湿作用下裂缝结构与氯离子渗透系数的关系

表5-22是根据灰度相关分析计算得出混凝土裂缝结构的特征参数与抗渗性的灰度相关度，两种荷载水平、高温与干湿条件下裂缝结构参数与混凝土氯离子渗透系数相关程度由大到小的顺序均为：裂缝长度 > 裂缝宽度 > 裂缝分形维数 > 裂缝密度。

荷载、高温温差与干燥条件件下裂缝结构参数与抗渗性的灰相关度　　表5-22

强　度		参　数			
		裂缝密度（%）	裂缝长度（μm）	裂缝宽度（μm）	裂缝分形维数
50%荷载水平	C30	0.557	0.618	0.588	0.581
	C40	0.575	0.620	0.592	0.590
80%荷载水平	C30	0.688	0.847	0.787	0.775
	C40	0.686	0.783	0.719	0.715

根据灰度相关分析荷载水平、高温温差与干湿条件下选择裂缝长度、裂缝宽度以及裂缝分形维数3个参数来建立其与抗渗性之间关系，通过多元回归分析的结果见式（5-113）~式（5-116），两种荷载水平时用多元线性方程和多元非线性描述裂缝结构和抗渗性之间关系均具有较高的精确度，其相关系数在0.992以上；两种情况下，裂缝长度和裂缝分形维数与氯离子渗透系数为正相关，而裂缝宽度与其是负相关。

50%荷载水平下多元线性回归 $R=0.936$：

$$\frac{K}{K_0}=2.964\times\frac{L_C}{L_{C0}}-5.408\times\frac{W_C}{W_{C0}}+228.374\times\frac{F_C}{F_{C0}}-224.743 \tag{5-113}$$

50%荷载水平下多元非线性回归 $R=0.937$：

$$\frac{K}{K_0}=1.143\times\left(\frac{L_C}{L_{C0}}\right)^{1.920}\times\left(\frac{W_C}{W_{C0}}\right)^{-3.683}\times\left(\frac{F_C}{F_{C0}}\right)^{110.902} \tag{5-114}$$

80%荷载水平下多元线性回归 $R=0.993$：

$$\frac{K}{K_0}=2.640\times\frac{L_C}{L_{C0}}-5.273\times\frac{W_C}{W_{C0}}+113.094\times\frac{F_C}{F_{C0}}-109.406 \tag{5-115}$$

80%荷载水平下多元非线性回归 $R=0.992$：

$$\frac{K}{K_0}=1.021\times\left(\frac{L_C}{L_{C0}}\right)^{1.764}\times\left(\frac{W_C}{W_{C0}}\right)^{-2.512}\times\left(\frac{F_C}{F_{C0}}\right)^{59.716} \tag{5-116}$$

式中：K——疲劳后样品氯离子渗透系数；

K_0——试样初始氯离子渗透系数；

L_C——疲劳后样品的裂缝长度（μm）；

L_{C0}——试样初始裂缝长度（μm）；

W_C——疲劳后样品裂缝宽度（μm）；

W_{C0}——试样初始裂缝宽度（μm）；

F_C——疲劳后样品裂缝分形维数；

F_{C0}——试样初始裂缝分形维度。

5.3.3 界面过渡区结构与氯离子渗透系数

(1)荷载、冻融和干湿作用下界面区结构与氯离子渗透系数的关系

为建立荷载、冻融和干湿条件下界面区结构与抗渗性之间的关系，对裂缝长度、密实度和裂缝宽度与抗渗性之间进行多元回归分析，结果见式(5-117)～式(5-120)。两种荷载水平、冻融和干湿条件下用多元非线性方程描述界面区结构参数与抗渗性之间关系的精确度较高，其相关系数分别为0.830(50%荷载水平)和0.999(80%荷载水平)。50%荷载水平时，密实度和裂缝宽度与氯离子渗透系数之间为负相关，而裂缝长度与其是正相关，对氯离子渗透系数影响程度大小顺序为密实度>裂缝宽度>裂缝长度；而80%荷载水平时，密实度和裂缝宽度与氯离子渗透系数之间为正相关，而裂缝长度与其是负相关，影响程度大小为裂缝宽度>裂缝长度>密实度。

50%荷载水平下多元线性回归 $R=0.768$：

$$\frac{K}{K_0}=12.301-11.825\times\frac{C}{C_0}+4.354\times\frac{L_C}{L_{C0}}-4.844\times\frac{W_C}{W_{C0}} \tag{5-117}$$

50%荷载水平下多元非线性回归 $R=0.830$：

$$\frac{K}{K_0}=1.012\times\left(\frac{C}{C_0}\right)^{-2.534}\times\left(\frac{L_C}{L_{C0}}\right)^{0.331}\times\left(\frac{W_C}{W_{C0}}\right)^{-0.760} \tag{5-118}$$

80%荷载水平下多元线性回归 $R=0.998$：

$$\frac{K}{K_0}=0.656+1.047\times\frac{C}{C_0}-3.019\times\frac{L_C}{L_{C0}}+3.315\times\frac{W_C}{W_{C0}} \tag{5-119}$$

80%荷载水平下多元非线性回归 $R=0.999$：

$$\frac{K}{K_0}=\left(\frac{C}{C_0}\right)^{0.010}\times\left(\frac{L_C}{L_{C0}}\right)^{-1.124}\times\left(\frac{W_C}{W_{C0}}\right)^{1.140} \tag{5-120}$$

式中：K——疲劳后样品氯离子渗透系数；

K_0——试样初始氯离子渗透系数；

C——疲劳后样品界面区密实度；

C_0——试样初始界面区密实度；

L_C——疲劳后样品的裂缝长度(μm)；

L_{C0}——试样初始裂缝长度(μm)；

W_C——疲劳后样品裂缝宽度(μm)；

W_{C0}——试样初始裂缝宽度(μm)。

(2)荷载、低温和干燥作用下界面区结构与氯离子渗透系数的关系

通过采用多元回归分析建立荷载、低温和干燥耦合下界面区结构与抗渗性之间的关系，结果见式(5-121)~式(5-124)，50%荷载水平时用多元非线性方程描述界面区结构参数与抗渗性之间关系具有较高精确度，其相关系数分别为0.799，而80%荷载水平时用多元线性方程描述具有较高精确度，相关系数为0.760。两种情况下，裂缝长度与氯离子渗透系数之间为负相关，而密实度和裂缝宽度与其是正相关，对氯离子渗透系数影响程度大小顺序为裂缝长度>裂缝宽度>密实度。

50%荷载水平下多元线性回归 $R=0.748$：

$$\frac{K}{K_0}=2.637+0.106\times\frac{C}{C_0}-3.556\times\frac{L_C}{L_{C0}}+2.118\times\frac{W_C}{W_{C0}} \tag{5-121}$$

50%荷载水平下多元非线性回归 $R=0.799$：

$$\frac{K}{K_0}=1.178\times\left(\frac{C}{C_0}\right)^{0.177}\times\left(\frac{L_C}{L_{C0}}\right)^{-1.582}\times\left(\frac{W_C}{W_{C0}}\right)^{1.162} \tag{5-122}$$

80%荷载水平下多元线性回归 $R=0.760$：

$$\frac{K}{K_0}=-5.342+9.773\times\frac{C}{C_0}-12.844\times\frac{L_C}{L_{C0}}+10.663\times\frac{W_C}{W_{C0}} \tag{5-123}$$

80%荷载水平下多元非线性回归 $R=0.663$：

$$\frac{K}{K_0}=1.799\times\left(\frac{C}{C_0}\right)^{2.764}\times\left(\frac{L_C}{L_{C0}}\right)^{-3.749}\times\left(\frac{W_C}{W_{C0}}\right)^{3.193} \tag{5-124}$$

式中：K——疲劳后样品氯离子渗透系数；

K_0——试样初始氯离子渗透系数；

C——疲劳后样品界面区密实度；

C_0——试样初始界面区密实度；

L_C——疲劳后样品的裂缝长度(μm)；

L_{C0}——试样初始裂缝长度(μm)；

W_C——疲劳后样品裂缝宽度(μm)；

W_{C0}——试样初始裂缝宽度(μm)。

(3)荷载、常温冻融和干湿作用下界面区结构与氯离子渗透系数的关系

通过多元回归分析建立的荷载、常温冻融和干湿耦合下界面区结构与抗渗性之间关系结果见式(5-125)~式(5-128),50%荷载水平时用多元非线性方程描述界面区结构参数与抗渗性之间关系具有较高精确度,其相关系数分别为0.710,而80%荷载水平时用多元线性方程描述具有较高精确度,相关系数为0.764。50%荷载水平时,裂缝长度和裂缝宽度与氯离子渗透系数之间为负相关,而密实度与其是正相关,对氯离子渗透系数影响程度大小顺序为裂缝长度>密实度>裂缝宽度;而80%荷载水平时,裂缝长度与氯离子渗透系数之间是负相关,而密实度和裂缝宽度与其为正相关,影响程度大小为密实度>裂缝长度>裂缝宽度。

50%荷载水平下多元线性回归 $R=0.656$:

$$\frac{K}{K_0}=2.590+1.053\times\frac{C}{C_0}-1.974\times\frac{L_C}{L_{C0}}-0.447\times\frac{W_C}{W_{C0}} \tag{5-125}$$

50%荷载水平下多元非线性回归 $R=0.710$:

$$\frac{K}{K_0}=1.191\times\left(\frac{C}{C_0}\right)^{0.360}\times\left(\frac{L_C}{L_{C0}}\right)^{-0.591}\times\left(\frac{W_C}{W_{C0}}\right)^{-0.185} \tag{5-126}$$

80%荷载水平下多元线性回归 $R=0.764$:

$$\frac{K}{K_0}=-6.768+8.545\times\frac{C}{C_0}-5.397\times\frac{L_C}{L_{C0}}+5.375\times\frac{W_C}{W_{C0}} \tag{5-127}$$

80%荷载水平下多元非线性回归 $R=0.663$:

$$\frac{K}{K_0}=1.811\times\left(\frac{C}{C_0}\right)^{2.888}\times\left(\frac{L_C}{L_{C0}}\right)^{-1.734}\times\left(\frac{W_C}{W_{C0}}\right)^{1.241} \tag{5-128}$$

式中:K——疲劳后样品氯离子渗透系数;

K_0——试样初始氯离子渗透系数;

C——疲劳后样品界面区密实度;

C_0——试样初始界面区密实度;

L_C——疲劳后样品的裂缝长度(μm);

L_{C0}——试样初始裂缝长度(μm);

W_C——疲劳后样品裂缝宽度(μm);

W_{C0}——试样初始裂缝宽度(μm)。

(4)荷载、高温温差和干湿作用下界面区结构与氯离子渗透系数的关系

多元回归分析建立荷载、高温温差和干湿条件下界面区结构与抗渗性之间关系结果见式(5-129)~式(5-132),50%荷载水平时,用多元线性方程描述界面区结构参数与抗渗性之间关系具有较高精确度,其相关系数分别为0.733,而80%荷载水平时用多元非线性方程描述具有较高精确度,相关系数为0.914。两种情况下,裂缝长度与氯离子渗透系数之间为负相关关系,而密实度和裂缝宽度与其是正相关,对氯离子渗透系数的影响程度大小顺序为裂缝长度>裂缝宽度>密实度。

50%荷载水平下多元线性回归 $R=0.733$:

$$\frac{K}{K_0}=3.811+1.593\times\frac{C}{C_0}-12.00\times\frac{L_C}{L_{C0}}+8.490\times\frac{W_C}{W_{C0}} \tag{5-129}$$

50%荷载水平下多元非线性回归 $R=0.691$：

$$\frac{K}{K_0}=1.694\times\left(\frac{C}{C_0}\right)^{0.048}\times\left(\frac{L_C}{L_{C0}}\right)^{-0.706}\times\left(\frac{W_C}{W_{C0}}\right)^{0.024} \tag{5-130}$$

80%荷载水平下多元线性回归 $R=0.874$：

$$\frac{K}{K_0}=0.958+5.217\times\frac{C}{C_0}-16.426\times\frac{L_C}{L_{C0}}+11.615\times\frac{W_C}{W_{C0}} \tag{5-131}$$

80%荷载水平下多元非线性回归 $R=0.914$：

$$\frac{K}{K_0}=1.135\times\left(\frac{C}{C_0}\right)^{2.646}\times\left(\frac{L_C}{L_{C0}}\right)^{-5.649}\times\left(\frac{W_C}{W_{C0}}\right)^{3.778} \tag{5-132}$$

式中：K——疲劳后样品氯离子渗透系数；

K_0——试样初始氯离子渗透系数；

C——疲劳后样品界面区密实度；

C_0——试样初始界面区密实度；

L_C——疲劳后样品的裂缝长度(μm)；

L_{C0}——试样初始裂缝长度(μm)；

W_C——疲劳后样品裂缝宽度(μm)；

W_{C0}——试样初始裂缝宽度(μm)。

第6章　道路水泥混凝土疲劳损伤劣化模型及寿命分析

道路水泥混凝土疲劳问题已是对耐久性研究时中国内外学者广泛关注的重要问题。美国1947年成立专门研究混凝土疲劳问题的委员会,苏联学者就水泥混凝土疲劳问题进行了深入探讨,20世纪80年代铁道部科学研究院、大连理工大学、哈尔滨工业大学等单位也对混凝土疲劳开展了一系列试验研究,这些研究对混凝土的疲劳寿命分析提供了很好的方法。1970年,Aas-Jakobsen建立了反映混凝土疲劳寿命的数学方程。该方程虽物理意义明确,但由于混凝土材料离散性大,在混凝土疲劳寿命预测时,通常需在疲劳方程中引入概率统计方法和可靠性理论。同时,采用氯离子渗透系数和无损检测指标来进行水泥混凝土寿命的预测,这也是近年来研究者应用较多的方法。

在工程实践中,人们不仅关心混凝土的疲劳寿命,更关注其损伤机理,从混凝土的疲劳损伤演变发展过程来研究其疲劳破坏是必要的。20世纪60、70年代出现的损伤力学和连续介质力学为混凝土疲劳损伤过程分析提供了理论依据,它认为混凝土的破坏过程是损伤逐步累积的结果,通过引入疲劳损伤变量来反映混凝土的损伤破坏程度。根据疲劳发展的研究,基于连续介质损伤力学理论,通过定义损伤变量来评价混凝土损伤程度,建立反映混凝土损伤程度与宏观性能间关系的疲劳损伤演化方程;同时从多个角度来开展复杂工况作用下道路水泥混凝土的疲劳寿命预测模型的研究,从而正确评价混凝土路面的剩余寿命。

6.1　道路水泥混凝土疲劳耐久性损伤变量定义

连续介质损伤力学是采用连续介质热力学和连续介质力学来研究材料损伤的唯象学方法,主要研究材料内部细观缺陷的产生和发展对材料宏观性能的影响以及损伤演化的过程和规律。用其分析和解决混凝土疲劳损伤问题的基本思路是选取适合的损伤变量来描述混凝土的损伤状态,从而导出含损伤的混凝土疲劳损伤演化方程。

损伤变量是根据混凝土内部细观缺陷特征引入的,用其可以进行混凝土材料内部损伤和劣化程度的度量。通常,损伤变量的定义有微观损伤变量和宏观损伤变量两类。从工程实际应用的角度来讲,更注重损伤过程宏观物理以及力学性能的劣化演变规律,因此本书选择能有效反映混凝土宏观强度性能、抗冻性能以及抗渗性能的参数来定义损伤变量D。

剩余强度法是从混凝土力学性能角度定义损伤变量的方法,用其可以反映经过一定时间外界条件作用后,混凝土剩余承载力的大小。Ravindra根据混凝土在疲劳受压荷载作用后的劈裂强度衰减定义了损伤变量,见式(6-1);逯静洲根据混凝土经历加载后抗压强度降低的情况,提出用剩余抗压强度定义损伤变量,见式(6-2)。相比之下,道路水泥混凝土主要承受抗弯拉强度,在经历三场疲劳作用后混凝土的抗弯拉强度逐渐降低,由此引入剩余抗弯拉强度定义了混凝土损伤变量,见式(6-3)。

$$D=1-\frac{\sigma_{t}}{\sigma_{t0}} \tag{6-1}$$

$$D=\frac{\sigma_{c0}-\sigma_{c}}{\sigma_{c0}} \tag{6-2}$$

$$D=\frac{\sigma_{f0}-\sigma_{f}}{\sigma_{f0}} \tag{6-3}$$

式中:σ_{t0}、σ_{c0}、σ_{f0}——未损伤混凝土试件的劈拉强度、抗压强度和抗弯拉强度(MPa);

σ_{t}、σ_{c}、σ_{f}——经历一定损伤后混凝土试件的剩余劈拉强度、剩余抗压强度和剩余抗弯拉强度(MPa)。

混凝土的抗冻性常用动弹性模量大小进行衡量,因此,在评价混凝土的抗冻性疲劳损伤研究中用相对动弹性模量对损伤变量进行定义,选择其来评价混凝土抗冻疲劳损伤,如式(6-4)所示。

$$D=1-\frac{E_{d}}{E_{d0}} \tag{6-4}$$

式中:E_{d}、E_{d0}——冻融前后混凝土的相对动弹性模量。

抗渗性是衡量混凝土耐久性能的另外一项重要指标,目前用氯离子渗透系数来进行损伤变量的定义还鲜见报道。基于对混凝土强度和抗冻性疲劳损伤变量的定义,采用类比方法定义了反映混凝土疲劳抗渗性的损伤变量,如式(6-5)所示。

$$D=1-\frac{K}{K_{0}} \tag{6-5}$$

式中:K、K_{0}——疲劳损伤前后混凝土的氯离子渗透系数。

6.2 道路水泥混凝土疲劳累积损伤模型

在荷载、温度和湿度多因素疲劳作用下,道路水泥混凝土内部的损伤程度不断增加。损伤力学理论认为混凝土的强度、抗冻性以及抗渗性等性能会随着损伤的发展不断降低。在损伤变量定义的基础上,根据多因素作用下混凝土耐久性试验的剩余抗弯拉强度、相对动弹性模量以及氯离子渗透系数的变化规律,即可建立混凝土的疲劳累积损伤模型。

6.2.1 基于剩余抗弯拉强度的混凝土疲劳损伤演化方程

道路水泥混凝土在工作过程中主要承受弯拉疲劳作用,因此抗弯拉强度是工程应用中的主要力学控制指标,当混凝土强度不足以抵抗环境的破坏应力时,混凝土将出现裂纹扩展或者脆性断裂。对基准混凝土梁(未进行疲劳作用)和经过一定周期疲劳作用后的混凝土梁在万能试验机上进行静态弯拉强度试验,选择剩余强度来建立疲劳作用后混凝土的力学性能损伤演化方程。

1)荷载、冻融和干湿循环作用下强度疲劳损伤方程

(1)荷载、冻融和干湿循环作用下混凝土剩余抗弯拉强度变化规律

荷载、冻融和干湿循环作用下混凝土的剩余抗弯拉强度的变化规律如图 6-1 中散点的

所示。该条件下随着时间的增加,混凝土的抗弯拉强度整体呈下降趋势,而且对荷载水平比较敏感。在80%荷载水平时,破坏效应明显加速,而且强度等级越低的混凝土受这种影响越强烈;与单荷载情况相比,在50%和80%荷载水平下,C30混凝土抗弯拉强度分别降低28.8%和24%,C40混凝土抗弯拉强度分别降低12%和5.7%;与荷载冻融双因素比较,C30混凝土抗弯拉强度分别增加1.3%和37.9%,C40混凝土抗弯拉强度分别增加0.1%和18.2%。

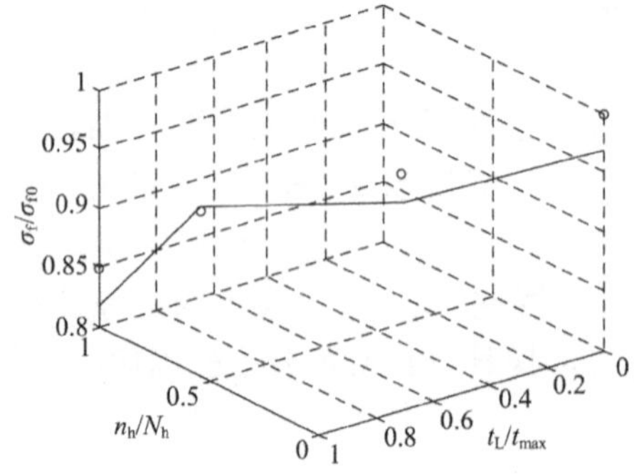

a)50%荷载水平、冻融、干湿环境作用下C30

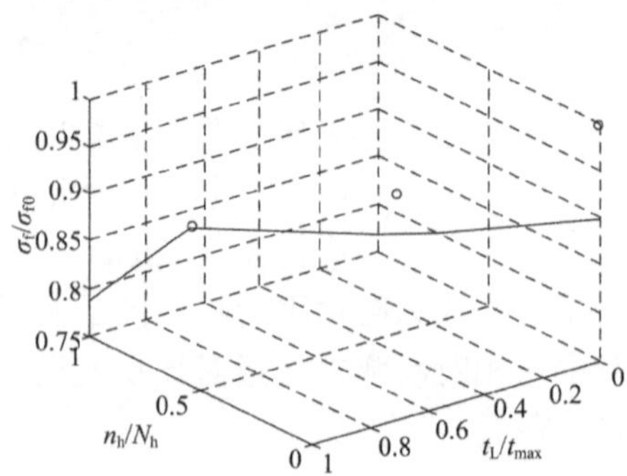

b)50%荷载水平、冻融、干湿环境作用下C40

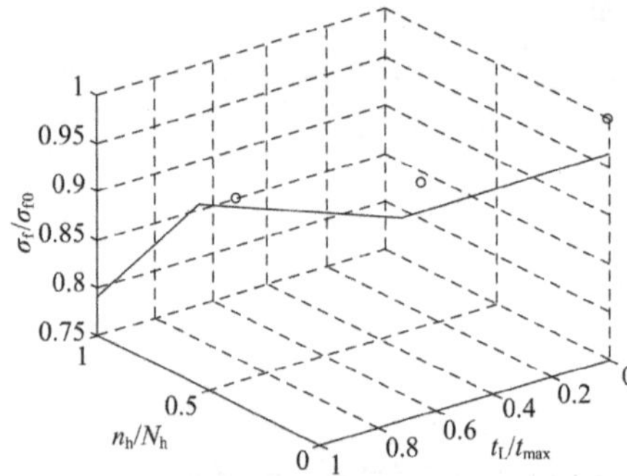

c)80%荷载水平、冻融、干湿环境作用下C30

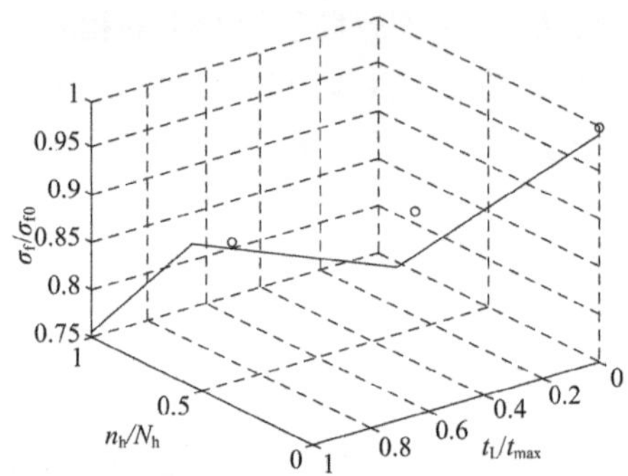

d)80%荷载水平、冻融、干湿环境作用下C40

图6-1 荷载水平、冻融、干湿环境对剩余弯拉强度的影响

(2)荷载、冻融和干湿循环作用下混凝土强度衰变模型

荷载、冻融和干湿循环作用应该包含荷载、冻融和干湿循环3个因素,因此把混凝土抗弯拉强度的方程表示为如下形式:

$$\sigma = F[f(n), f(n_{DR}), f(t)]$$

式中:n——疲劳荷载次数;

n_{DR}——冻融循环次数;

t——混凝土在干湿循环环境下放置时间。

已有研究显示,强度与疲劳荷载之间近似符合幂函数形式,与冻融循环次数接近指数形式,与干湿循环时间是线性关系。从而构造了荷载、冻融、干湿循环环境三场共同作用下强度疲劳损伤的数学模型,如式(6-6)所示。

$$D = 1 - \frac{\sigma_f}{\sigma_{f0}} = 1 - a \cdot \left(1 - \frac{n_h}{N_h}\right)^b \cdot \left[e^{\frac{n_{DR}}{N_{DR}}} \cdot \left(\frac{t}{t_{max}}\right)\right]^c \tag{6-6}$$

式中:σ_f/σ_{f0}——剩余抗弯拉强度与最大抗弯拉强度之比;

n_h/N_h——荷载作用次数和疲劳寿命比值；

n_{DR}/N_{DR}——冻融循环次数和最大冻融循环次数之比；

t/t_{max}——干燥环境放置时间和试验最大周期之比；

a、c——回归系数。

根据多元回归分析，得到理论模型的具体函数形式，见式(6-7)～式(6-10)。4个函数模型的复相关系数均在0.92以上。根据表6-1中对试验值和按照公式计算得到的预测值进行的对比结果，可知该模型的最大预测误差在7.5%以下。说明模型的方程形式选择是适合的，并具有较高的预测精度。图6-1中用实线示意了预测值的变化曲线。

50%荷载水平＋冻融＋干湿环境C30混凝土：

$$D=1-\frac{\sigma_f}{\sigma_{f0}}=1-0.944\cdot\left(1-\frac{n_h}{N_h}\right)^{0.032}\cdot\left[e^{\frac{n_{DR}}{N_{DR}}}\cdot\left(\frac{t}{t_{max}}\right)\right]^{0.020}\quad(R^2=0.988)\tag{6-7}$$

50%荷载水平＋冻融＋干湿环境C40混凝土：

$$D=1-\frac{\sigma_f}{\sigma_{f0}}=1-0.905\cdot\left(1-\frac{n_h}{N_h}\right)^{0.033}\cdot\left[e^{\frac{n_{DR}}{N_{DR}}}\cdot\left(\frac{t}{t_{max}}\right)\right]^{0.031}\quad(R^2=0.818)\tag{6-8}$$

80%荷载水平＋冻融＋干湿环境C30混凝土：

$$D=1-\frac{\sigma_f}{\sigma_{f0}}=1-0.942\cdot\left(1-\frac{n_h}{N_h}\right)^{0.044}\cdot\left[e^{\frac{n_{DR}}{N_{DR}}}\cdot\left(\frac{t}{t_{max}}\right)\right]^{0.051}\quad(R^2=0.932)\tag{6-9}$$

80%荷载水平＋冻融＋干湿环境C40混凝土：

$$D=1-\frac{\sigma_f}{\sigma_{f0}}=1-0.905\cdot\left(1-\frac{n_h}{N_h}\right)^{0.048}\cdot\left[e^{\frac{n_{DR}}{N_{DR}}}\cdot\left(\frac{t}{t_{max}}\right)\right]^{0.067}\quad(R^2=0.844)\tag{6-10}$$

荷载、冻融、干湿作用强度损伤模型预测值与试验值比较 表6-1

水平			因子			
			50%荷载水平＋干燥		80%荷载水平＋干燥	
			C30	C40	C30	C40
疲劳荷载次数＋冻融循环次数＋干湿循环时间	7.2万次＋50次(50%荷载水平)[或7.2万次＋25次(80%荷载水平)]＋2个月干湿	σ_s/σ_f	0.9420	0.9160	0.9185	0.8908
		σ_y/σ_f	0.9159	0.8709	0.8859	0.8391
		相对误差(%)	−2.7	−4.9	−3.5	−5.8
	14.4万次＋100次(50%荷载水平)[或14.4万次＋50次(80%荷载水平)]＋4个月干湿	σ_s/σ_f	0.9028	0.8697	0.8840	0.8431
		σ_y/σ_f	0.9043	0.8693	0.8902	0.8534
		相对误差(%)	0.2	−0.04	0.70	1.22
	18.0万次＋125次(50%荷载水平)[或18.0万次＋75次(80%荷载水平)]＋6个月干湿	σ_s/σ_f	0.8495	0.8473	0.8276	0.8157
		σ_y/σ_f	0.8155	0.7863	0.7886	0.7540
		相对误差(%)	−4.0	−7.1	−4.7	−7.5

注：表中σ_s是试验抗弯拉强度，σ_y是预测抗弯拉强度，σ_f是极限抗弯拉强度。

2)荷载、低温和干燥环境对强度的影响

(1)荷载与低温和干燥环境下混凝土剩余抗弯拉强度的变化规律

荷载与低温和干燥环境作用下混凝土的剩余抗弯拉强度的变化规律如图6-2中散点所示，该条件下混凝土的抗弯拉强度随着时间的增加抗呈下降趋势；与单荷载情况相比，在50%和80%荷载水平下，C30混凝土抗弯拉强度分别降低21.4%和18.9%，C40混凝土抗弯拉强度分别降低 7.8% 和 4.4%；与荷载低温双因素比较，C30 混凝土抗弯拉强度分别增加 4.6% 和增加 0.3%，C40 混凝土抗弯拉强度分别增加 2.7% 和 0.8%。

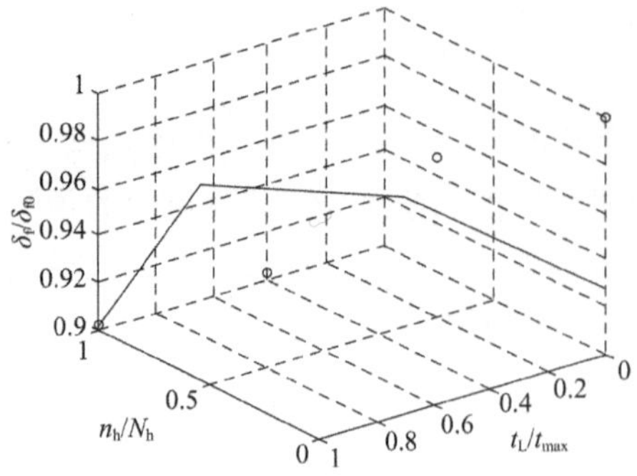

a)50%荷载水平、低温、干燥环境作用下C30

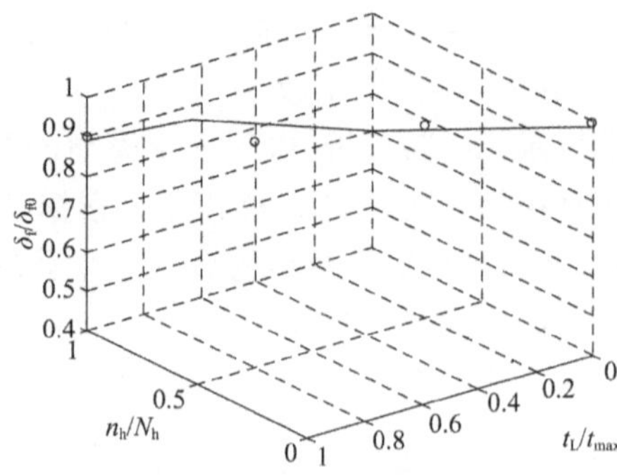

b)50%荷载水平、低温、干燥环境作用下C40

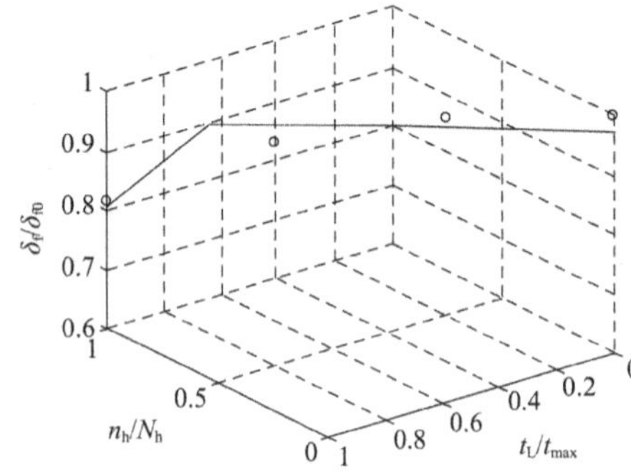

c)80%荷载水平、低温、干燥环境作用下C30

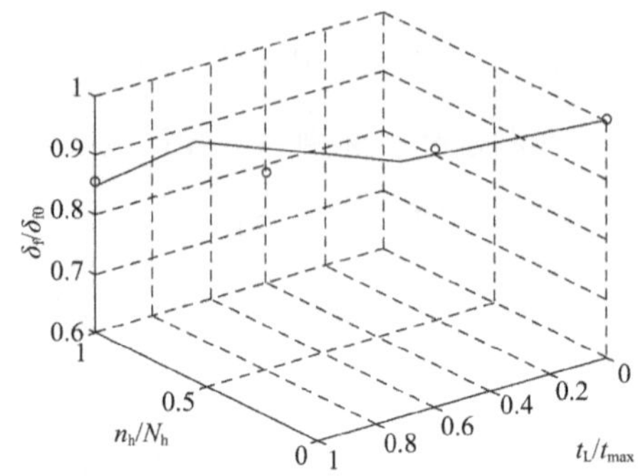

d)80%荷载水平、低温、干燥环境作用下C40

图 6-2　荷载水平、低温、干燥作用对抗弯拉强度的影响

(2)荷载与低温和干燥环境下混凝土抗弯拉强度衰变模型

荷载低温干燥作用混凝土抗弯拉强度的方程表示为受荷载、低温以及干燥环境 3 个因素影响的函数形式：

$$\delta = F[f(n),f(t_L),f(t_{GZ})]$$

式中：n——疲劳荷载次数；

t_L——混凝土在低温环境下放置时间；

t_{GZ}——混凝土在干燥环境下放置时间。

其建模思想：抗弯拉强度与荷载的函数形式如前，综合考虑抗弯拉强度与低温环境近似线性关系以及强度与干燥环境时间对数之间的线性关系，从而构造了荷载与低温和干燥环境三场作用下的疲劳损伤数学模型，如式(6-11)所示。

$$D = 1 - \frac{\sigma}{\sigma_f} = a \cdot \left(1 - \frac{n_h}{N_h}\right)^b \cdot \left\{\left(\frac{t_L}{t_{max}}\right) \cdot \ln\left[1 + \left(\frac{t_{GZ}}{t_{max}}\right)\right]\right\}^c \tag{6-11}$$

式中：σ/σ_f——剩余抗弯拉强度与最大抗弯拉强度之比；

n_h/N_h——荷载作用次数和疲劳寿命比值；

t_L/t_{max}——低温温差环境放置时间和试验最大周期之比；

t_{GZ}/t_{max}——干燥环境放置时间和试验最大周期之比；

a、b、c——回归负数。

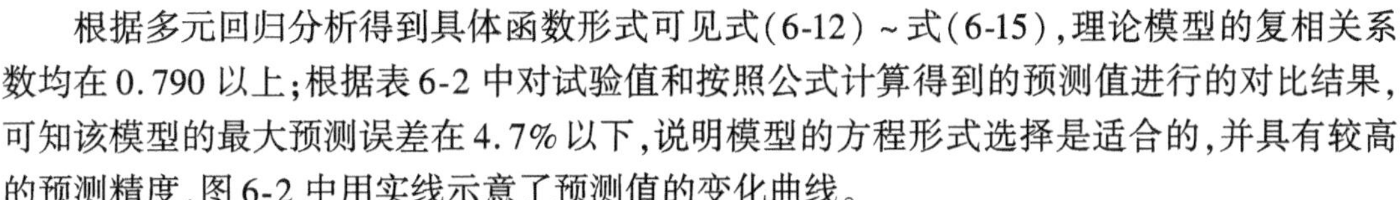

根据多元回归分析得到具体函数形式可见式(6-12)~式(6-15),理论模型的复相关系数均在0.790以上;根据表6-2中对试验值和按照公式计算得到的预测值进行的对比结果,可知该模型的最大预测误差在4.7%以下,说明模型的方程形式选择是适合的,并具有较高的预测精度,图6-2中用实线示意了预测值的变化曲线。

50%荷载水平+低温温差+干湿环境C30混凝土:

$$D=1-\frac{\sigma}{\sigma_f}=1-0.983\cdot\left(1-\frac{n_h}{N_h}\right)^{0.011}\cdot\left\{\left(\frac{t_{LT}}{t_{max}}\right)\cdot\ln\left[1+\left(\frac{t_{GZ}}{t_{max}}\right)\right]\right\}^{0.007}\quad(R^2=0.834)\tag{6-12}$$

50%荷载水平+低温温差+干湿环境C40混凝土:

$$D=1-\frac{\sigma}{\sigma_f}=1-0.980\cdot\left(1-\frac{n_h}{N_h}\right)^{0.012}\cdot\left\{\left(\frac{t_{LT}}{t_{max}}\right)\cdot\ln\left[1+\left(\frac{t_{GZ}}{t_{max}}\right)\right]\right\}^{0.011}\quad(R^2=0.790)\tag{6-13}$$

80%荷载水平+低温温差+干湿环境C30混凝土:

$$D=1-\frac{\sigma}{\sigma_f}=1-0.986\cdot\left(1-\frac{n_h}{N_h}\right)^{0.025}\cdot\left\{\left(\frac{t_{LT}}{t_{max}}\right)\cdot\ln\left[1+\left(\frac{t_{GZ}}{t_{max}}\right)\right]\right\}^{0.002}\quad(R^2=0.972)\tag{6-14}$$

80%荷载水平+低温温差+干湿环境C40混凝土:

$$D=1-\frac{\sigma}{\sigma_f}=1-0.974\cdot\left(1-\frac{n_h}{N_h}\right)^{0.017}\cdot\left\{\left(\frac{t_{LT}}{t_{max}}\right)\cdot\ln\left[1+\left(\frac{t_{GZ}}{t_{max}}\right)\right]\right\}^{0.024}\quad(R^2=0.818)\tag{6-15}$$

荷载、低温、干燥环境作用强度损伤预测值与试验值比较 表6-2

水平			因子			
			50%荷载水平+低温+干燥		80%荷载水平+低温+干燥	
			C30	C40	C30	C40
疲劳荷载次数+低温时间+干燥时间	7.2万次+1个月低温+1个月干燥	σ_s/σ_f	0.979	0.969	0.986	0.940
		σ_y/σ_f	0.962	0.950	0.971	0.914
		相对误差(%)	-1.7	-1.9	-1.5	-2.8
	14.4万次+2个月低温+2个月干燥	σ_s/σ_f	0.927	0.912	0.928	0.878
		σ_y/σ_f	0.963	0.955	0.957	0.931
		相对误差(%)	3.8	4.7	3.1	2.7
	21.6万次+3个月低温+3个月干燥	σ_s/σ_f	0.902	0.895	0.818	0.854
		σ_y/σ_f	0.901	0.889	0.813	0.846
		相对误差(%)	-0.2	-0.5	-0.6	-0.8

注:表中σ_s是试验抗弯拉强度,σ_y是预测抗弯拉强度,σ_f是极限抗弯拉强度。

3)荷载、常温冻融和干湿循环作用对强度的影响

(1)荷载与常温冻融和干湿循环作用下混凝土剩余抗弯拉强度的变化规律

荷载与常温冻融和干湿循环作用下混凝土的剩余抗弯拉强度的变化规律如图6-3中散点的所示,随着时间的增加,该条件下混凝土抗弯拉强度整体呈下降趋势,在80%荷载水平

时,三场的破坏速度明显加快,而且强度等级越低的混凝土受这种影响越强烈;与单荷载情况相比,在 50% 和 80% 荷载水平下,C30 混凝土抗弯拉强度分别降低 16.3% 和 21.9%,C40 混凝土抗弯拉强度分别降低 10.0% 和 5.0%;与荷载常温冻融循环双因素比较,C30 混凝土抗弯拉强度分别增加 14.3% 和 3.3%,C40 混凝土抗弯拉强度分别增加 7.4% 和 1.5%。

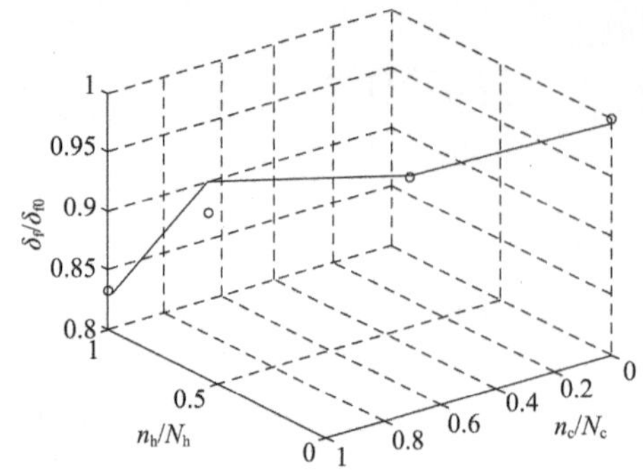

a)50%荷载水平、常温冻融、干湿作用下C30

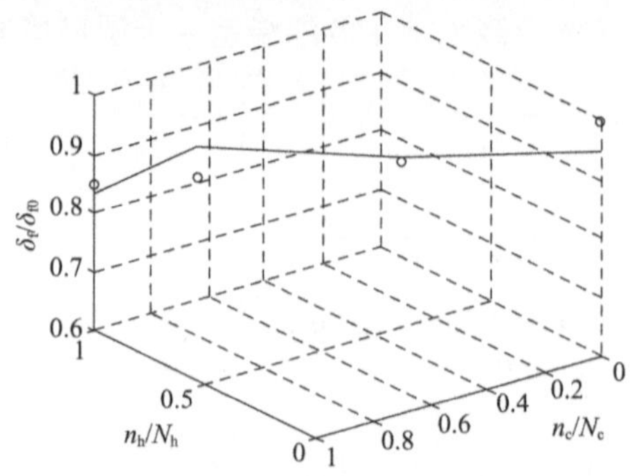

b)50%荷载水平、常温冻融、干湿作用下C40

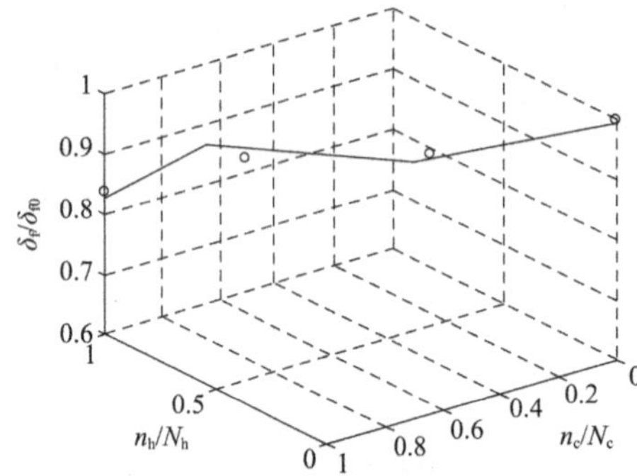

c)80%荷载水平、常温冻融、干湿作用下C30

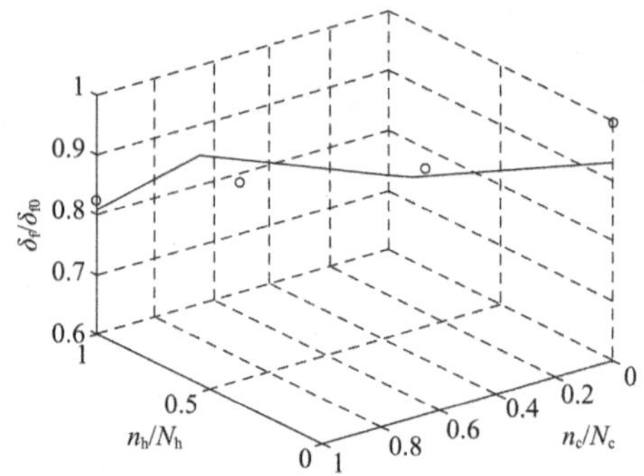

d)80%荷载水平、常温冻融、干湿作用下C40

图 6-3 荷载、常温冻融、干湿环境对抗弯拉强度的影响

(2)荷载与常温冻融和干湿循环作用下混凝土抗弯拉强度衰变模型

荷载与常温冻融和干湿循环作用混凝土强度损伤模型应该包含荷载、常温冻融和干湿循环 3 个因素,因此把混凝土抗弯拉强度的方程表示为:

$$\delta = F[f(n_h), f(n_c), f(t)]$$

式中:n_h——疲劳荷载次数;

n_c——常温冻融下冻融循环次数;

t——混凝土在干湿循环环境下放置时间。

构建混凝土损伤模型思想如下;强度与荷载关系函数形式如前,综合考虑强度与冻融次数是指数形式,与干湿循环时间是线性关系,从而构造了荷载与常温冻融以及干湿循环环境作用下的强度损伤数学模型,如式(6-16)所示。

$$D = 1 - \frac{\sigma}{\sigma_f} = 1 - a \cdot \left(1 - \frac{n_h}{N_h}\right)^b \cdot \left[e^{\left(\frac{n_c}{N_c}\right)} \cdot \left(\frac{t}{t_{max}}\right)\right]^c \tag{6-16}$$

式中:σ/σ_f——剩余抗弯拉强度与最大抗弯拉强度之比;

n_h/N_h——荷载作用次数和疲劳寿命比值;

n_c/N_C——常温冻融下冻融循环次数和最大冻融循环次数之比；

t/t_{max}——干燥环境放置时间和试验最大周期之比。

根据试验数据进行多元回归分析，得到理论模型的具体函数见式(6-17)～式(6-20)，4个函数模型的复相关系数均在0.92以上；根据表6-3中试验值和按照公式计算得到的预测值进行的对比结果，可知该模型的最大预测误差在7.2%以下，说明模型具有较高的预测精度，图6-3中用实线示意了预测值的变化曲线。

50%荷载水平+常温冻融+干湿环境C30混凝土：

$$D = 1 - \frac{\sigma}{\sigma_f} = 1 - 0.977 \cdot \left(1 - \frac{n_h}{N_h}\right)^{0.036} \cdot \left[e^{\left(\frac{n_c}{N_c}\right)} \cdot \left(\frac{t}{t_{max}}\right)\right]^{0.021} \quad (R^2 = 0.956) \quad (6\text{-}17)$$

50%荷载水平+常温冻融+干湿环境C40混凝土：

$$D = 1 - \frac{\sigma}{\sigma_f} = 1 - 0.957 \cdot \left(1 - \frac{n_h}{N_h}\right)^{0.032} \cdot \left[e^{\left(\frac{n_c}{N_c}\right)} \cdot \left(\frac{t}{t_{max}}\right)\right]^{0.030} \quad (R^2 = 0.815) \quad (6\text{-}18)$$

80%荷载水平+常温冻融+干湿环境C30混凝土：

$$D = 1 - \frac{\sigma}{\sigma_f} = 1 - 0.971 \cdot \left(1 - \frac{n_h}{N_h}\right)^{0.040} \cdot \left[e^{\left(\frac{n_c}{N_c}\right)} \cdot \left(\frac{t}{t_{max}}\right)\right]^{0.050} \quad (R^2 = 0.905) \quad (6\text{-}19)$$

80%荷载水平+常温冻融+干湿环境C40混凝土：

$$D = 1 - \frac{\sigma}{\sigma_f} = 1 - 0.955 \cdot \left(1 - \frac{n_h}{N_h}\right)^{0.045} \cdot \left[e^{\left(\frac{n_c}{N_c}\right)} \cdot \left(\frac{t}{t_{max}}\right)\right]^{0.066} \quad (R^2 = 0.813) \quad (6\text{-}20)$$

荷载、常温冻融、干湿环境作用强度损伤模型预测值与试验值比较 表6-3

水平			因子			
			50%荷载水平+干燥		80%荷载水平+干燥	
			C30	C40	C30	C40
疲劳荷载次数+常温冻融循环次数+干湿循环时间	7.2万次+50次(50%荷载水平)或7.2万次+25次(80%荷载水平)+2个月干湿	σ_s/σ_f	0.9420	0.9160	0.9185	0.8908
		σ_y/σ_f	0.9453	0.9220	0.9157	0.8874
		相对误差(%)	0.3	0.6	-0.2	-0.3
	14.4万次+100次(50%荷载水平)或14.4万次+50次(80%荷载水平)+4个月干湿	σ_s/σ_f	0.9028	0.8697	0.8840	0.8431
		σ_y/σ_f	0.9304	0.9204	0.9232	0.9046
		相对误差(%)	3.0	5.8	4.4	7.2
	18.0万次+125次(50%荷载水平)或18.0万次+75次(80%荷载水平)+6个月干湿	σ_s/σ_f	0.8339	0.8473	0.8401	0.8249
		σ_y/σ_f	0.8274	0.8350	0.8291	0.8073
		相对误差(%)	-0.7	-1.4	-1.3	-2.1

注：表中σ_s是试验抗弯拉强度，σ_y是预测抗弯拉强度，σ_f是极限抗弯拉强度。

4)荷载、高温温差和干湿循环作用对强度的影响

(1)荷载与高温温差和干湿循环作用下混凝土抗弯拉强度的变化规律

荷载与高温温差和干湿循环作用下混凝土的抗弯拉强度的变化规律如图6-4中散点的所示，该条件下混凝土的抗弯拉强度随着时间的增加整体呈下降趋势，而且80%荷载水平对混凝土破坏明显加速，强度等级越低的混凝土表现越显著；与单荷载情况相比，在50%和

80%荷载水平下，C30 混凝土抗弯拉强度分别降低 11.6% 和 2.5%，C40 抗混凝土弯拉强度分别降低 10.4% 和 4.8%；与荷载和高温温差双因素比较，C30 混凝土抗弯拉强度分别降低 33.4% 和降低 3.4%，C40 混凝土抗弯拉强度分别降低 31.9% 和 4.9%。

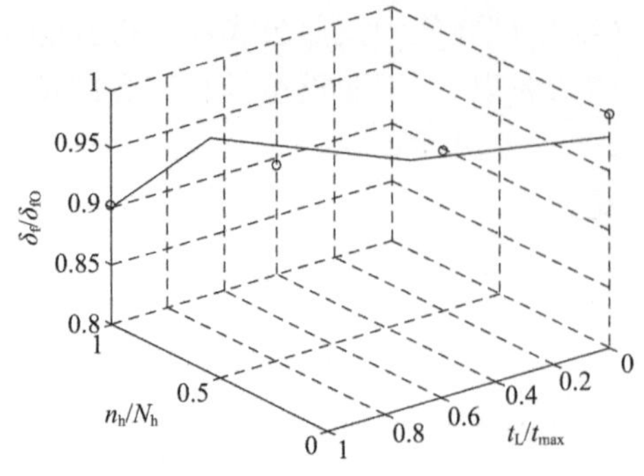

a)50%荷载水平、高温温差、干湿作用下C30

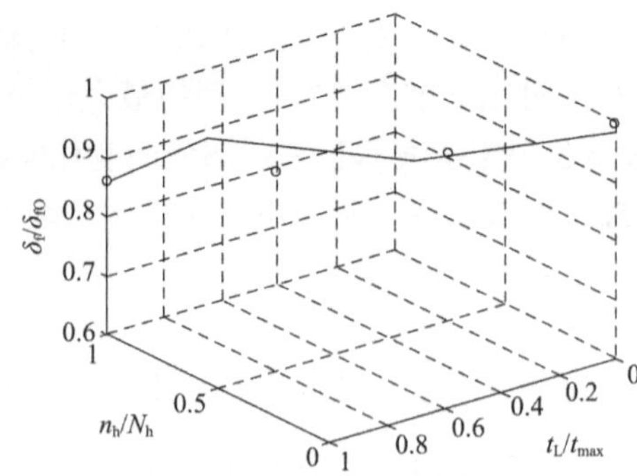

b)50%荷载水平、高温温差、干湿作用下C40

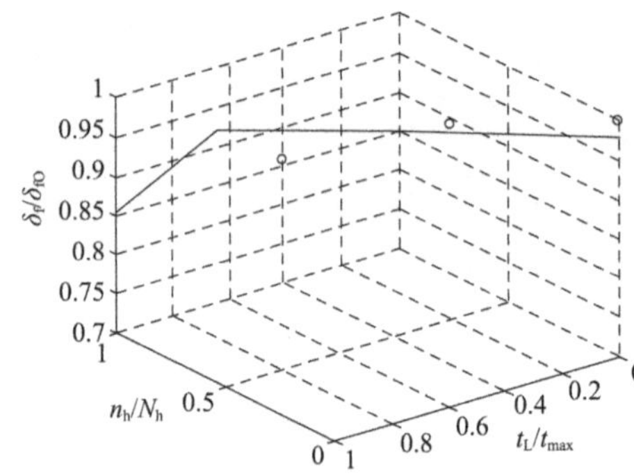

c)80%荷载水平、高温温差、干湿作用下C30

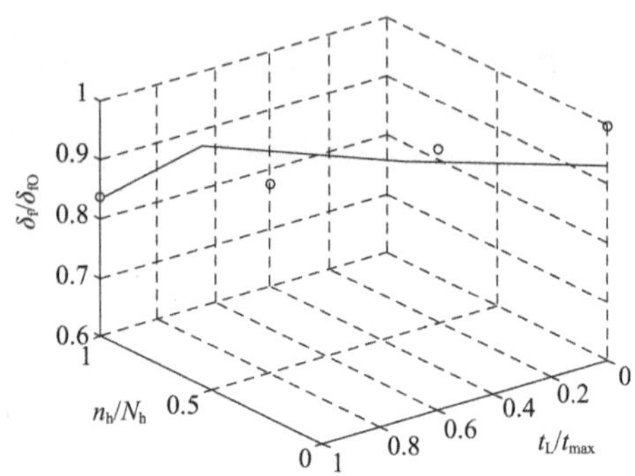

d)80%荷载水平、高温温差、干湿环境作用下C40

图 6-4 荷载、高温温差、干湿环境对弯拉强度的影响

(2)荷载与高温温差和干湿循环作用下混凝土抗弯拉强度衰变模型

荷载与高温温差和干湿循环三场的作用下强度疲劳损伤模型应该包含荷载、高温温差和干湿循环 3 个因素，考虑到此时的温湿度是同时作用的，因此把混凝土抗弯拉强度的方程表示为：

$$\sigma = F[f(n_h), f(t)]$$

式中：n_h——疲劳荷载次数；

t——混凝土在高温温差干湿循环环境下的放置时间。

其建模思想如下；强度与荷载之间的函数形式如前，同时考虑到强度与温湿度耦合随着时间是线性的关系，因此构造了荷载与高温温差和干湿循环环境作用下的数学模型，如式(6-21)所示。

$$D = 1 - \frac{\sigma}{\sigma_f} = a \cdot \left(1 - \frac{n_h}{N_h}\right)^b \cdot \left(\frac{t}{t_{max}}\right)^c \tag{6-21}$$

式中：σ/σ_f——剩余抗弯拉强度与最大抗弯拉强度之比；

n_h/N_h——荷载作用次数和疲劳寿命比值；

t/t_{max}——高温温差和干湿循环环境下放置的时间和试验最大周期之比。

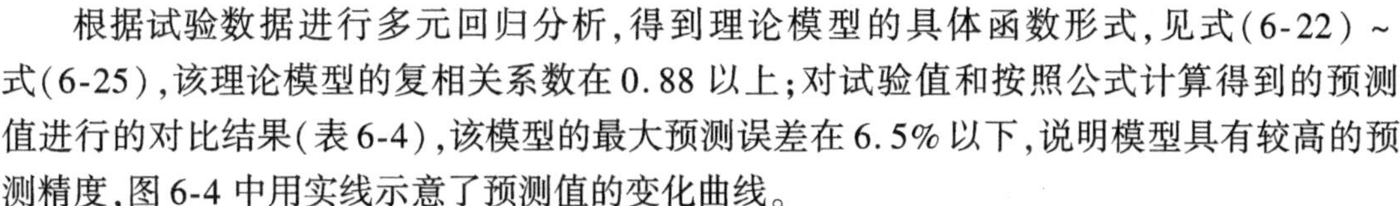

根据试验数据进行多元回归分析,得到理论模型的具体函数形式,见式(6-22)~式(6-25),该理论模型的复相关系数在0.88以上;对试验值和按照公式计算得到的预测值进行的对比结果(表6-4),该模型的最大预测误差在6.5%以下,说明模型具有较高的预测精度,图6-4中用实线示意了预测值的变化曲线。

50%荷载水平+高温温差+干湿环境C30混凝土:

$$D=1-\frac{\sigma}{\sigma_{\mathrm{f}}}=1-0.989\cdot\left(1-\frac{n_{\mathrm{h}}}{N_{\mathrm{h}}}\right)^{0.012}\cdot\left(\frac{t}{t_{\max}}\right)^{0.028}\quad(R^2=0.935)\tag{6-22}$$

50%荷载水平+高温温差+干湿环境C40混凝土:

$$D=1-\frac{\sigma}{\sigma_{\mathrm{f}}}=1-0.975\cdot\left(1-\frac{n_{\mathrm{h}}}{N_{\mathrm{h}}}\right)^{0.017}\cdot\left(\frac{t}{t_{\max}}\right)^{0.048}\quad(R^2=0.854)\tag{6-23}$$

80%荷载水平+高温温差+干湿环境C30混凝土:

$$D=1-\frac{\sigma}{\sigma_{\mathrm{f}}}=1-0.983\cdot\left(1-\frac{n_{\mathrm{h}}}{N_{\mathrm{h}}}\right)^{0.018}\cdot\left(\frac{t}{t_{\max}}\right)^{0.001}\quad(R^2=0.944)\tag{6-24}$$

80%荷载水平+高温温差+干湿环境C40混凝土:

$$D=1-\frac{\sigma}{\sigma_{\mathrm{f}}}=1-0.968\cdot\left(1-\frac{n_{\mathrm{h}}}{N_{\mathrm{h}}}\right)^{0.020}\cdot\left(\frac{t}{t_{\max}}\right)^{0.037}\quad(R^2=0.833)\tag{6-25}$$

荷载、高温温差、干湿环境作用下损伤模型预测值与试验值比较 表6-4

水平			因子			
			50%荷载水平+干燥		80%荷载水平+干燥	
			C30	C40	C30	C40
疲劳荷载次数+高温干湿循环时间	7.2万次+2个月高温干湿循环	σ_s/σ_f	0.9624	0.9356	0.9875	0.9440
		σ_y/σ_f	0.9539	0.9178	0.9747	0.9213
		相对误差(%)	-0.8	-1.8	-1.2	-2.3
	14.4万次+4个月高温干湿循环	σ_s/σ_f	0.9436	0.8922	0.9310	0.8754
		σ_y/σ_f	0.9645	0.9377	0.8560	0.9323
		相对误差(%)	2.2	5.1	3.4	6.5
	21.6万次+6个月高温干湿循环	σ_s/σ_f	0.9028	0.8585	0.8574	0.8375
		σ_y/σ_f	0.9015	0.8550	0.8560	0.8296
		相对误差(%)	-0.1	-0.4	-1.4	-0.9

注:表中σ_s是试验抗弯拉强度,σ_y是预测抗弯拉强度,σ_f是极限抗弯拉强度。

6.2.2 基于相对动弹性模量混凝土疲劳损伤演化方程

混凝土的抗冻性评价指标为质量损失不超过5%或相对动弹性模量损伤不超过40%,其中质量损失率主要表征混凝土的表层剥落特征,而对于高性能混凝土来说表层剥落现象不是非常明显,用其来反映混凝土的抗冻破坏程度准确度较差,相比之下,混凝土动弹模性量测试具有较高准确度,虽然相对动弹性模量曲线存在劣化点,但用该指标还是能够反映出混凝土的损伤程度的,因此选择相对动弹性模量来进行道路水泥混凝土的抗冻性评价指标,并用其定义损伤变量来建立混凝土的抗冻疲劳损伤模型。

1)荷载、冻融和干湿循环作用下混凝土抗冻疲劳损伤模型

(1)荷载、冻融和干湿循环作用下混凝土动弹性模量变化规律

荷载、冻融和干湿循环作用下混凝土的动弹性模量变化规律如图6-5中的散点所示，该条件下混凝土的抗冻性明显降低，混凝土抗冻等级为F125(50%荷载水平)和F50(80%荷载水平)，相对动弹性模量随着耦合时间增加逐渐下降，在50%和80%荷载水平与冻融干湿分别耦合125次和50次冻融循环时，与单荷载情况相比，C30混凝土相对动弹性模量分别降低36.10%和34.04%，C40混凝土相对动弹性模量分别降低35.03%和33.56%；与荷载和冻融循环双因素比较，C30混凝土相对动弹性模量分别降低5.81%和降低19.82%，C40混凝土相对动弹性模量分别降低6.21%和22.76%。

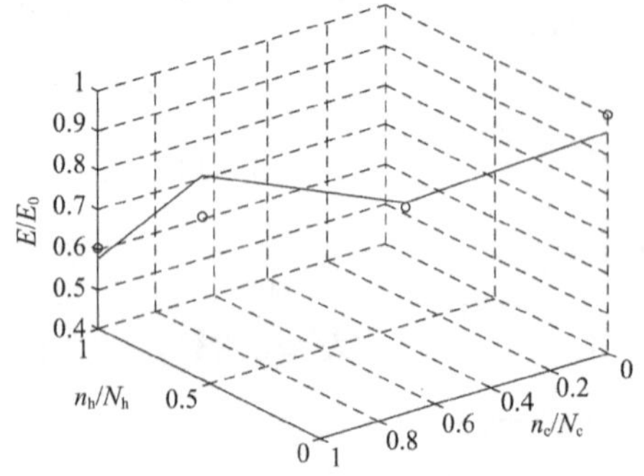

a)50%荷载水平、冻融、干湿环境作用下C30

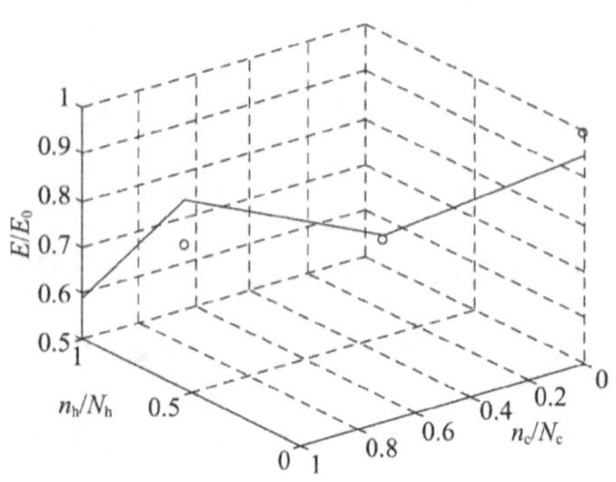

b)50%荷载水平、冻融、干湿环境作用下C40

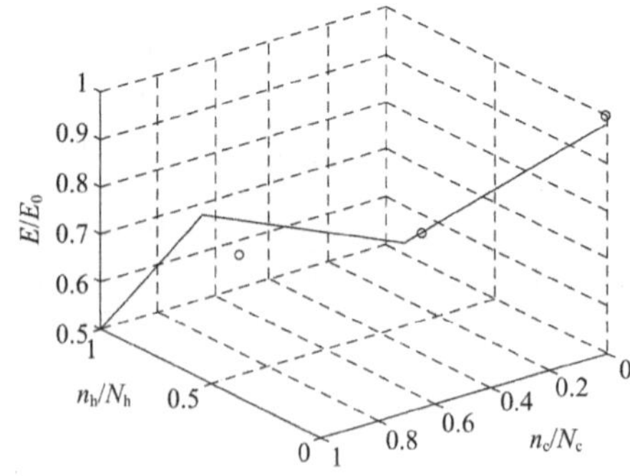

c)80%荷载水平、冻融、干湿环境作用下C30

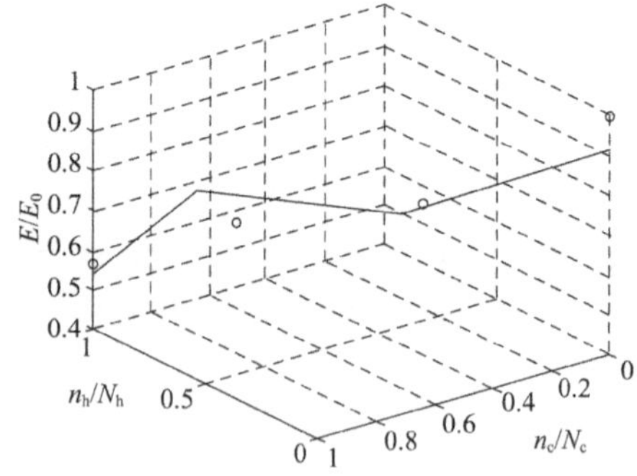

d)80%荷载水平、冻融、干湿环境作用下C40

图6-5 荷载、冻融、干湿环境对相对动弹性模量的影响

(2)荷载、冻融和干湿循环作用下混凝土抗冻疲劳损伤模型

荷载、冻融和干湿循环作用下抗冻疲劳损伤模型应该包含荷载次数、冻融次数和干湿循环时间3个因素，因此把混凝土抗冻疲劳损伤方程表示为：

$$E = F[f(n_h), f(n_c), f(t)]$$

式中：n_h——疲劳荷载次数；

n_c——冻融循环次数；

t——混凝土在干湿循环环境下放置时间。

其建模思想如下：根据疲劳荷载作用对动弹性模量影响接近线性规律，冻融循环次数与相对动弹性模量之间近似指数函数形式，同时干湿循环时间通过试凑法也采用线性函数形式，因

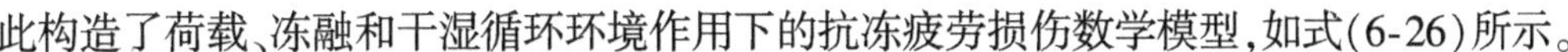

此构造了荷载、冻融和干湿循环环境作用下的抗冻疲劳损伤数学模型，如式(6-26)所示。

$$D=1-\frac{E}{E_0}=1-a\cdot\left(1-\frac{n_h}{N_h}\right)^b\cdot\left[e^{\frac{n_{DR}}{N_{DR}}}\cdot\left(\frac{t}{t_{max}}\right)\right]^c \tag{6-26}$$

式中：E/E_0——某一时间相对动弹性模量与未损伤混凝土相对动弹性模量之比；

n_h/N_h——荷载作用次数和最大疲劳次数比值；

t/t_{max}——干湿循环下放置时间和最大放置时间之比。

根据多元回归分析，得到模型的具体函数方程见式(6-27)～式(6-30)，该模型的复相关系数在0.987以上；对试验值和按照模型计算的预测值进行对比(表6-5)，在前期和后期预测误差都很小，在4.4%以下，可以得到较高的预测精度，而在中期模型的最大预测误差在13.3%～17.2%，误差较大，这有待于在后面研究中改进，图6-5中用实线示意了预测值的变化曲线。

50%荷载水平、冻融与干湿作用下C30混凝土：

$$D=1-\frac{E}{E_0}=1-0.895\cdot\left(1-\frac{n_h}{N_h}\right)^{0.118}\cdot\left[e^{\frac{n_{DR}}{N_{DR}}}\cdot\left(\frac{t}{t_{max}}\right)\right]^{0.168}\quad (R=0.871) \tag{6-27}$$

80%荷载水平、冻融与干湿作用下C30混凝土：

$$D=1-\frac{E}{E_0}=1-0.905\cdot\left(1-\frac{n_h}{N_h}\right)^{0.113}\cdot\left[e^{\frac{n_{DR}}{N_{DR}}}\cdot\left(\frac{t}{t_{max}}\right)\right]^{0.171}\quad (R=0.880) \tag{6-28}$$

50%荷载水平、冻融与干湿作用下C40混凝土：

$$D=1-\frac{E}{E_0}=1-0.905\cdot\left(1-\frac{n_h}{N_h}\right)^{0.151}\cdot\left[e^{\frac{n_{DR}}{N_{DR}}}\cdot\left(\frac{t}{t_{max}}\right)\right]^{0.208}\quad (R=0.911) \tag{6-29}$$

80%荷载水平、冻融与干湿作用下C40混凝土：

$$D=1-\frac{E}{E_0}=1-0.903\cdot\left(1-\frac{n_h}{N_h}\right)^{0.134}\cdot\left[e^{\frac{n_{DR}}{N_{DR}}}\cdot\left(\frac{t}{t_{max}}\right)\right]^{0.187}\quad (R=0.885) \tag{6-30}$$

荷载、冻融、干湿环境作用抗冻损伤模型预测值与试验值比较 表6-5

水平			因子			
			50%荷载水平+干燥		80%荷载水平+干燥	
			C30	C40	C30	C40
疲劳荷载次数+冻融循环次数+干湿循环时间	7.2万次+50次(50%荷载水平)或7.2万次+25次(80%荷载水平)+2个月干湿	E_s/E_0	0.738	0.748	0.721	0.737
		E_y/E_0	0.749	0.758	0.714	0.731
		相对误差(%)	1.4	1.3	-0.8	-0.7
	14.4万次+100次(50%荷载水平)或14.4万次+50次(80%荷载水平)+4个月干湿	E_s/E_0	0.691	0.713	0.645	0.654
		E_y/E_0	0.792	0.809	0.751	0.766
		相对误差(%)	14.7	13.3	16.5	17.2
	18.0万次+125次(50%荷载水平)或18.0万次+75次(80%荷载水平)+6个月干湿	E_s/E_0	0.600	0.619	0.532	0.568
		E_y/E_0	0.573	0.596	0.508	0.542
		相对误差(%)	-4.4	-3.6	-4.4	-4.4

注：表中E_s是试验相对动弹性模量，E_y是预测相对动弹性模量，E_0为最大相对动弹性模量。

2)荷载、低温和干燥作用下混凝土抗冻疲劳损伤模型

(1)荷载、低温和干燥作用下混凝土动弹性模量变化规律

荷载、低温和干燥作用下混凝土的动弹性模量变化规律如图6-6中的散点所示，随着耦合

时间增加,该条件下混凝土抗冻性明显降低,混凝土抗冻等级为 F175(50% 荷载水平)和 F125(80% 荷载水平),相对动弹性模量逐渐下降,在 50% 和 80% 荷载水平与低温干燥分别耦合 6 个月时,与单荷载情况相比,C30 混凝土相对动弹性模量分别降低 29.9% 和 33.78%,C40 混凝土相对动弹性模量分别降低 27.25% 和 32.63%;与荷载和低温双因素比较,C30 混凝土相对动弹性模量分别降低 5.72% 和降低 2.1%,C40 混凝土相对动弹性模量分别降低 5.87% 和 5.51%。

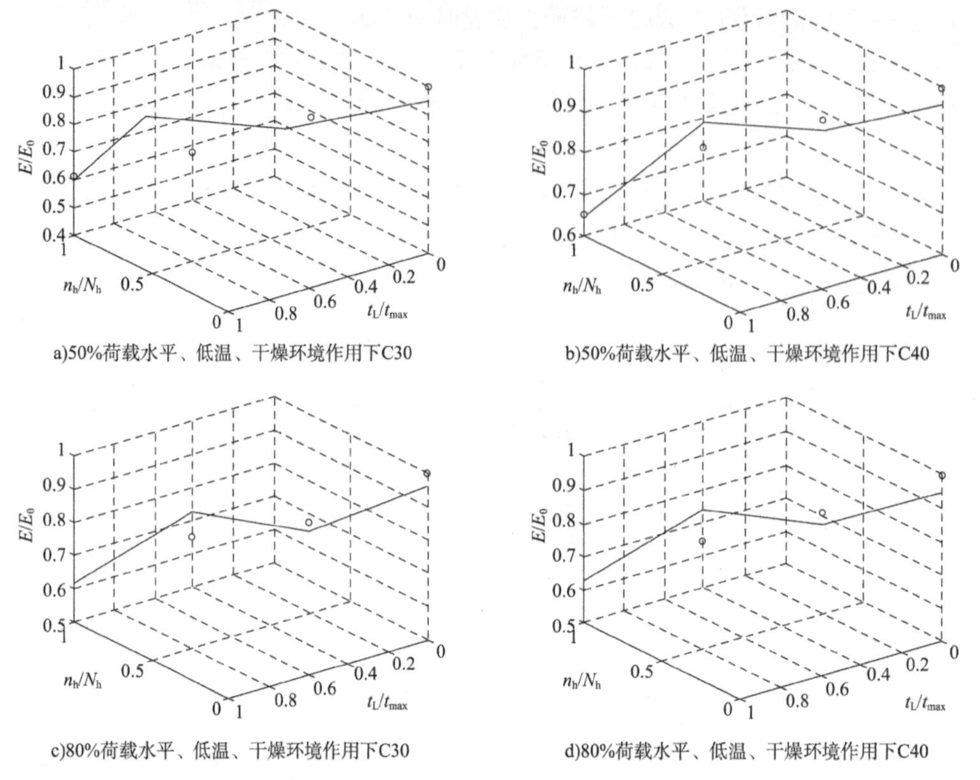

图 6-6 荷载、低温、干燥环境对相对动弹性模量的影响

(2)荷载、低温和干燥作用下混凝土抗冻疲劳损伤模型

荷载、低温和干燥作用下抗冻疲劳损伤模型应该包含荷载次数、低温放置时间和干燥放置时间 3 个因素,因此把混凝土抗冻疲劳损伤方程表示为:

$$\delta = F[f(n_h),f(t_L),f(t_G)]$$

式中:n_h——疲劳荷载次数;

t_L——低温时间;

t_G——干燥时间。

建模思想如下,疲劳荷载作用对动弹性模量影响如前,低温和干燥与相对动弹性模量之间近似线性函数形式,因此构造了荷载、低温和干燥环境作用下的抗冻疲劳损伤数学模型,如式(6-31)所示。

$$D = 1 - \frac{\sigma}{\sigma_f} = 1 - a \cdot \left(1 - \frac{n_h}{N_h}\right)^b \cdot \left[\left(\frac{t_L}{t_{Lmax}}\right) \cdot \left(\frac{t_G}{t_{Gmax}}\right)\right]^c \qquad (6\text{-}31)$$

式中:t_L/t_{Lmax}——低温放置时间和最大时间之比;

t_G/t_{Gmax}——干燥放置时间和最大时间之比。

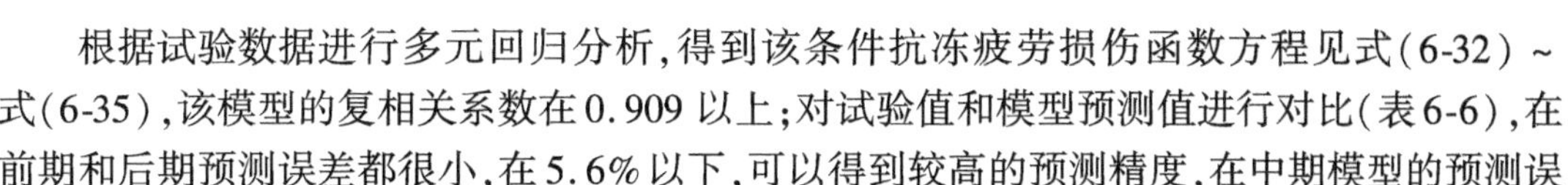

根据试验数据进行多元回归分析，得到该条件抗冻疲劳损伤函数方程见式(6-32)~式(6-35)，该模型的复相关系数在0.909以上；对试验值和模型预测值进行对比(表6-6)，在前期和后期预测误差都很小，在5.6%以下，可以得到较高的预测精度，在中期模型的预测误差在7.4%~16.0%，误差稍微大一些，图6-6中用实线示意了预测值的变化曲线。

50%荷载水平、低温与干燥作用下C30混凝土：

$$D=1-\frac{\sigma}{\sigma_f}=1-0.927\cdot\left(1-\frac{n_h}{N_h}\right)^{0.056}\cdot\left[\left(\frac{t_L}{t_{Lmax}}\right)\cdot\left(\frac{t_G}{t_{Gmax}}\right)\right]^{0.043}\quad(R=0.984)\quad(6\text{-}32)$$

80%荷载水平、低温与干燥作用下C30混凝土：

$$D=1-\frac{\sigma}{\sigma_f}=1-0.963\cdot\left(1-\frac{n_h}{N_h}\right)^{0.052}\cdot\left[\left(\frac{t_L}{t_{Lmax}}\right)\cdot\left(\frac{t_G}{t_{Gmax}}\right)\right]^{0.029}\quad(R=0.962)\quad(6\text{-}33)$$

50%荷载水平、低温与干燥作用下C40混凝土：

$$D=1-\frac{\sigma}{\sigma_f}=1-0.954\cdot\left(1-\frac{n_h}{N_h}\right)^{0.057}\cdot\left[\left(\frac{t_L}{t_{Lmax}}\right)\cdot\left(\frac{t_G}{t_{Gmax}}\right)\right]^{0.064}\quad(R=0.944)\quad(6\text{-}34)$$

80%荷载水平、低温与干燥作用下C40混凝土：

$$D=1-\frac{\sigma}{\sigma_f}=1-0.944\cdot\left(1-\frac{n_h}{N_h}\right)^{0.052}\cdot\left[\left(\frac{t_L}{t_{Lmax}}\right)\cdot\left(\frac{t_G}{t_{Gmax}}\right)\right]^{0.045}\quad(R=0.909)\quad(6\text{-}35)$$

荷载、低温、干燥环境作用抗冻损伤预测值与试验值比较 表6-6

水平			因子			
			50%荷载水平+低温+干燥		80%荷载水平+低温+干燥	
			C30	C40	C30	C40
疲劳荷载次数+低温时间+干燥时间	7.2万次+1个月低温+1个月干燥	E_s/E_0	0.872	0.910	0.836	0.872
		E_y/E_0	0.823	0.883	0.808	0.836
		相对误差(%)	-5.6	-2.9	-3.4	-4.2
	14.4万次+2个月低温+2个月干燥	E_s/E_0	0.724	0.826	0.772	0.766
		E_y/E_0	0.840	0.887	0.849	0.858
		相对误差(%)	16.0	7.4	9.8	12.0
	21.6万次+3个月低温+3个月干燥	E_s/E_0	0.613	0.653	0.623	0.643
		E_y/E_0	0.602	0.645	0.614	0.632
		相对误差(%)	-1.8	-1.2	-1.4	-1.7

注：表中E_s是试验相对动弹性模量，E_y是预测相对动弹性模量，E_0为最大相对动弹性模量。

3)荷载、常温冻融和干湿循环作用下混凝土抗冻疲劳损伤模型

(1)荷载、常温冻融和干湿循环作用下混凝土动弹性模量变化规律

荷载、常温冻融和干湿循环作用下混凝土的动弹性模量变化规律如图6-7中的散点所示，随着耦合时间增加，该条件下混凝土抗冻性降低，抗冻等级分别为F125(50%荷载水平)和F50(80%荷载水平)，相对动弹性模量逐渐下降，在50%和80%荷载水平与常温冻融干湿分别耦合125次和50次冻融循环时，与单荷载情况相比，C30混凝土相对动弹性模量分别降低30.45%和31.74%，C40混凝土相对动弹性模量分别降低30.57%和30.56%；与荷载和常温冻融双因素比较，C30混凝土相对动弹性模量分别降低4.44%和0.17%，C40混凝土

相对动弹性模量分别降低 8.28% 和 5.06% 。

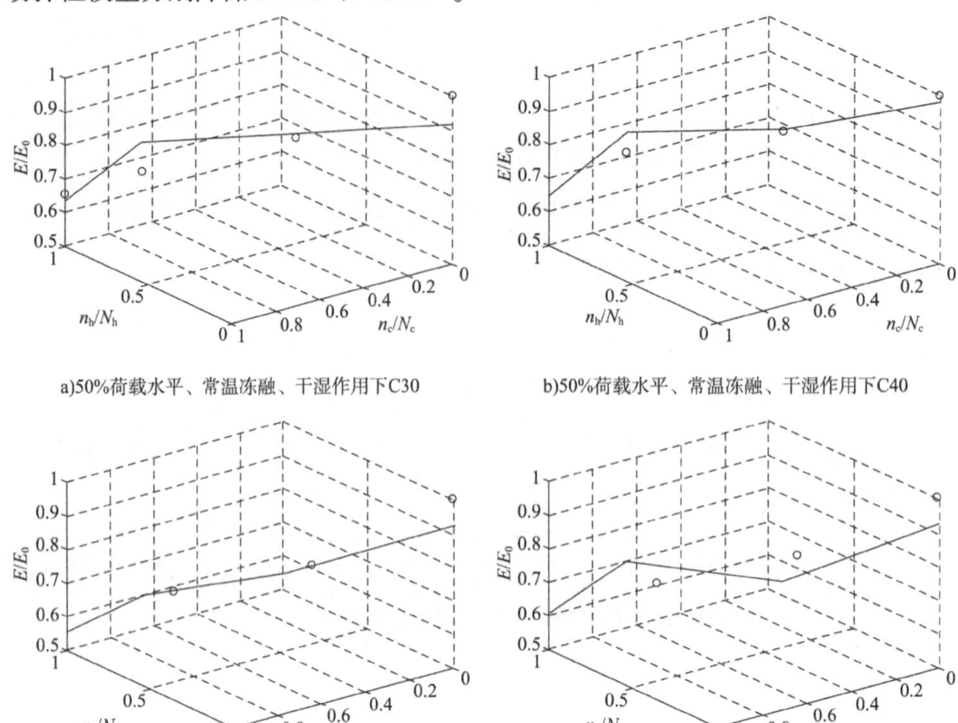

a)50%荷载水平、常温冻融、干湿作用下C30

b)50%荷载水平、常温冻融、干湿作用下C40

c)80%荷载水平、常温冻融、干湿作用下C30

d)80%荷载水平、常温冻融、干湿作用下C40

图 6-7　荷载、常温冻融、干湿环境对相对动弹性模量的影响

（2）荷载、常温冻融和干湿循环作用下混凝土抗冻疲劳损伤模型

荷载、常温冻融和干湿循环作用下混凝土抗冻疲劳损伤模型应该包含荷载次数、常温冻融次数和干湿循环时间 3 个因素，因此把混凝土抗冻疲劳损伤方程表示为：

$$\delta = F[f(n_h),f(n_c),f(t)]$$

式中：n_h——疲劳荷载次数；

n_c——冻融循环次数；

t——干湿循环环境放置时间。

其建模思想与荷载、冻融和干湿循环三场采用相同的函数形式，因此构造了荷载、常温冻融和干湿循环环境作用下的抗冻疲劳损伤数学模型，如式(6-36)所示：

$$D = 1 - \frac{E}{E_0} = 1 - a \cdot \left(1 - \frac{n_h}{N_h}\right)^b \cdot \left[e^{\frac{n_{DR}}{N_{DR}}} \cdot \left(\frac{t}{t_{max}}\right)\right]^c \qquad (6\text{-}36)$$

根据多元回归分析，得到具体函数方程见式(6-37)～式(6-40)，该模型的复相关系数在 0.858 以上；对试验值和按照模型计算的预测值进行的对比（表 6-7），模型的预测误差在 0.7%～12.0%，在前期和后期预测误差都很小，在中期误差稍大一些，图 6-7 中用实线示意了预测值的变化曲线。

50% 荷载水平、常温冻融与干湿作用下 C30 混凝土：

$$D = 1 - \frac{E}{E_0} = 1 - 0.916 \cdot \left(1 - \frac{n_h}{N_h}\right)^{0.076} \cdot \left[e^{\frac{n_{DR}}{N_{DR}}} \cdot \left(\frac{t}{t_{max}}\right)\right]^{0.029} \qquad (R = 0.889) \qquad (6\text{-}37)$$

80%荷载水平、常温冻融与干湿作用下C30混凝土：

$$D=1-\frac{E}{E_0}=1-0.947\cdot\left(1-\frac{n_h}{N_h}\right)^{0.082}\cdot\left[e^{\frac{n_{DR}}{N_{DR}}}\cdot\left(\frac{t}{t_{max}}\right)\right]^{0.048}\quad(R=0.954)\quad(6\text{-}38)$$

50%荷载水平、常温冻融与干湿作用下C40混凝土：

$$D=1-\frac{E}{E_0}=1-0.906\cdot\left(1-\frac{n_h}{N_h}\right)^{0.119}\cdot\left[e^{\frac{n_{DR}}{N_{DR}}}\cdot\left(\frac{t}{t_{max}}\right)\right]^{0.134}\quad(R=0.885)\quad(6\text{-}39)$$

80%荷载水平、常温冻融与干湿作用下C40混凝土：

$$D=1-\frac{E}{E_0}=1-0.907\cdot\left(1-\frac{n_h}{N_h}\right)^{0.103}\cdot\left[e^{\frac{n_{DR}}{N_{DR}}}\cdot\left(\frac{t}{t_{max}}\right)\right]^{0.116}\quad(R=0.858)\quad(6\text{-}40)$$

荷载、常温冻融、干湿环境作用下抗冻损伤模型预测值与试验值比较　　表6-7

水平			因子			
			50%荷载水平+干燥		80%荷载水平+干燥	
			C30	C40	C30	C40
常温冻融循环次数+疲劳荷载次数+干湿循环时间	7.2万次+50次(50%荷载水平)[或7.2万次+25次(80%荷载水平)]+2个月干湿	E_s/E_0	0.853	0.872	0.776	0.794
		E_y/E_0	0.863	0.878	0.769	0.731
		相对误差(%)	1.2	0.7	-0.7	-7.9
	14.4万次+100次(50%荷载水平)[或14.4万次+50次(80%荷载水平)]+4个月干湿	E_s/E_0	0.736	0.792	0.668	0.684
		E_y/E_0	0.821	0.847	0.676	0.766
		相对误差(%)	11.5	6.9	1.1	12.0
	18.0万次+125次(50%荷载水平)[或18.0万次+75次(80%荷载水平)]+6个月干湿	E_s/E_0	0.656	0.664	0.584	0.623
		E_y/E_0	0.635	0.648	0.558	0.603
		相对误差(%)	-3.2	-2.3	-4.4	-3.2

注：表中E_s是试验相对动弹性模量，E_y是预测相对动弹性模量，E_0为最大相对动弹性模量。

6.2.3　基于氯离子渗透系数的混凝土疲劳损伤演化方程

混凝土在实际工作过程中，结构的密实性逐渐变差，使得混凝土的抗渗性能降低，这样，环境中的有害介质和离子侵入到混凝土结构内部，导致碳化以及钢筋锈蚀等，从而进一步降低混凝土耐久性。因此为掌握混凝土的渗透性情况，借助氯离子渗透系数对其进行分析和评价，根据氯离子渗透系数来定义损伤变量，由此建立多因素作用下混凝土的抗渗性疲劳损伤模型。

1)荷载、冻融和干湿循环作用下混凝土抗渗疲劳损伤模型

(1)荷载、冻融和干湿循环作用下混凝土氯离子渗透系数变化规律

荷载、冻融和干湿循环作用下混凝土的氯离子渗透系数变化规律如图6-8中的散点所示，随着耦合时间增加，荷载冻融干湿条件下混凝土氯离子渗透系数增加，疲劳破坏时，C30混凝土渗透系数分别为$5.6314\times10^{-12}m^2/s$(50%荷载水平)和$4.6528\times10^{-12}m^2/s$(80%荷载水平)，C40混凝土渗透系数分别为$5.2138\times10^{-12}m^2/s$(50%荷载水平)和$4.2561\times10^{-12}m^2/s$(80%荷载水平)；与单荷载情况相比，50%荷载水平和80%荷载水平时，C30混凝土氯离子渗透系数分别增加72.8%和66.4%，C40混凝土相对动弹性模量分别增加75.7%和70.1%；与荷载和冻融双因素比较，C30混凝土氯离子渗透系数分别增加30.2%和45.0%，C40混凝土分别增

加 30.5% 和 41.4%(表 6-6)。

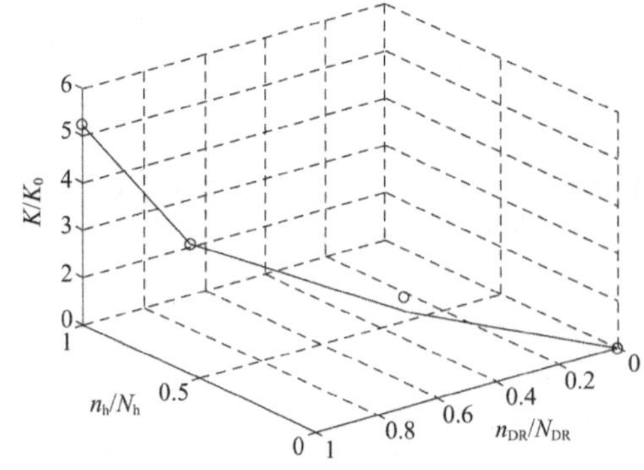

a)50%荷载水平、冻融、干湿环境作用下C30

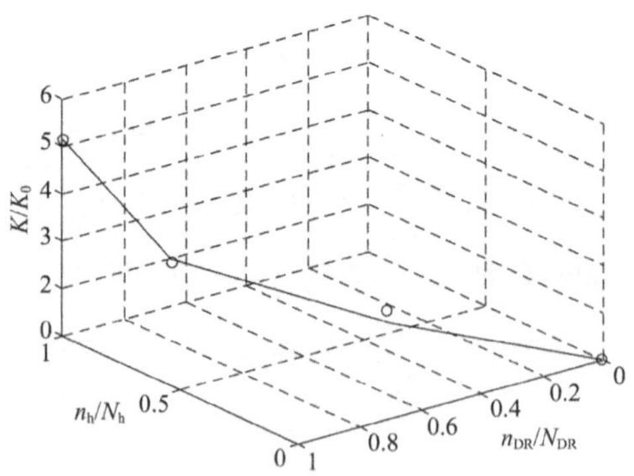

b)50%荷载水平、冻融、干湿环境作用下C40

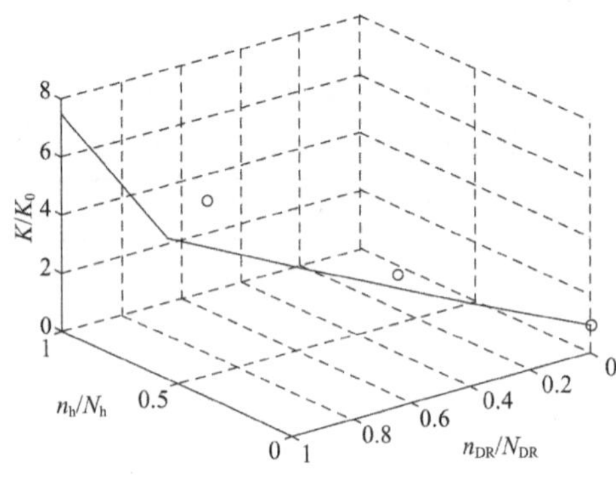

c)80%荷载水平、冻融、干湿环境作用下C30

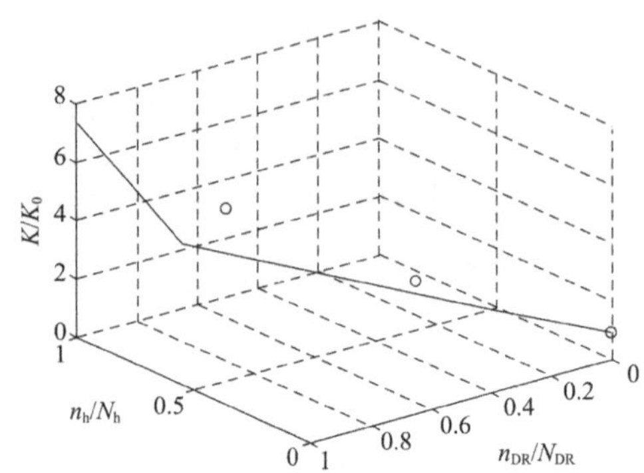

d)80%荷载水平、冻融、干湿环境作用下C40

图 6-8　荷载、冻融、干湿环境对混凝土氯离子渗透系数的影响

(2)荷载、冻融和干湿循环作用下混凝土抗渗疲劳损伤模型

荷载、冻融和干湿循环作用下混凝土抗渗性疲劳损伤模型包含荷载次数、冻融次数和干湿循环时间 3 个因素,因此把混凝土抗渗疲劳损伤方程表示为:

$$K = F[f(n_h), f(n_c), f(t)]$$

式中:n_h——疲劳荷载次数;

n_c——冻融循环次数;

t——干湿环境放置时间。

其建模思想为:根据前期试验结果,即在荷载与温度耦合下,氯离子渗透系数与时间之间符合二次函数关系,求得二次函数的系数值。根据已有文献的湿度对氯离子渗透系数影响符合线性函数形式的研究,构造了荷载、冻融和干湿循环环境作用下的抗渗疲劳损伤数学模型,如式(6-41)所示,其中未损伤混凝土 d 初始值取为 0:

$$D = 1 - \frac{K}{K_0} = 1 - \left\{ \left[a \cdot \left(\frac{n_h}{N_h} \cdot \frac{n_{DR}}{N_{DR}} \right)^2 + b \cdot \left(\frac{n_h}{N_h} \cdot \frac{n_{DR}}{N_{DR}} \right) + c \right] \cdot k\left(\frac{t}{t_{max}} \right) + d \right\} \quad (6\text{-}41)$$

根据多元回归分析,得到抗渗损伤疲劳函数方程见式(6-42)~式(6-45),该模型的复相关系数在 0.934 以上;对比试验值和模型预测值(表 6-8),模型的预测误差在 0.8% ~ 21.8%,在中期误差稍大一些,图 6-8 中用实线示意了预测值的变化曲线。

50%荷载水平、冻融与干湿作用下C30混凝土：

$$D = 1 - \frac{K}{K_0} = \left[2.769 \cdot \left(\frac{n_h}{N_h} \cdot \frac{n_{DR}}{N_{DR}}\right)^2 + 0.557 \cdot \left(\frac{n_h}{N_h} \cdot \frac{n_{DR}}{N_{DR}}\right) + 1.201\right] \cdot 0.894\left(\frac{t}{t_{max}}\right) - 0.211 \quad (R = 0.986) \tag{6-42}$$

50%荷载水平、冻融与干湿作用下C40混凝土：

$$D = 1 - \frac{K}{K_0} = \left[3.283 \cdot \left(\frac{n_h}{N_h} \cdot \frac{n_{DR}}{N_{DR}}\right)^2 - 0.044 \cdot \left(\frac{n_h}{N_h} \cdot \frac{n_{DR}}{N_{DR}}\right) + 1.190\right] \cdot 0.887\left(\frac{t}{t_{max}}\right) - 0.203 \quad (R = 0.987) \tag{6-43}$$

80%荷载水平、冻融与干湿作用下C30混凝土：

$$D = 1 - \frac{K}{K_0} = \left[6.085 \cdot \left(\frac{n_h}{N_h} \cdot \frac{n_{DR}}{N_{DR}}\right)^2 + 1.604 \cdot \left(\frac{n_h}{N_h} \cdot \frac{n_{DR}}{N_{DR}}\right) + 1.206\right] \cdot 0.648\left(\frac{t}{t_{max}}\right) - 0.771 \quad (R = 0.938) \tag{6-44}$$

80%荷载水平、冻融与干湿作用下C40混凝土：

$$D = 1 - \frac{K}{K_0} = \left[4.965 \cdot \left(\frac{n_h}{N_h} \cdot \frac{n_{DR}}{N_{DR}}\right)^2 + 2.087 \cdot \left(\frac{n_h}{N_h} \cdot \frac{n_{DR}}{N_{DR}}\right) + 1.191\right] \cdot 0.683\left(\frac{t}{t_{max}}\right) - 0.711 \quad (R = 0.934) \tag{6-45}$$

荷载、冻融、干湿环境作用下抗渗损伤模型预测值与试验值比较　　表6-8

水平			因子			
			50%荷载水平+干燥		80%荷载水平+干燥	
			C30	C40	C30	C40
冻融循环次数+疲劳荷载次数+干湿循环时间	7.2万次+50次(50%荷载水平)[或7.2万次+25次(80%荷载水平)]+2个月干湿	K_s/K_0	1.891	1.854	2.268	2.217
		K_y/K_0	1.616	1.577	2.041	2.065
		相对误差(%)	-14.5	-14.9	-10.0	-6.8
	14.4万次+100次(50%荷载水平)[或14.4万次+50次(80%荷载水平)]+4个月干湿	K_s/K_0	2.787	2.638	4.283	4.236
		K_y/K_0	2.815	2.685	3.349	3.403
		相对误差(%)	1.0	1.7	-21.8	-19.6
	18.0万次+125次(50%荷载水平)[或18.0万次+75次(80%荷载水平)]+6个月干湿	K_s/K_0	5.247	5.127	7.283	7.087
		K_y/K_0	5.258	5.131	7.474	7.340
		相对误差(%)	0.2	0.8	2.6	3.5

注：K_s是试验氯离子渗透系数，K_y是预测氯离子渗透系数，K_0为最大氯离子渗透系数。

2)荷载、低温和干燥作用下混凝土抗渗疲劳损伤模型

(1)荷载、低温和干燥作用下混凝土氯离子渗透系数变化规律

荷载、低温和干燥作用下混凝土的氯离子渗透系数变化规律如图6-9中的散点所示，随着耦合时间的增加，荷载低温干燥条件下混凝土氯离子渗透系数增加，疲劳破坏时，C30混凝土渗透系数分别为$3.9654 \times 10^{-12} m^2/s$(50%荷载水平)和$6.0123 \times 10^{-12} m^2/s$(80%荷载水平)，C40混凝土渗透系数分别为$3.9625 \times 10^{-12} m^2/s$(50%荷载水平)和$5.9327 \times 10^{-12} m^2/s$

(80% 荷载水平);与单荷载情况相比,50% 荷载水平和 80% 荷载水平时,C30 混凝土氯离子渗透系数分别增加 158% 和 284%,C40 混凝土氯离子渗透系数分别增加 158% 和 366%;与荷载和低温双因素比较,C30 混凝土氯离子渗透系数分别增加 7.8% 和 1.3%,C40 混凝土氯离子渗透系数分别增加 11.8% 和 4.1%。

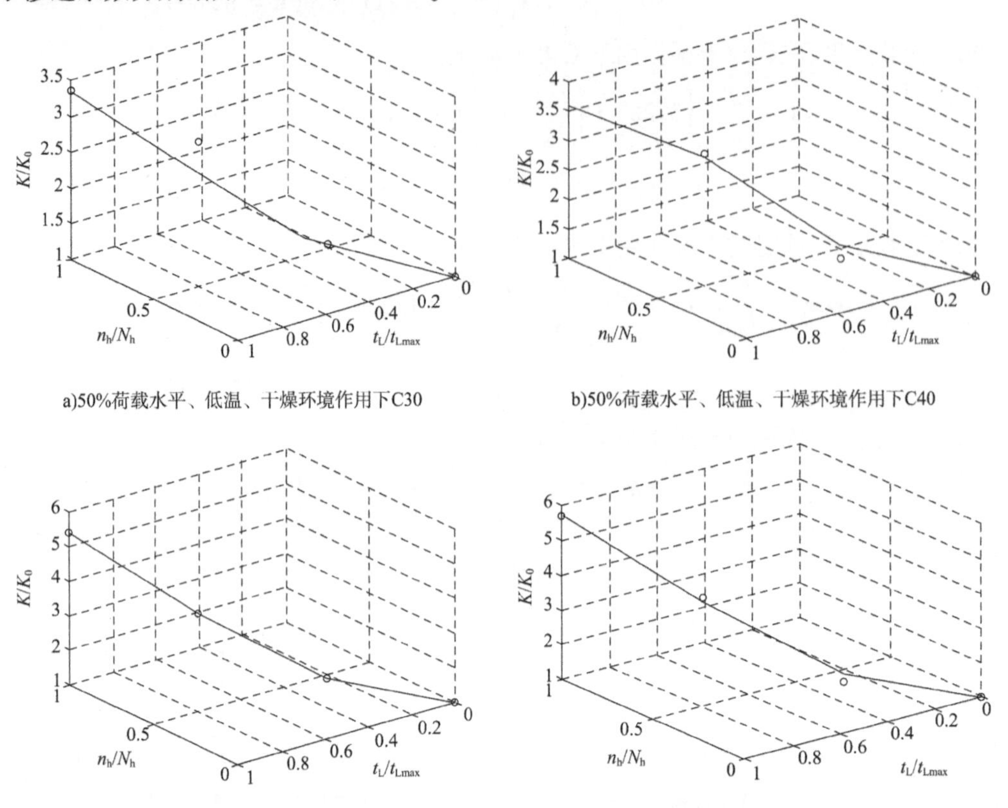

图 6-9 荷载水平、低温、干燥作用对相对氯离子渗透系数的影响

(2)荷载、低温和干燥作用下混凝土抗渗疲劳损伤模型

荷载、低温和干燥作用下混凝土抗渗性疲劳损伤模型包含荷载次数、低温时间和干燥时间 3 个因素,因此把混凝土抗渗疲劳损伤方程表示为:

$$K = F[f(n_h), f(t_L), f(t_G)]$$

式中:n_h——疲劳荷载次数;

t_L——低温时间;

t_G——干燥放置时间。

其建模思想为:与荷载冻融干湿循环相同,构造了荷载、低温和干燥环境作用下的抗渗疲劳损伤数学模型,如式(6-46)所示,其中未损伤混凝土 d 初始值取为 0:

$$D = 1 - \frac{K}{K_0} = 1 - \left\{\left[a \cdot \left(\frac{n_h}{N_h} \cdot \frac{t_L}{t_{Lmax}}\right)^2 + b \cdot \left(\frac{n_h}{N_h} \cdot \frac{t_L}{t_{Lmax}}\right) + c\right] \cdot k\left(\frac{t}{t_{max}}\right) + d\right\} \tag{6-46}$$

根据多元回归分析,得到抗渗损伤疲劳函数方程见式(6-47)~式(6-50),该模型的复相关系数在 0.928 以上;对比试验值和模型预测值(表 6-9),可知模型的预测误差在 -15% ~

6.4%，图 6-9 中用实线示意了预测值的变化曲线。

50% 荷载水平、低温与干燥作用下 C30 混凝土：

$$D=1-\frac{K}{K_0}=\left[-1.828\cdot\left(\frac{n_h}{N_h}\cdot\frac{t_L}{t_{Lmax}}\right)^2+4.258\cdot\left(\frac{n_h}{N_h}\cdot\frac{t_L}{t_{Lmax}}\right)+0.930\right]\cdot 0.799\left(\frac{t}{t_{max}}\right)-0.159 \quad (R=0.936) \tag{6-47}$$

50% 荷载水平、低温与干燥作用下 C40 混凝土：

$$D=1-\frac{K}{K_0}=\left[-1.953\cdot\left(\frac{n_h}{N_h}\cdot\frac{t_L}{t_{Lmax}}\right)^2+4.694\cdot\left(\frac{n_h}{N_h}\cdot\frac{t_L}{t_{Lmax}}\right)+0.849\right]\cdot 0.805\left(\frac{t}{t_{max}}\right)-0.342 \quad (R=0.928) \tag{6-48}$$

80% 荷载水平、低温与干燥作用下 C30 混凝土：

$$D=1-\frac{K}{K_0}=\left[0.553\cdot\left(\frac{n_h}{N_h}\cdot\frac{t_L}{t_{Lmax}}\right)^2+3.844\cdot\left(\frac{n_h}{N_h}\cdot\frac{t_L}{t_{Lmax}}\right)+1.004\right]\cdot 0.801\left(\frac{t}{t_{max}}\right)-0.349 \quad (R=0.964) \tag{6-49}$$

80% 荷载水平、低温与干燥作用下 C40 混凝土：

$$D=1-\frac{K}{K_0}=\left[0.240\cdot\left(\frac{n_h}{N_h}\cdot\frac{t_L}{t_{Lmax}}\right)^2+4.656\cdot\left(\frac{n_h}{N_h}\cdot\frac{t_L}{t_{Lmax}}\right)+0.864\right]\cdot 0.847\left(\frac{t}{t_{max}}\right)-0.310 \quad (R=0.969) \tag{6-50}$$

荷载、低温、干燥环境作用下抗渗损伤预测值与试验值比较　　表 6-9

水平			因子			
			50% 荷载水平 + 低温 + 干燥		80% 荷载水平 + 低温 + 干燥	
			C30	C40	C30	C40
疲劳荷载次数 + 低温时间 + 干燥时间	7.2 万次 + 1 个月低温 + 1 个月干燥	K_s/K_0	1.486	1.884	1.804	1.696
		K_y/K_0	1.549	1.728	1.756	1.730
		相对误差(%)	4.2	−8.2	−2.6	2.0
	14.4 万次 + 2 个月低温 + 2 个月干燥	K_s/K_0	3.046	3.277	3.573	3.806
		K_y/K_0	2.587	2.843	3.063	3.237
		相对误差(%)	−15.0	−13.2	−14.2	−14.9
	21.6 万次 + 3 个月低温 + 3 个月干燥	K_s/K_0	3.610	3.988	5.474	5.970
		K_y/K_0	3.843	4.231	5.675	6.187
		相对误差(%)	6.4	6.1	3.6	3.6

注：K_s 是试验氯离子渗透系数，K_y 是预测氯离子渗透系数，K_0 为最大氯离子渗透系数。

3）荷载、常温冻融和干湿作用下混凝土抗渗疲劳损伤模型

（1）荷载、常温冻融和干湿作用下混凝土氯离子渗透系数变化规律

荷载、常温冻融和干湿作用下混凝土的氯离子渗透系数变化规律如图 6-10 中的散点所示，

随着耦合时间的增加，荷载常温冻融干湿条件下混凝土氯离子渗透系数增加，疲劳破坏时，C30混凝土渗透系数分别为 $3.6879\times10^{-12}m^2/s$（50%荷载水平）和 $4.8978\times10^{-12}m^2/s$（80%荷载水平），C40 混凝土渗透系数分别为 $3.3410\times10^{-12}m^2/s$（50%荷载水平）和 $4.2355\times10^{-12}m^2/s$（80%荷载水平）；与单荷载情况相比，50%荷载水平和 80%荷载水平时，C30 混凝土氯离子渗透系数分别增加 155%和 228%，C40 混凝土氯离子渗透系数分别增加 137%和 258%；与荷载和常温冻融双因素比较，C30 混凝土氯离子渗透系数分别增加 6.3%和 4.8%，C40 混凝土氯离子渗透系数分别增加 9.1%和 7.5%。

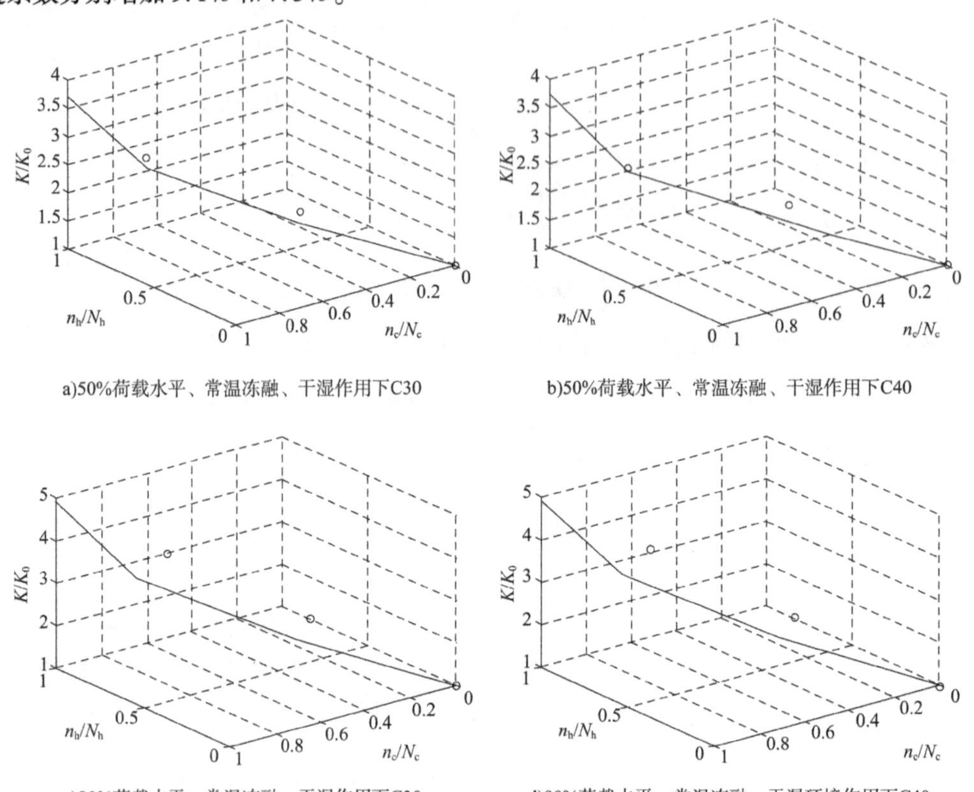

a)50%荷载水平、常温冻融、干湿作用下C30　b)50%荷载水平、常温冻融、干湿作用下C40

c)80%荷载水平、常温冻融、干湿作用下C30　d)80%荷载水平、常温冻融、干湿环境作用下C40

图 6-10　荷载、常温冻融、干湿环境对相对动弹性模量的影响

（2）荷载、常温冻融和干湿作用下混凝土抗渗疲劳损伤模型

荷载、常温冻融和干湿作用下混凝土抗渗性疲劳损伤模型包含荷载次数、常温冻融次数和干燥时间 3 个因素，因此把混凝土抗渗疲劳损伤方程表示为：

$$K=F[f(n_h),f(n_c),f(t)]$$

式中：n_h——疲劳荷载次数；

n_c——常温冻融次数；

t——干湿放置时间。

其建模思想为：与荷载冻融干湿循环相同，构造了荷载、常温冻融和干湿环境作用下的抗渗疲劳损伤数学模型，如式(6-51)所示，其中未损伤混凝土 d 初始值取为 0：

$$D=1-\frac{K}{K_0}=1-\left\{\left[a\cdot\left(\frac{n_h}{N_h}\cdot\frac{n_{DR}}{N_{DR}}\right)^2+b\cdot\left(\frac{n_h}{N_h}\cdot\frac{n_{DR}}{N_{DR}}\right)+c\right]\cdot k\left(\frac{t}{t_{max}}\right)+d\right\}\tag{6-51}$$

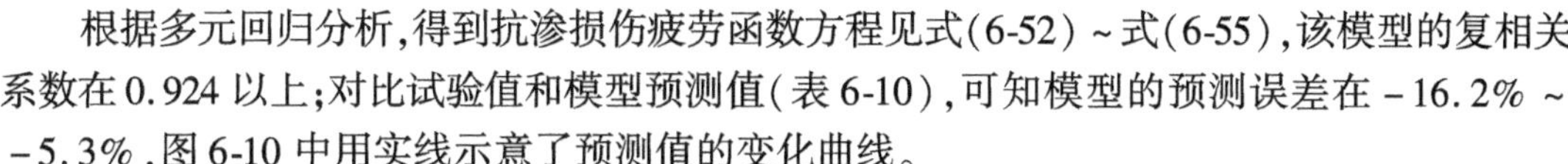

根据多元回归分析，得到抗渗损伤疲劳函数方程见式(6-52)～式(6-55)，该模型的复相关系数在0.924以上；对比试验值和模型预测值(表6-10)，可知模型的预测误差在－16.2%～－5.3%，图6-10中用实线示意了预测值的变化曲线。

50%荷载水平、常温冻融与干湿作用下C30混凝土：

$$D=1-\frac{K}{K_0}=\left[0.008\cdot\left(\frac{n_h}{N_h}\cdot\frac{n_{DR}}{N_{DR}}\right)^2+2.151\cdot\left(\frac{n_h}{N_h}\cdot\frac{n_{DR}}{N_{DR}}\right)+1.148\right]\cdot 0.735\left(\frac{t}{t_{max}}\right)-0.259\quad (R=0.953) \tag{6-52}$$

50%荷载水平、常温冻融与干湿作用下C40混凝土：

$$D=1-\frac{K}{K_0}=\left[0.704\cdot\left(\frac{n_h}{N_h}\cdot\frac{n_{DR}}{N_{DR}}\right)^2+1.442\cdot\left(\frac{n_h}{N_h}\cdot\frac{n_{DR}}{N_{DR}}\right)+1.161\right]\cdot 0.742\left(\frac{t}{t_{max}}\right)-0.274\quad (R=0.950) \tag{6-53}$$

80%荷载水平、常温冻融与干湿作用下C30混凝土：

$$D=1-\frac{K}{K_0}=\left[-2.076\cdot\left(\frac{n_h}{N_h}\cdot\frac{n_{DR}}{N_{DR}}\right)^2+5.358\cdot\left(\frac{n_h}{N_h}\cdot\frac{n_{DR}}{N_{DR}}\right)+1.150\right]\cdot 0.773\left(\frac{t}{t_{max}}\right)-0.467\quad (R=0.930) \tag{6-54}$$

80%荷载水平、常温冻融与干湿作用下C40混凝土：

$$D=1-\frac{K}{K_0}=\left[-2.59\cdot\left(\frac{n_h}{N_h}\cdot\frac{n_{DR}}{N_{DR}}\right)^2+5.666\cdot\left(\frac{n_h}{N_h}\cdot\frac{n_{DR}}{N_{DR}}\right)+1.158\right]\cdot 0.794\left(\frac{t}{t_{max}}\right)-0.466\quad (R=0.924) \tag{6-55}$$

荷载、常温冻融、干湿环境作用下强度损伤模型预测值与试验值比较　　表6-10

水平			因子			
			50%荷载水平+干燥		80%荷载水平+干燥	
			C30	C40	C30	C40
常温冻融循环次数+疲劳荷载次数+干湿循环时间	7.2万次+50次(50%荷载水平)或7.2万次+25次(80%荷载水平)+2个月干湿	K_s/K_0	1.844	1.937	2.307	2.331
		K_y/K_0	1.624	1.622	1.937	1.960
		相对误差(%)	−11.9	−16.2	−16.0	−15.9
	14.4万次+100次(50%荷载水平)或14.4万次+50次(80%荷载水平)+4个月干湿	K_s/K_0	2.673	2.483	3.562	3.645
		K_y/K_0	2.497	2.447	3.227	3.288
		相对误差(%)	−6.5	−1.4	−9.3	−9.7
	18.0万次+125次(50%荷载水平)或18.0万次+75次(80%荷载水平)+6个月干湿	K_s/K_0	3.570	3.671	4.67	4.58
		K_y/K_0	3.689	3.727	4.892	4.827
		相对误差(%)	3.3	1.5	4.6	5.3

注：K_s是试验氯离子渗透系数，K_y是预测氯离子渗透系数，K_0为最大氯离子渗透系数。

4)荷载、高温温差和干湿作用下混凝土抗渗疲劳损伤模型

(1)荷载、高温温差和干湿作用下混凝土氯离子渗透系数变化规律

荷载、高温温差和干湿作用下混凝土的氯离子渗透系数变化规律如图6-11中的散点所

示,随着耦合时间的增加,荷载高温温差干湿条件下混凝土氯离子渗透系数增加,疲劳破坏时,C30 混凝土渗透系数分别为 $5.2897\times10^{-12}m^2/s$(50% 荷载水平)和 $6.1928\times10^{-12}m^2/s$(80% 荷载水平),C40 混凝土渗透系数分别为 $5.2284\times10^{-12}m^2/s$(50% 荷载水平)和 $5.9431\times10^{-12}m^2/s$(80% 荷载水平);与单荷载情况相比,50% 荷载水平和 80% 荷载水平时,C30 混凝土氯离子渗透系数分别增加 245% 和 241%,C40 混凝土氯离子渗透系数分别增加 295% 和 367%;与荷载和高温温差双因素比较,C30 混凝土氯离子渗透系数分别增加 4.6% 和 1.9%,C40 混凝土氯离子渗透系数分别增加 8.2% 和 3.1%。

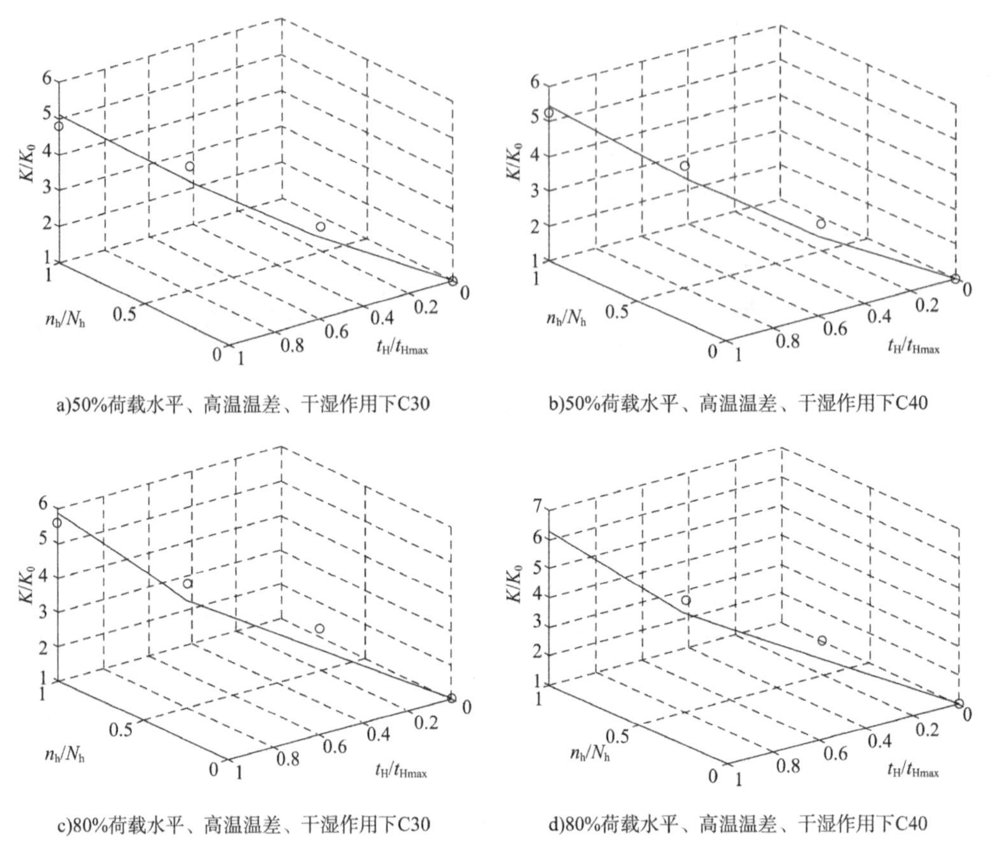

图 6-11 荷载、高温温差、干湿环境对相对动弹性模量的影响

(2)荷载、高温温差和干湿作用下混凝土抗渗疲劳损伤模型

荷载、高温温差和干湿作用下混凝土抗渗性疲劳损伤模型包含荷载次数、高温温差时间和干燥时间 3 个因素,因此把混凝土抗渗疲劳损伤方程表示为:

$$K=F[f(n_h),f(t_H),f(t_G)]$$

式中:n_h——疲劳荷载次数;

t_H——高温温差;

t_G——干湿放置时间。

其建模思想为:与荷载冻融干湿循环相同,构造了荷载、高温温差和干湿环境作用下的抗渗疲劳损伤数学模型,如式(6-56)所示,其中未损伤混凝土 d 初始值取为 0:

$$D=1-\frac{K}{K_0}=1-\left\{\left[a\cdot\left(\frac{n_h}{N_h}\cdot\frac{t_H}{t_{Hmax}}\right)^2+b\cdot\left(\frac{n_h}{N_h}\cdot\frac{t_H}{t_{Hmax}}\right)+c\right]\cdot k\left(\frac{t_G}{t_{Gmax}}\right)+d\right\} \tag{6-56}$$

根据多元回归分析，得到抗渗损伤疲劳函数方程，见式(6-57)～式(6-60)，该模型的复相关系数在0.870以上；对比试验值和模型预测值(表6-11)，可知模型的预测误差在－22.3%～4.11%，图6-11中用实线示意了预测值的变化曲线。

50%荷载水平、高温温差与干湿作用下C30混凝土：

$$D=1-\frac{K}{K_0}=\left[-2.911\cdot\left(\frac{n_h}{N_h}\cdot\frac{t_H}{t_{Hmax}}\right)^2+6.310\cdot\left(\frac{n_h}{N_h}\cdot\frac{t_H}{t_{Hmax}}\right)+1.171\right]\cdot 1.076\left(\frac{t_G}{t_{Gmax}}\right)-0.485 \quad (R=0.926) \tag{6-57}$$

50%荷载水平、高温温差与干湿作用下C40混凝土：

$$D=1-\frac{K}{K_0}=\left[-2.308\cdot\left(\frac{n_h}{N_h}\cdot\frac{t_H}{t_{Hmax}}\right)^2+6.043\cdot\left(\frac{n_h}{N_h}\cdot\frac{t_H}{t_{Hmax}}\right)+1.106\right]\cdot 1.113\left(\frac{t_G}{t_{Gmax}}\right)-0.483 \quad (R=0.947) \tag{6-58}$$

80%荷载水平、高温温差与干湿作用下C30混凝土：

$$D=1-\frac{K}{K_0}=\left[-1.548\cdot\left(\frac{n_h}{N_h}\cdot\frac{t_H}{t_{Hmax}}\right)^2+5.655\cdot\left(\frac{n_h}{N_h}\cdot\frac{t_H}{t_{Hmax}}\right)+1.359\right]\cdot 0.746\left(\frac{t_G}{t_{Gmax}}\right)-0.871 \quad (R=0.870) \tag{6-59}$$

80%荷载水平、高温温差与干湿作用下C40混凝土：

$$D=1-\frac{K}{K_0}=\left[-1.916\cdot\left(\frac{n_h}{N_h}\cdot\frac{t_H}{t_{Hmax}}\right)^2+6.330\cdot\left(\frac{n_h}{N_h}\cdot\frac{t_H}{t_{Hmax}}\right)+1.328\right]\cdot 0.751\left(\frac{t_G}{t_{Gmax}}\right)-0.912 \quad (R=0.878) \tag{6-60}$$

荷载、高温温差、干湿环境作用下抗渗损伤模型预测值与试验值比较　　表6-11

水平			因子			
			50%荷载水平＋干燥		80%荷载水平＋干燥	
			C30	C40	C30	C40
疲劳荷载次数＋高温干湿循环时间	7.2万次＋2个月高温干湿循环	K_s/K_0	2.333	2.395	2.864	2.942
		K_y/K_0	2.010	2.017	2.250	2.284
		相对误差(%)	－13.8	－15.7	－21.4	－22.3
	14.4万次＋4个月高温干湿循环	K_s/K_0	3.855	3.889	3.993	4.139
		K_y/K_0	3.408	3.558	3.468	3.621
		相对误差(%)	－11.6	－8.5	－13.1	－12.5
	21.6万次＋6个月高温干湿循环	K_s/K_0	4.816	5.262	5.638	5.981
		K_y/K_0	5.100	5.478	5.900	6.236
		相对误差(%)	5.9	4.1	4.6	4.2

注：K_s是试验氯离子渗透系数，K_y是预测氯离子渗透系数，K_0为最大氯离子渗透系数。

6.3 道路水泥混凝土疲劳寿命预测模型研究

随着道路水泥混凝土的高性能化，混凝土很少出现超出应力容限的一次性破坏，而更多的是重复应力作用下的疲劳破坏，因此混凝土疲劳破坏问题的研究得到极大关注，其中不同使用条件下混凝土疲劳寿命的预测是重点研究的问题。

1847 年，德国学者 Whŏler 首次提出了疲劳极限概念以及 S-N 疲劳寿命曲线方程，奠定了疲劳破坏的理论基础。1920 年，英国学者 Griffith 提出了裂纹扩展能量理论，1963 年，Paris 采用断裂力学方法提出了裂纹扩展规律方程。1958 年，KaчaHOB 提出损伤力学概念，通过定义损伤变量表达的损伤演化规律来预测疲劳寿命，该方法由于从结构缺陷本质出发来研究疲劳寿命，因此在近年来得到重要发展，有望成为混凝土寿命预测研究的重要分析手段。根据疲劳寿命预测方法的原理，可以将其分为唯象寿命预测方法（例如疲劳方程和损伤疲劳寿命预测）和断裂力学寿命预测方法（例如 Paris 方程），其中唯象寿命预测方法是从宏观的试验数据和现象出发来预测材料寿命，因此具有较高的精度；断裂力学寿命预测方法是从断裂力学原理出发建立数学模型，通过测量模型基本参数来进行寿命预测，该方法理论性和经验性要求较高，预测精度不容易保障。本书在前期开展的试验研究积累了丰富的试验数据，这里将根据唯象的寿命预测方法来开展多场耦合下道路水泥混凝土疲劳寿命预测的研究。

6.3.1 基于疲劳方程的混凝土疲劳寿命

目前常用的疲劳方程有两种形式，见式(6-61)和式(6-62)。由于物理意义明确、使用方便，因此被广泛地应用。但混凝土是非均质材料，得到的疲劳寿命数据离散性强，直接应用上述确定性方程来预测混凝土寿命具有一定的绝对性，这与工程中的客观不确定性是相互矛盾的，为此在评价过程中引入可靠性理论来分析混凝土疲劳寿命的不确定性变得合理。1939 年，瑞典学者 Weibull 提出了处理疲劳寿命数据的双参数 Weibull 分布函数，见式(6-63)，对该方程两侧取双对数，如果得到的结果符合线性规律，则表示试验数据符合威布尔分布。

$$S = a - b\lg N \tag{6-61}$$

$$\lg S = a - b\lg N \tag{6-62}$$

式中：N——疲劳寿命；

S——荷载水平；

a、b——取决于荷载性质和材料性质的重要参数；a 反映疲劳曲线的高度，其值越大代表混凝土疲劳性能越好；b 反映了疲劳曲线变化的快慢程度，其值越大则表明疲劳性能对荷载水平越敏感。

$$P(N) = 1 - \exp\left[-\left(\frac{N}{u}\right)^{\alpha}\right] \tag{6-63}$$

式中：$P(N)$——失效概率；

α——荷载水平为 S 时的威布尔斜率；

u——尺寸参数。

为建立不同荷载水平下道路水泥混凝土疲劳寿命方程，在前面试验的基础上，增加荷载水平为0.7时多场耦合条件，每个条件选择5个样品进行疲劳试验，其中失效概率 $P=i/(k+1)$（i 为第 i 个失效样品序数，k 为总的样品数），对试验结果依据上述三个方程来对混凝土疲劳寿命进行分析。

1）荷载、冻融循环和干湿作用下混凝土疲劳寿命方程

表6-12是针对荷载、冻融循环和干湿循环三场条件混凝土在不同失效概率下，根据最小二乘法拟合的混凝土疲劳寿命预测方程，荷载水平和疲劳寿命之间的相关系数在0.8256～0.9999之间，具有较高的预测精度，其中C30混凝土采用双对数方程具有更高的预测精度，而C40混凝土采用两种形式方程预测精度接近，因此，本书选择双对数方程来进行该条件混凝土疲劳寿命预测。C30混凝土和C40混凝土相比较，C40混凝土具有更高的疲劳寿命，同时也具有更高的应力敏感性。通过用威布尔分布对数据进行处理，得到不同荷载水平下描述概率与疲劳寿命之间的数学方程，结果见表6-13。荷载、冻融和干湿循环耦合条件下混凝土的疲劳寿命符合威布尔分布函数形式。在失效概率的基础上，评价荷载、冻融和干湿耦合条件下混凝土的荷载水平和疲劳寿命，绘制 S-N-P 曲线，见图6-12。

荷载、冻融循环和干湿循环作用下混凝土应力寿命疲劳方程　　表6-12

概率 P	等级	单对数方程		双对数方程	
		$S=a-b\lg N$	相关性	$\lg S=a-b\lg N$	相关性
0.17	C30	$S=4.7653-0.6853\lg N$	0.8992	$\lg S=2.6690-0.4771\lg N$	0.9412
	C40	$S=6.8088-0.9869\lg N$	0.9999	$\lg S=4.0394-0.6786\lg N$	0.9946
0.33	C30	$S=5.6347-0.8156\lg N$	0.8256	$\lg S=3.2889-0.5702\lg N$	0.8816
	C40	$S=7.3003-1.0575\lg N$	0.9928	$\lg S=4.3620-0.7247\lg N$	0.9740
0.50	C30	$S=5.4596-0.7809\lg N$	0.7990	$\lg S=3.1710-0.9229\lg N$	0.8593
	C40	$S=9.2589-1.3571\lg N$	0.9947	$\lg S=5.7067-0.9305\lg N$	0.9772
0.66	C30	$S=6.6064-0.9578\lg N$	0.9316	$\lg S=3.9414-0.6653\lg N$	0.9654
	C40	$S=8.9107-1.2955\lg N$	0.9998	$\lg S=5.4869-0.8912\lg N$	0.9959
0.83	C30	$S=8.5832-1.2643\lg N$	0.9960	$\lg S=5.2721-0.8714\lg N$	0.9998
	C40	$S=9.5830-1.3963\lg N$	0.9869	$\lg S=5.9733-0.9643\lg N$	0.9985

荷载、冻融和干湿循环作用下混凝土概率寿命疲劳方程　　表6-13

荷载水平	C30混凝土概率寿命方程	相关系数	C40混凝土概率寿命方程	相关系数
0.5	$P(N)=1-\exp\left[-\left(\frac{N}{1.109E-16}\right)^{0.175}\right]$	0.971	$P(N)=1-\exp\left[-\left(\frac{N}{6.067E-24}\right)^{0.122}\right]$	0.979
0.7	$P(N)=1-\exp\left[-\left(\frac{N}{1.585E-8}\right)^{0.348}\right]$	0.974	$P(N)=1-\exp\left[-\left(\frac{N}{9.305E-17}\right)^{0.173}\right]$	0.964
0.8	$P(N)=1-\exp\left[-\left(\frac{N}{4.609E-9}\right)^{0.323}\right]$	0.983	$P(N)=1-\exp\left[-\left(\frac{N}{5.360E-13}\right)^{0.224}\right]$	0.976

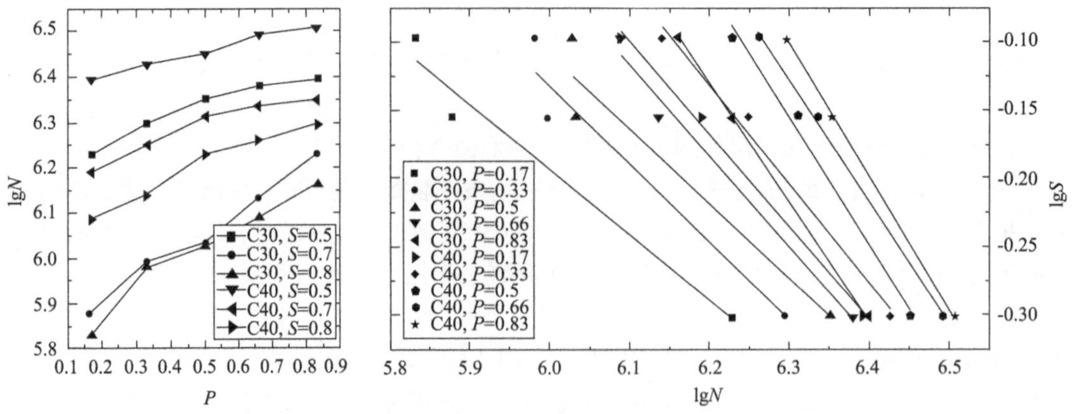

图 6-12　荷载、冻融和干湿循环作用下的混凝土 S-N-P 曲线

2）荷载、低温和干燥作用下混凝土疲劳寿命方程

表 6-14 是针对荷载、低温和干燥三场条件混凝土在不同失效概率下，根据最小二乘法拟合的混凝土疲劳寿命方程，荷载水平和疲劳寿命之间的相关系数在 0.7399～0.9978 之间，具有较高的预测精度，相比之下，采用单对数方程进行 C30 混凝土和 C40 混凝土在该条件下寿命的预测精度更高一些，因此，选择单对数方程来进行该条件混凝土疲劳寿命预测。通过用威布尔分布进行处理，得到不同荷载水平下描述概率与疲劳寿命之间的数学方程，结果见表 6-15。总体线性相关系数在 0.945 以上，由此可知，荷载、低温和干燥耦合条件下混凝土的疲劳寿命符合威布尔分布函数形式。在失效概率的基础上，评价荷载、低温和干燥耦合条件下混凝土的荷载水平和疲劳寿命，绘制 S-N-P 曲线，见图 6-13。

荷载、低温和干燥作用下混凝土应力寿命疲劳方程　　表 6-14

概率 P	等级	单对数方程		双对数方程	
		$S = a - b\lg N$	相关性	$\lg S = a - b\lg N$	相关性
0.17	C30	$S = 12.1582 - 3.7416\lg N$	0.8083	$\lg S = 7.5777 - 1.2467\lg N$	0.7399
	C40	$S = 9.9440 - 1.4749\lg N$	0.9676	$\lg S = 6.2390 - 1.0212\lg N$	0.9892
0.33	C30	$S = 12.5754 - 1.8928\lg N$	0.8662	$\lg S = 7.8850 - 1.2825\lg N$	0.8071
	C40	$S = 10.0684 - 1.4871\lg N$	0.8976	$\lg S = 6.3615 - 1.0316\lg N$	0.9400
0.50	C30	$S = 12.5818 - 0.9549\lg N$	0.9872	$\lg S = 7.9726 - 1.2838\lg N$	0.9642
	C40	$S = 9.4367 - 1.3717\lg N$	0.9905	$\lg S = 5.8232 - 0.9396\lg N$	0.9699
0.66	C30	$S = 12.5471 - 1.8612\lg N$	0.9976	$\lg S = 7.9796 - 1.2789\lg N$	0.9915
	C40	$S = 13.2210 - 1.9454\lg N$	0.9824	$\lg S = 8.4037 - 1.3308\lg N$	0.9564
0.83	C30	$S = 13.0762 - 1.9376\lg N$	0.9978	$\lg S = 8.3330 - 1.3298\lg N$	0.9848
	C40	$S = 14.1897 - 2.0896\lg N$	0.9699	$\lg S = 9.0515 - 1.4271\lg N$	0.9379

荷载、低温和干燥作用下混凝土概率寿命疲劳方程　　表6-15

荷载水平	C30混凝土概率寿命方程	相关系数	C40混凝土概率寿命方程	相关系数
0.5	$P(N)=1-\exp\left[-\left(\frac{N}{2.0039E-14}\right)^{0.207}\right]$	0.969	$P(N)=1-\exp\left[-\left(\frac{N}{1.2126E-19}\right)^{0.151}\right]$	0.967
0.7	$P(N)=1-\exp\left[-\left(\frac{N}{2.3139E-18}\right)^{0.158}\right]$	0.986	$P(N)=1-\exp\left[-\left(\frac{N}{1.2221E-12}\right)^{0.237}\right]$	0.965
0.8	$P(N)=1-\exp\left[-\left(\frac{N}{2.7475E-14}\right)^{0.204}\right]$	0.980	$P(N)=1-\exp\left[-\left(\frac{N}{1.1176E-14}\right)^{0.200}\right]$	0.945

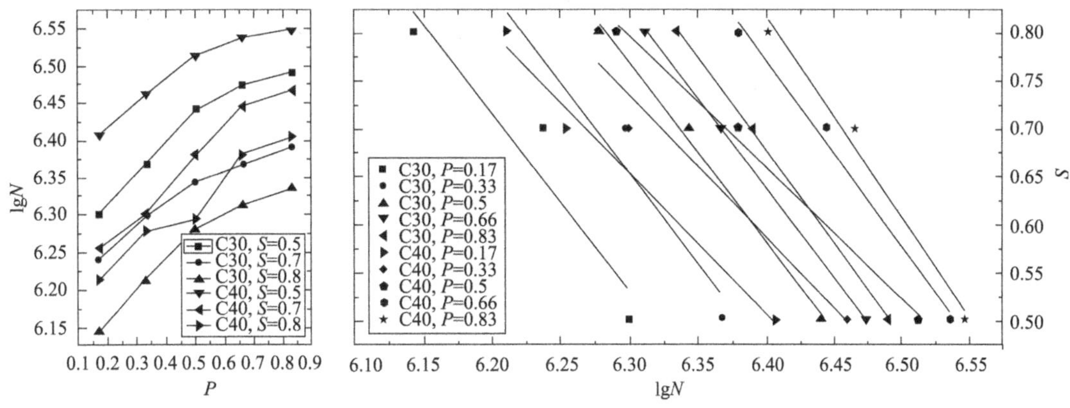

图6-13 荷载、低温和干燥作用下的混凝土 S-N-P 曲线

3)荷载、常温冻融和干湿作用下混凝土疲劳寿命方程

表6-16是针对荷载、常温冻融和干湿循环三场条件混凝土在不同失效概率下，根据最小二乘法拟合得到的混凝土疲劳寿命方程，其中单对数疲劳方程的相关系数在0.7257～0.9986之间，具有较高的预测精度，而双对数疲劳方程相对预测精度差一些，因此，选择单对数方程来进行混凝土疲劳寿命的预测。通过用威布尔分布函数对数据进行处理，得到不同荷载水平下描述概率与疲劳寿命之间的数学方程，结果见表6-17。线性相关系数在0.948以上，由此可知，荷载、常温冻融和干湿循环耦合条件下混凝土的疲劳寿命符合威布尔分布函数形式。在一定失效概率的基础上，评价荷载、常温冻融和干湿耦合条件下混凝土的荷载水平和疲劳寿命，绘制 S-N-P 曲线，见图6-14。

荷载、常温冻融和干湿循环作用下混凝土应力寿命疲劳方程　　表6-16

概率 P	等级	单对数方程		双对数方程	
		$S=a-b\lg N$	相关性	$\lg S=a-b\lg N$	相关性
0.17	C30	$S=8.7740-1.3338\lg N$	0.7257	$\lg S=5.2696-0.8972\lg N$	0.6470
	C40	$S=13.4740-2.0568\lg N$	0.9338	$\lg S=8.7101-1.4284\lg N$	0.9670
0.33	C30	$S=10.6068-1.6095\lg N$	0.9565	$\lg S=6.5950-1.0977\lg N$	0.9193
	C40	$S=9.4936-1.3994\lg N$	0.9900	$\lg S=5.9081-0.9659\lg N$	0.9994

续上表

概率 P	等级	单对数方程		双对数方程	
		$S=a-b\lg N$	相关性	$\lg S=a-b\lg N$	相关性
0.50	C30	$S=11.6587-1.7495\lg N$	0.9939	$\lg S=7.3962-1.2065\lg N$	1.0000
	C40	$S=9.1270-1.3259\lg N$	0.9911	$\lg S=5.6118-0.9083\lg N$	0.971
0.66	C30	$S=14.0779-2.1178\lg N$	0.9639	$\lg S=9.1047-1.4668\lg N$	0.9871
	C40	$S=9.5628-1.3862\lg N$	0.9911	$\lg S=5.9104-0.9496\lg N$	0.971
0.83	C30	$S=16.1053-2.4250\lg N$	0.9986	$\lg S=10.4461-1.6698\lg N$	0.9984
	C40	$S=9.8411-1.4246\lg N$	0.9961	$\lg S=6.1088-0.9772\lg N$	0.9808

荷载、常温冻融和干湿循环作用下混凝土概率寿命疲劳方程 表 6-17

荷载水平	C30 混凝土概率寿命方程	相关系数	C40 混凝土概率寿命方程	相关系数
0.5	$P(N)=1-\exp\left[-\left(\frac{N}{1.2711E-10}\right)^{0.285}\right]$	0.955	$P(N)=1-\exp\left[-\left(\frac{N}{5.5259E-12}\right)^{0.255}\right]$	0.948
0.7	$P(N)=1-\exp\left[-\left(\frac{N}{3.1237E-11}\right)^{0.264}\right]$	0.990	$P(N)=1-\exp\left[-\left(\frac{N}{3.0609E-12}\right)^{0.244}\right]$	0.966
0.8	$P(N)=1-\exp\left[-\left(\frac{N}{4.4473E-8}\right)^{0.377}\right]$	0.977	$P(N)=1-\exp\left[-\left(\frac{N}{5.2833E-16}\right)^{0.181}\right]$	0.987

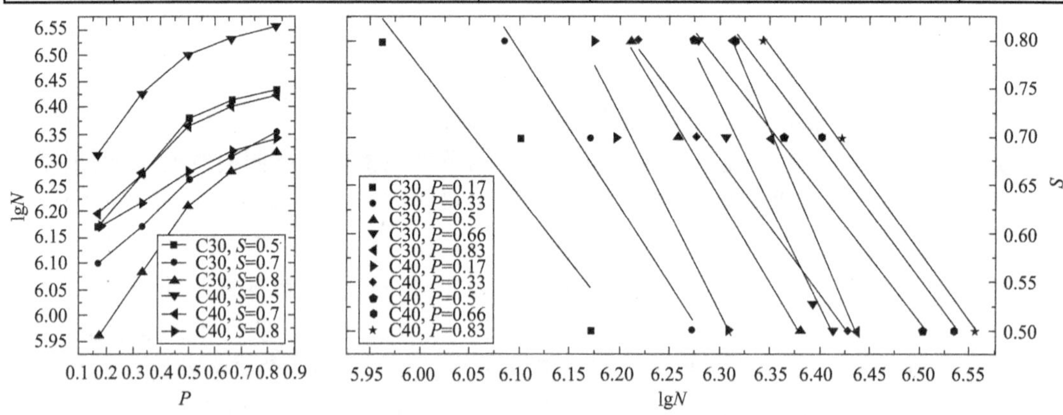

图 6-14 荷载、常温冻融和干湿循环作用下的混凝土 S-N-P 曲线

4)荷载、高温温差和干湿作用下混凝土疲劳寿命方程

表 6-18 是针对荷载、高温温差和干湿循环三场条件混凝土在不同失效概率下,根据最小二乘法拟合得到的混凝土疲劳寿命方程,相关系数在 0.8690 ~ 1.0000,具有较高的预测精度,其中采用单对数方程具有更高的预测精度,因此,选择单对数方程来进行该条件混凝土疲劳寿命的预测。通过用威布尔分布函数对数据进行分析,得到不同荷载水平下描述概率与疲劳寿命之间的数学方程,结果见表 6-19。线性相关系数在 0.963 以上,荷载、高温温差和干湿循环耦合条件下混凝土的疲劳寿命符合威布尔分布函数形式。在失效概率的基础上,评价荷载、高温温差和干湿耦合条件下混凝土的荷载水平和疲劳寿命,绘制 S-N-P 曲线,见图 6-15。

荷载、高温温差和干湿循环作用下混凝土应力寿命疲劳方程　　表 6-18

概率 P	等级	单对数方程		双对数方程	
		$S=a-b\lg N$	相关性	$\lg S=a-b\lg N$	相关性
0.17	C30	$S=16.2763-2.5178\lg N$	0.9642	$\lg S=10.4700-1.7185\lg N$	0.9299
	C40	$S=9.5621-1.4169\lg N$	0.9677	$\lg S=5.8896-0.9674\lg N$	0.9348
0.33	C30	$S=16.2611-2.4899\lg N$	0.9174	$\lg S=10.4174-1.6927\lg N$	0.8690
	C40	$S=10.5830-1.5632\lg N$	0.9476	$\lg S=6.5733-1.0652\lg N$	0.9075
0.50	C30	$S=15.3497-2.3239\lg N$	1.0000	$\lg S=9.9106-1.5977\lg N$	0.9938
	C40	$S=11.3863-1.6802\lg N$	0.9766	$\lg S=7.1429-1.1484\lg N$	0.9477
0.66	C30	$S=16.3993-2.4789\lg N$	0.9810	$\lg S=10.5757-1.6954\lg N$	0.9544
	C40	$S=11.5624-1.6992\lg N$	0.9967	$\lg S=7.2910-1.1657\lg N$	0.9822
0.83	C30	$S=16.7423-2.5259\lg N$	0.9938	$\lg S=10.8357-1.7315\lg N$	0.9760
	C40	$S=11.8904-1.7435\lg N$	0.9865	$\lg S=7.4985-1.1934\lg N$	0.9631

荷载、高温温差和干湿循环作用下混凝土概率寿命疲劳方程　　表 6-19

荷载水平	C30 混凝土概率寿命方程	相关系数	C40 混凝土概率寿命方程	相关系数
0.5	$P(N)=1-\exp\left[-\left(\frac{N}{2.0859E-16}\right)^{0.179}\right]$	0.963	$P(N)=1-\exp\left[-\left(\frac{N}{3.2603E-20}\right)^{0.146}\right]$	0.994
0.7	$P(N)=1-\exp\left[-\left(\frac{N}{1.9740E-17}\right)^{0.166}\right]$	0.979	$P(N)=1-\exp\left[-\left(\frac{N}{1.1127E-18}\right)^{0.156}\right]$	0.985
0.8	$P(N)=1-\exp\left[-\left(\frac{N}{3.3986E-16}\right)^{0.178}\right]$	0.980	$P(N)=1-\exp\left[-\left(\frac{N}{1.4755E-15}\right)^{0.187}\right]$	0.989

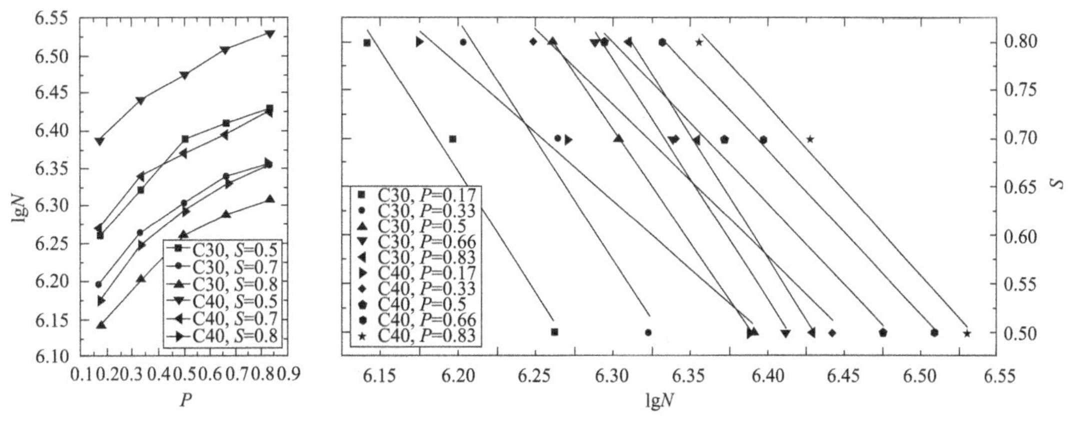

图 6-15　荷载、高温温差和干湿循环作用下的混凝土 S-N-P 曲线

6.3.2　基于氯离子渗透系数的混凝土疲劳寿命

除了混凝土承载能力以及抗冻性降低外，道路水泥混凝土耐久性劣化的另外一个主要因素是抗渗性的降低，尤其是氯盐环境中因抗渗性降低造成的钢筋锈蚀已经成为混凝土破坏的主要原因，严重威胁了水泥道路结构的使用寿命，因此基于氯离子渗透系数的混凝土使

用寿命预测研究已引起了工程技术人员的普遍重视。在目前考虑氯离子扩散渗透性能的混凝土寿命预测模型中，基于菲克第二定律的寿命预测模型应用比较普遍，该模型在求解时作出如下假设：混凝土是半无限均匀介质，不考虑氯离子与混凝土的结合量，以及模型中氯离子扩散系数为常数，通过推导得出氯离子浓度的一维扩散方程的数学公式(6-64)：

$$c_f = c_0 + (c_s - c_0)\left(1 - erf\frac{x}{2\sqrt{Dt}}\right) \tag{6-64}$$

式中：c_f——经历一段时间后的混凝土内部的氯离子浓度；

c_s——混凝土接触环境氯离子浓度；

c_0——混凝土内部初始氯离子浓度；

erf——误差函数；

t——时间；

x——距离表面距离。

由于上述模型中氯离子扩散系数为定值，而实际使用条件中的混凝土氯离子扩散系数是一个变量，因此针对不同的条件，通过对式(6-64)中的 D 值进行修正是目前进行混凝土寿命预测的主要方法。根据前面建立的多场条件下混凝土的氯离子渗透系数随耦合时间的变化方程来修正菲克第二定律中的 D，从而实现不同多场条件下道路水泥混凝土疲劳寿命的预测。

1）荷载、冻融和干湿循环作用下混凝土氯离子扩散模型

荷载、冻融循环和干湿循环作用下，混凝土的氯离子渗透系数要受到荷载疲劳次数、冻融循环次数以及干湿循环时间 3 个因素的共同影响，通过引入基于相对氯离子渗透系数的损伤方程，得到不同荷载水平与冻融循环、干湿三场耦合下混凝土的氯离子扩散模型，见式(6-65)～式(6-68)。

50% 荷载水平、冻融与干湿作用下 C30 混凝土：

$$c_f = c_0 + (c_s - c_0) \times \left(1 - erf\frac{x}{2\sqrt{\left\{1.9855 - \left[2.769 \cdot \left(\frac{n_h}{N_h} \cdot \frac{n_{DR}}{N_{DR}}\right)^2 + 0.557 \cdot \left(\frac{n_h}{N_h} \cdot \frac{n_{DR}}{N_{DR}}\right) + 1.201\right] \cdot 0.9819\left(\frac{t_{gs}}{6}\right)\right\} t}}\right) \tag{6-65}$$

50% 荷载水平、冻融与干湿作用下 C40 混凝土：

$$c_f = c_0 + (c_s - c_0) \times \left(1 - erf\frac{x}{2\sqrt{\left\{1.1951 - \left[3.283 \cdot \left(\frac{n_h}{N_h} \cdot \frac{n_{DR}}{N_{DR}}\right)^2 - 0.044 \cdot \left(\frac{n_h}{N_h} \cdot \frac{n_{DR}}{N_{DR}}\right) + 1.190\right] \cdot 0.8813\left(\frac{t_{gs}}{t_{max}}\right)\right\} t}}\right) \tag{6-66}$$

80% 荷载水平、冻融与干湿作用下 C30 混凝土：

$$c_f = c_0 + (c_s - c_0) \times \left(1 - erf\frac{x}{2\sqrt{\left\{1.9450 - \left[6.085 \cdot \left(\frac{n_h}{N_h} \cdot \frac{n_{DR}}{N_{DR}}\right)^2 + 1.604 \cdot \left(\frac{n_h}{N_h} \cdot \frac{n_{DR}}{N_{DR}}\right) + 1.206\right] \cdot 0.7117\left(\frac{t_{gs}}{t_{max}}\right)\right\} t}}\right) \tag{6-67}$$

80% 荷载水平、冻融与干湿作用下 C40 混凝土：

$$c_f = c_0 + (c_s - c_0) \times \left(1 - erf\frac{x}{2\sqrt{\left\{1.7059 - \left[4.965 \cdot \left(\frac{n_h}{N_h} \cdot \frac{n_{DR}}{N_{DR}}\right)^2 + 2.087 \cdot \left(\frac{n_h}{N_h} \cdot \frac{n_{DR}}{N_{DR}}\right) + 1.191\right] \cdot 0.6786\left(\frac{t_{gs}}{t_{max}}\right)\right\} t}}\right) \tag{6-68}$$

2）荷载、低温和干燥环境作用下混凝土氯离子扩散模型

荷载、低温和干燥作用下，混凝土的氯离子渗透系数要受到荷载疲劳次数、低温时间以及干燥时间 3 个因素的共同影响，引入基于相对氯离子渗透系数的损伤方程，可以得到不同荷载水平与低温、干燥三场耦合下混凝土的氯离子扩散模型，见式(6-69)～式(6-72)。

50% 荷载水平、低温与干燥作用下 C30 混凝土：

$$c_f = c_0 + (c_s - c_0) \times \left(1 - erf\frac{x}{2\sqrt{1.2728 - \left\{\left[-1.828 \cdot \left(\frac{n_h}{N_h} \cdot \frac{t_L}{t_{Lmax}}\right)^2 + 4.258 \cdot \left(\frac{n_h}{N_h} \cdot \frac{t_L}{t_{Lmax}}\right) + 0.930\right] \cdot 0.8775\left(\frac{t_g}{t_{max}}\right)\right\} t}}\right) \tag{6-69}$$

50% 荷载水平、低温与干燥作用下 C40 混凝土：

$$c_f = c_0 + (c_s - c_0) \times \left(1 - erf\frac{x}{2\sqrt{1.3333 - \left\{\left[-1.953 \cdot \left(\frac{n_h}{N_h} \cdot \frac{t_L}{t_{Lmax}}\right)^2 + 4.694 \cdot \left(\frac{n_h}{N_h} \cdot \frac{t_L}{t_{Lmax}}\right) + 0.849\right] \cdot 0.7998\left(\frac{t_g}{t_{max}}\right)\right\} t}}\right) \tag{6-70}$$

80% 荷载水平、低温与干燥作用下 C30 混凝土：

$$c_f = c_0 + (c_s - c_0) \times \left(1 - erf\frac{x}{2\sqrt{1.4815 - \left\{\left[0.553 \cdot \left(\frac{n_h}{N_h} \cdot \frac{t_L}{t_{Lmax}}\right)^2 + 3.844 \cdot \left(\frac{n_h}{N_h} \cdot \frac{t_L}{t_{Lmax}}\right) + 1.004\right] \cdot 0.8797\left(\frac{t_g}{t_{max}}\right)\right\} t}}\right) \tag{6-71}$$

80% 荷载水平、低温与干燥作用下 C40 混凝土：

$$c_f = c_0 + (c_s - c_0) \times \left(1 - erf\frac{x}{2\sqrt{1.3015 - \left\{\left[0.240 \cdot \left(\frac{n_h}{N_h} \cdot \frac{t_L}{t_{Lmax}}\right)^2 + 4.656 \cdot \left(\frac{n_h}{N_h} \cdot \frac{t_L}{t_{Lmax}}\right) + 0.864\right] \cdot 0.8415\left(\frac{t_g}{t_{max}}\right)\right\} t}}\right) \tag{6-72}$$

3）荷载、常温冻融和干湿循环作用下混凝土氯离子扩散模型

荷载、常温冻融和干湿循环作用下，混凝土的氯离子渗透系数要受到荷载疲劳次数、常温冻融循环次数以及干湿时间 3 个因素的共同影响，通过引入基于相对氯离子渗透系数的损伤方程，可以得到不同荷载水平与常温冻融、干湿循环作用下混凝土的氯离子扩散模型，

见式(6-73)～式(6-76)。

50%荷载水平、常温冻融与干湿作用下C30混凝土：

$$c_f = c_0 + (c_s - c_0) \times \left(1 - erf\frac{x}{2\sqrt{1.3826 - \left\{\left[0.008 \cdot \left(\frac{n_h}{N_h} \cdot \frac{n_{DR}}{N_{DR}}\right)^2 + 2.151 \cdot \left(\frac{n_h}{N_h} \cdot \frac{n_{DR}}{N_{DR}}\right) + 1.148\right] \cdot 0.8072\left(\frac{t_{gs}}{t_{max}}\right)\right\} t}}\right) \tag{6-73}$$

50%荷载水平、常温冻融与干湿作用下C40混凝土：

$$c_f = c_0 + (c_s - c_0) \times \left(1 - erf\frac{x}{2\sqrt{1.2657 - \left\{\left[0.704 \cdot \left(\frac{n_h}{N_h} \cdot \frac{n_{DR}}{N_{DR}}\right)^2 + 1.442 \cdot \left(\frac{n_h}{N_h} \cdot \frac{n_{DR}}{N_{DR}}\right) + 1.161\right] \cdot 0.7371\left(\frac{t_{gs}}{t_{max}}\right)\right\} t}}\right) \tag{6-74}$$

80%荷载水平、常温冻融与干湿作用下C30混凝土：

$$c_f = c_0 + (c_s - c_0) \times \left(1 - erf\frac{x}{2\sqrt{\left\{\left[2.076 \cdot \left(\frac{n_h}{N_h} \cdot \frac{n_{DR}}{N_{DR}}\right)^2 - 5.358 \cdot \left(\frac{n_h}{N_h} \cdot \frac{n_{DR}}{N_{DR}}\right) - 1.150\right] \cdot 0.8489\left(\frac{t_{gs}}{t_{max}}\right) + 1.6111\right\} t}}\right) \tag{6-75}$$

80%荷载水平、常温冻融与干湿作用下C40混凝土：

$$c_f = c_0 + (c_s - c_0) \times \left(1 - erf\frac{x}{2\sqrt{\left\{\left[2.59 \cdot \left(\frac{n_h}{N_h} \cdot \frac{n_{DR}}{N_{DR}}\right)^2 - 5.666 \cdot \left(\frac{n_h}{N_h} \cdot \frac{n_{DR}}{N_{DR}}\right) - 1.158\right] \cdot 0.7888\left(\frac{t_{gs}}{t_{max}}\right) + 1.4564\right\} t}}\right) \tag{6-76}$$

4)荷载、高温温差和干湿循环作用下混凝土氯离子扩散模型

荷载、高温温差和干湿循环条件下,混凝土的氯离子渗透系数要受到荷载疲劳次数、高温温差以及干湿时间3个因素的共同影响,引入基于相对氯离子渗透系数的损伤方程,可以得到不同荷载水平与高温温差、干湿循环三场耦合下混凝土的氯离子扩散模型,见式(6-77)～式(6-80)。

50%荷载水平、高温温差与干湿作用下C30混凝土：

$$c_f = c_0 + (c_s - c_0) \times \left(1 - erf\frac{x}{2\sqrt{\left\{1.6309 - \left[-2.911 \cdot \left(\frac{n_h}{N_h} \cdot \frac{t_H}{t_{Hmax}}\right)^2 + 6.310 \cdot \left(\frac{n_h}{N_h} \cdot \frac{t_H}{t_{Hmax}}\right) + 1.171\right] \cdot 1.1817\left(\frac{t_{gs}}{t_{Gmax}}\right)\right\} t}}\right) \tag{6-77}$$

50%荷载水平、高温温差与干湿作用下C40混凝土：

$$c_f = c_0 + (c_s - c_0) \times \left(1 - erf\frac{x}{2\sqrt{\left\{1.4733 - \left[-2.308 \cdot \left(\frac{n_h}{N_h} \cdot \frac{t_H}{t_{Hmax}}\right)^2 + 6.043 \cdot \left(\frac{n_h}{N_h} \cdot \frac{t_H}{t_{Hmax}}\right) + 1.106\right] \cdot 1.1057\left(\frac{t_{gs}}{t_{Gmax}}\right)\right\} t}}\right) \tag{6-78}$$

80%荷载水平、高温温差与干湿作用下 C30 混凝土：

$$c_f = c_0 + (c_s - c_0) \times \left(1 - erf\frac{x}{2\sqrt{\left\{2.0548 - \left[-1.548 \cdot \left(\frac{n_h}{N_h} \cdot \frac{t_H}{t_{Hmax}}\right)^2 + 5.655 \cdot \left(\frac{n_h}{N_h} \cdot \frac{t_H}{t_{Hmax}}\right) + 1.359\right] \cdot 0.8192\left(\frac{t_{gs}}{t_{Gmax}}\right)\right\} t}}\right) \tag{6-79}$$

80%荷载水平、高温温差与干湿作用下 C40 混凝土：

$$c_f = c_0 + (c_s - c_0) \times \left(1 - erf\frac{x}{2\sqrt{\left\{1.8995 - \left[-1.916 \cdot \left(\frac{n_h}{N_h} \cdot \frac{t_H}{t_{Hmax}}\right)^2 + 6.330 \cdot \left(\frac{n_h}{N_h} \cdot \frac{t_H}{t_{Hmax}}\right) + 1.328\right] \cdot 0.7461\left(\frac{t_{gs}}{t_{Gmax}}\right)\right\} t}}\right) \tag{6-80}$$

6.3.3　基于超声波无损检测指标的混凝土疲劳寿命

在道路实际运营过程中，道路水泥混凝土与基层、垫层以及地基构成了整体结构物，对道路材料性能进行评价时，通常采用钻芯取样的方法，虽然这种评价方法直观、可靠、准确，但钻芯取样仍然会对道路造成局部损伤。随着技术的发展，无损检测技术为混凝土在非破损条件下的性能评价提供了现代化的表征手段，20 世纪 30 年代出现的混凝土无损监测方法在近些年来得到了迅速的发展，先后出现了压痕法、射击法、回弹法、超声脉冲法、超声回弹法、脉冲回波法、声发射法、红外法、射线法以及雷达法等多种检测方法。其中超声检测技术发展尤为迅速，作为一种比较成熟的无损检测技术已被应用到建筑、水利工程、交通等各类工程领域中，并在许多国家编入标准规范中，例如美国的《混凝土超声脉冲速度的标准试验方法》(ASTM C597—2016)以及我国的《超声法检测混凝土缺陷技术规程》(CECS 21:2000)等。

1949 年，Leslie 和 Cheesman 首次将超声脉冲检测技术用于混凝土结构的检测，随着测试技术的发展，超声波无损检测技术在混凝土质量评价中得到了普遍推广和应用，是目前国内唯一在规范中引入的混凝土缺陷无损检测法，它根据超声脉冲波在混凝土中传播的速度、振幅和频率等声学参数的变化来反映混凝土的质量。近年来，许多文献研究成果表明超声波波速与混凝土性能之间具有很好的相关性，郝恩海在超声波检测的基础上，建立了 C20～C40 之间 4 种强度等级混凝土的抗压强度、弹性模量与超声波速度之间的二次函数关系；朱劲松针对双轴抗压疲劳荷载作用下混凝土超声波速变化规律进行了研究，指出波速随着荷载循环次数的增加明显衰减，并建立了基于超声波速的混凝土疲劳累计损伤演化方程;孙丛涛研究了经历不同冻融循环次数后混凝土动弹性模量与超声声速的关系,指出动弹性模量与声速的3.72次方成比例。混凝土的疲劳通常表现为强度以及弹性模量的降低,由此可见,针对不同的研究目的,采用超声波声速参数来定量化评价混凝土经历疲劳后的寿命具有可行性。

采用武汉岩海RS-ST01C非金属声波检测仪来监测多场耦合条件下混凝土内部结构的损伤情况,选择道路水泥混凝土性能评价的主要指标——抗弯拉强度作为寿命预测的指标,建立超声波波速与混凝土疲劳寿命之间的关系模型。试验采用对测法进行,分别将两个平面纵波换能器置于样品试件的两个正对端面,用黄油作耦合剂进行测量,测量时参数选择为发射电压500V、采样间隔1.1μs连发采样方式,测试精度为0.1,测试设备及方法见图6-16,通过记录声时值t(声时值=延迟时间+波形区域内时间-系统声时),如图6-17所示,以及使用螺旋测微计测得的测试点间距离L,根据公式(6-81)计算每一测点的超声波波速,利用多点平均并消除异常点的方法得到最终样品的超声波波速v(km/s)。

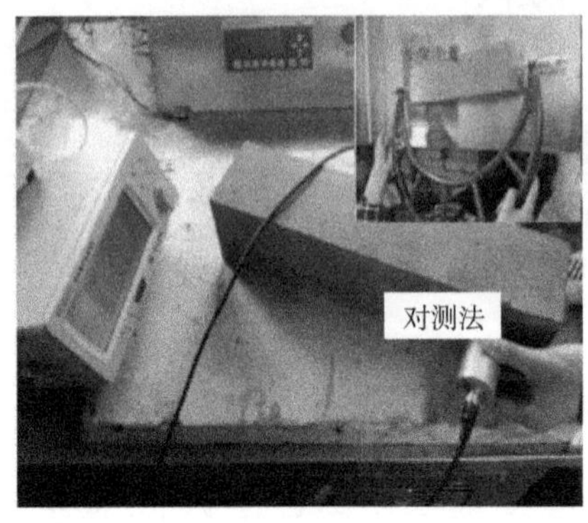

图6-16　超声波对测法混凝土缺陷检测

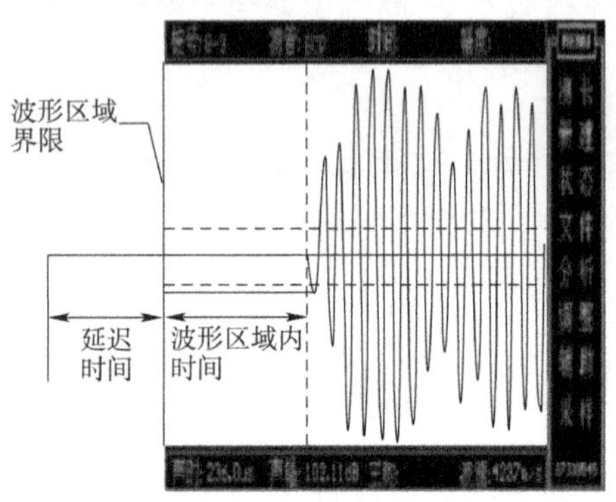

图6-17　样品声时采集

$$v = \frac{L}{t} \tag{6-81}$$

1)荷载、冻融和干湿循环作用下混凝土超声波波速与剩余抗弯拉强度关系

图6-18是不同荷载荷载水平与冻融循环和干湿环境作用不同时间时,混凝土剩余抗弯拉强度降低过程中超声波波速的变化曲线。不同荷载水平与冻融和干湿循环耦合作用下,混凝土疲劳破坏时,C30混凝土超声波波速分别为1.201km/s(50%荷载水平)和1.231km/s(80%荷载水平),C40混凝土超声波波速分别为1.225km/s(50%荷载水平)和1.289km/s(80%荷载水平)。整个变化过程可以分成两个阶段,在每一阶段内,可以用线性模型来描述强度与超声波波速的关系,相关系数在0.7823~0.9995,且剩余抗弯拉强度与超声波波速是正比关系。两段式模型的分段点是荷载作用次数14.4万次,对于50%荷载水平、冻融与干湿三场耦合作用时为疲劳寿命的6.32%(C30混凝土)和5.03%(C40混凝土),对于80%荷载水平、冻融与干湿三场耦合作用时为疲劳寿命的10.79%(C30混凝土)和8.87%(C40混凝土)。通过最小二乘法对两阶段进行拟合,得到相应的数学方程见式(6-82)~式(6-85),可见第一阶段混凝土强度降低速度要比第二阶段小,即经过损伤后的混凝土劣化速度明显加快,因此可以将整个过程分为强度小幅降低期和加速降低期。当荷载荷载水平越高时,超声波速度对剩余抗弯拉强度降低越不敏感,分段点占混凝土疲劳寿命的比例也越大。

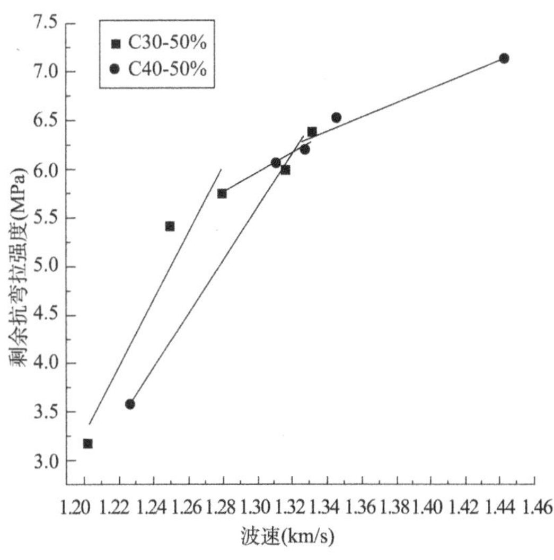

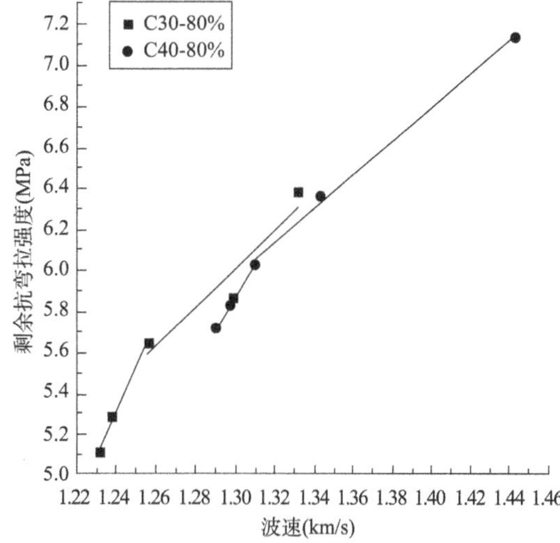

图 6-18 荷载、冻融和干湿循环作用下剩余抗弯拉强度与超声波波速的关系

50% 荷载水平 C30 混凝土：

$$\sigma_f = \begin{cases} -8.1185 + 10.8322v & (R^2 = 0.7823) \quad (0 < n < 14.4) \\ -38.2201 + 34.6204v & (R^2 = 0.8528) \quad (n > 14.4) \end{cases} \tag{6-82}$$

50% 荷载水平 C40 混凝土：

$$\sigma_f = \begin{cases} -3.5435 + 7.4205v & (R^2 = 0.9177) \quad (0 < n < 14.4) \\ -29.6605 + 27.1462v & (R^2 = 0.9824) \quad (n > 14.4) \end{cases} \tag{6-83}$$

80% 荷载水平 C40 混凝土：

$$\sigma_f = \begin{cases} -6.3507 + 9.5088v & (R^2 = 0.8188) \quad (0 < n < 14.4) \\ -21.7061 + 21.7948v & (R^2 = 0.9854) \quad (n > 14.4) \end{cases} \tag{6-84}$$

80% 荷载水平 C40 混凝土：

$$\sigma_f = \begin{cases} -4.7851 + 8.2764v & (R^2 = 0.9928) \quad (0 < n < 14.4) \\ -14.0842 + 15.3592v & (R^2 = 0.9995) \quad (n > 14.4) \end{cases} \tag{6-85}$$

2）荷载、低温和干燥作用下混凝土超声波波速与剩余抗弯拉强度关系

图 6-19 是不同荷载荷载水平与低温和干燥环境三场耦合作用不同时间时，混凝土、剩余抗弯拉强度随超声波波速的变化曲线。不同荷载水平与低温、干燥耦合作用下，混凝土疲劳破坏时，C30 混凝土超声波波速分别为 1.205km/s（50% 荷载水平）和 1.228km/s（80% 荷载水平），C40 混凝土超声波波速分别为 1.232km/s（50% 荷载水平）和 1.266km/s（80% 荷载水平）。整个变化过程可以用两段式正比例线性函数描述，在每一阶段内，剩余抗弯拉强度与超声波波速的线性相关系数在 0.7977 ~ 0.9951。两段式模型分段点为荷载作用次数 14.4 万次，对于 50% 荷载水平、低温与干燥作用时为疲劳寿命的 5.49%（C30 混凝土）和 4.60%（C40 混凝土），对于 80% 荷载水平、冻融与干湿作用时为疲劳寿命的 7.90%（C30 混凝土）和 6.92%（C40 混凝土）。通过最小二乘法处理得到相应的数学方程见式(6-86) ~ 式(6-89)，其中第一阶段混凝土强度降低速度要比第二阶段小，即后期混凝土的劣化速度加快。荷载荷载水平

越高时，超声波速度对强度降低越不敏感，分段点占混凝土疲劳寿命的比例越大。

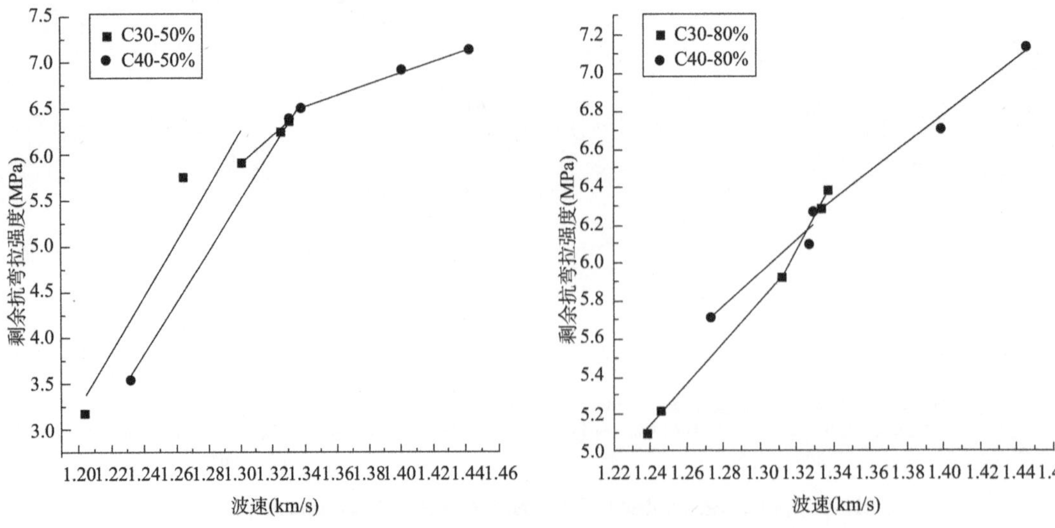

图 6-19　荷载、低温和干燥作用下剩余抗弯拉强度与超声波波速的关系

50% 荷载水平 C30 混凝土：

$$\sigma_f = \begin{cases} -13.5097 + 14.9190v & (R^2 = 0.9553) \quad (0 < n < 14.4) \\ -32.2990 + 29.6229v & (R^2 = 0.7977) \quad (n > 14.4) \end{cases} \tag{6-86}$$

50% 荷载水平 C40 混凝土：

$$\sigma_f = \begin{cases} -1.6385 + 6.0955v & (R^2 = 0.9948) \quad (0 < n < 14.4) \\ -30.9965 + 28.0593v & (R^2 = 0.9989) \quad (n > 14.4) \end{cases} \tag{6-87}$$

80% 荷载水平 C40 混凝土：

$$\sigma_f = \begin{cases} -7.8973 + 10.5997v & (R^2 = 0.9951) \quad (0 < n < 14.4) \\ -15.7166 + 16.5934v & (R^2 = 0.9766) \quad (n > 14.4) \end{cases} \tag{6-88}$$

80% 荷载水平 C40 混凝土：

$$\sigma_f = \begin{cases} -3.2172 + 7.1600v & (R^2 = 0.9951) \quad (0 < n < 14.4) \\ -5.2742 + 8.6756v & (R^2 = 0.8574) \quad (n > 14.4) \end{cases} \tag{6-89}$$

3）荷载、常温冻融和干湿循环作用下混凝土超声波波速与剩余抗弯拉强度关系

图 6-20 是荷载、常温冻融循环和干湿环境作用不同时间时，混凝土剩余抗弯拉强度与超声波波速的关系。不同荷载水平作用下，混凝土疲劳破坏时，C30 混凝土超声波波速分别为 1.207km/s（50% 荷载水平）和 1.230km/s（80% 荷载水平），C40 混凝土超声波波速分别为 1.226km/s（50% 荷载水平）和 1.273km/s（80% 荷载水平）。整个变化过程可以用两个阶段线性模型来描述剩余抗弯拉强度与超声波速的关系，相关系数在 0.7224 ~ 0.9930，剩余抗弯拉强度与超声波波速是正比例关系。两段式模型分段点是荷载作用次数 14.4 万次，对于 50% 荷载水平、常温冻融与干湿三场耦合时占疲劳寿命的 6.01%（C30 混凝土）和 4.82%（C40 混凝土），对于 80% 荷载水平、常温冻融与干湿三场耦合时为疲劳寿命的 9.34%（C30 混凝土）和 7.74%（C40 混凝土）。最小二乘法对两个阶段进行拟合得到具体的数学方程见式

(6-90)~式(6-93),其中第二阶段混凝土强度降低速度明显加快,因此可以将整个过程划分为强度小幅降低期和加速降低期。荷载荷载水平越高时,超声波速度对强度的降低越不敏感,分段点占混凝土疲劳寿命的比例越大。

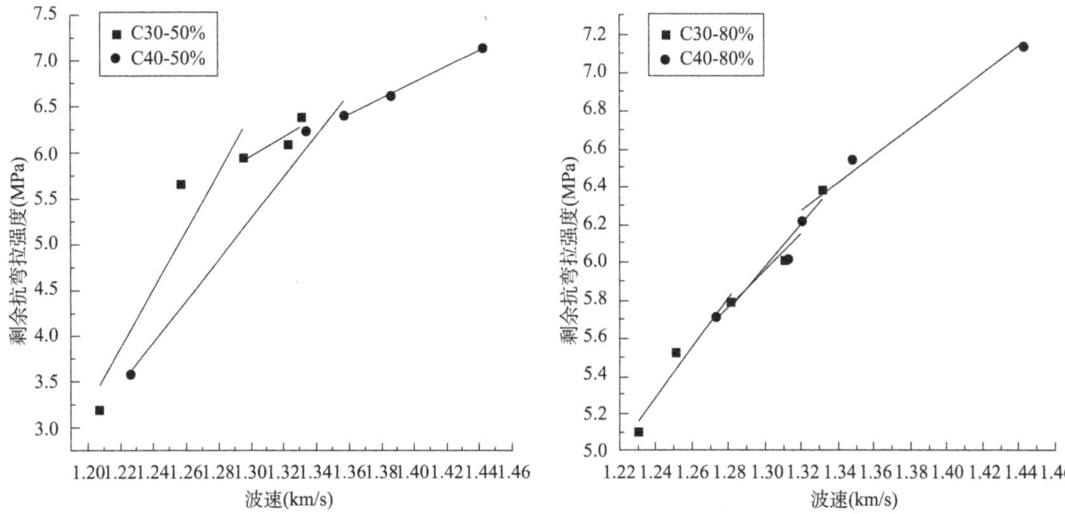

图6-20 荷载、常温冻融和干湿作用下剩余抗弯拉强度与超声波波速的关系

50%荷载水平C30混凝土:

$$\sigma_f = \begin{cases} -7.9467 + 10.6937v & (R^2 = 0.7224) \quad (0 < n < 14.4) \\ -34.8645 + 31.7509v & (R^2 = 0.7521) \quad (n > 14.4) \end{cases} \tag{6-90}$$

50%荷载水平C40混凝土:

$$\sigma_f = \begin{cases} -5.3885 + 8.6823v & (R^2 = 0.9930) \quad (0 < n < 14.4) \\ -24.1073 + 22.6020v & (R^2 = 0.9765) \quad (n > 14.4) \end{cases} \tag{6-91}$$

80%荷载水平C30混凝土:

$$\sigma_f = \begin{cases} -9.0286 + 11.5415v & (R^2 = 0.8889) \quad (0 < n < 14.4) \\ -11.0319 + 13.1461v & (R^2 = 0.9014) \quad (n > 14.4) \end{cases} \tag{6-92}$$

80%荷载水平C40混凝土:

$$\sigma_f = \begin{cases} -3.3833 + 7.3090v & (R^2 = 0.9628) \quad (0 < n < 14.4) \\ -6.5892 + 9.6541v & (R^2 = 0.8768) \quad (n > 14.4) \end{cases} \tag{6-93}$$

4)荷载、高温温差和干湿循环作用下混凝土超声波波速与剩余抗弯拉强度关系

图6-21是不同荷载荷载水平与高温温差和干湿环境作用不同时间时,超声波波速随混凝土剩余抗弯拉强度降低的变化曲线。不同荷载水平作用下,混凝土疲劳破坏时,C30混凝土超声波波速分别为1.209km/s(50%荷载水平)和1.238km/s(80%荷载水平),C40混凝土超声波波速分别为1.228km/s(50%荷载水平)和1.266km/s(80%荷载水平)。整个变化过程可以用两个阶段线性函数描述,剩余抗弯拉强度与超声波波速满足正比例变化关系,相关系数在0.7939~0.9986。两段式模型的分段点同样为荷载作用次数14.4万次,对于50%荷载水平时为疲劳寿命的5.86%(C30混凝土)和4.86%(C40混凝土),对于80%荷载水平时

为疲劳寿命的 8.19%(C30 混凝土)和 7.46%(C40 混凝土)。经过最小二乘法对两段进行拟合,得到数学方程见式(6-94)~式(6-97),50% 荷载水平作用下,第一阶段混凝土强度降低速度要比第二阶段小,可以将整个过程分为强度小幅降低期和加速降低期;80% 荷载水平作用下,线性方程斜率变化波动不大,表明整个过程降低速度变化不是很明显。当荷载荷载水平越高时,超声波速度对强度降低越不敏感,而分段点占混凝土疲劳寿命的比例也越大。

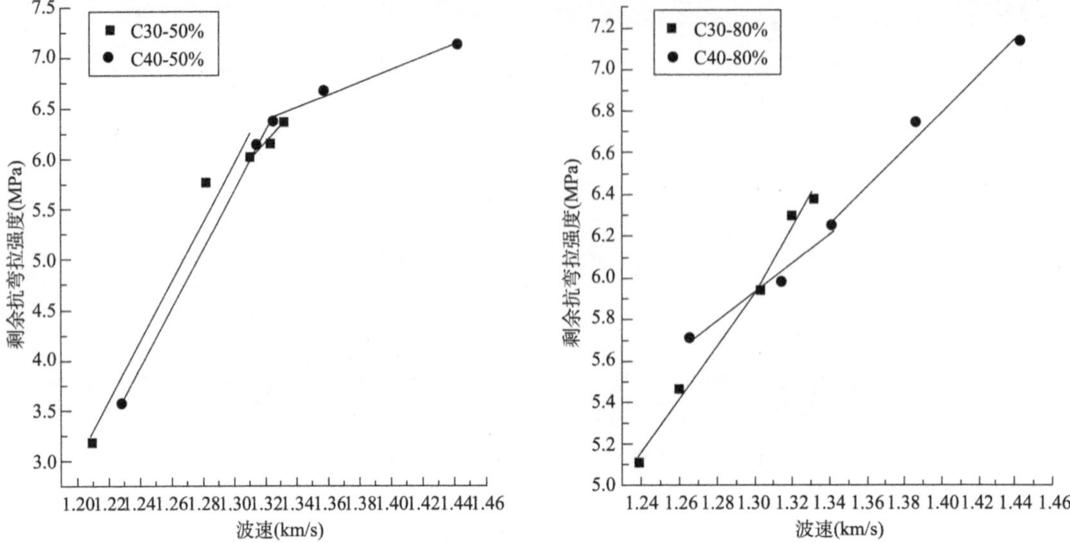

图 6-21 荷载、高温温差和干湿作用下剩余抗弯拉强度与超声波波速的关系

50% 荷载水平 C30 混凝土:

$$\sigma_f = \begin{cases} -15.4632 + 16.3798v & (R^2 = 0.7939) \quad (0 < n < 14.4) \\ -32.3443 + 29.4667v & (R^2 = 0.9296) \quad (n > 14.4) \end{cases} \tag{6-94}$$

50% 荷载水平 C40 混凝土:

$$\sigma_f = \begin{cases} -1.9868 + 6.3410v & (R^2 = 0.7939) \quad (0 < n < 14.4) \\ -32.2943 + 29.2095v & (R^2 = 0.9986) \quad (n > 14.4) \end{cases} \tag{6-95}$$

80% 荷载水平 C30 混凝土:

$$\sigma_f = \begin{cases} -15.1197 + 16.1809v & (R^2 = 0.8969) \quad (0 < n < 14.4) \\ -10.3633 + 12.5274v & (R^2 = 0.9664) \quad (n > 14.4) \end{cases} \tag{6-96}$$

80% 荷载水平 C40 混凝土:

$$\sigma_f = \begin{cases} -5.5521 + 8.8216v & (R^2 = 0.9676) \quad (0 < n < 14.4) \\ -3.0214 + 6.8841v & (R^2 = 0.9442) \quad (n > 14.4) \end{cases} \tag{6-97}$$

参 考 文 献

[1] 尚任杰,赵国藩,黄承逵.低周循环荷载作用下混凝土轴向拉伸全曲线的试验研究[J].水利学报,1996,7:82-87.

[2] 李永强,车惠民.在等幅重复应力作用下混凝土弯曲疲劳性能研究[J].铁道学报,1999,21(2):76-79.

[3] 冯秀峰,宋玉普,朱美春.随机变幅疲劳荷载下预应力混凝土梁疲劳寿命的试验研究[J].土木工程学报,2006,39(9):32-38.

[4] 李永强,车惠民.混凝土弯曲疲劳累积损伤性能研究[J].中国铁道学报,1998,19(2):52-59.

[5] 张永利.重载作用下高抗折强度水泥混凝土设计方法[D].西安:长安大学,2006.

[6] 高维成.水泥混凝土路面疲劳特性研究[D].西安:长安大学,2000.

[7] 万小梅.力学荷载及环境复合因素作用下混凝土结构劣化机理研究[D].西安:西安建筑科技大学,2011.

[8] 谈至明,姚祖康.水泥混凝土路面疲劳温度应力的计算[J].中国公路学报,1994,1(1):1-7.

[9] 姬鸿云.低温下混凝土力学性能的试验研究[D].西安:西北农林科技大学,2003.

[10] 王传星,谢剑,李会杰.低温环境下混凝土性能的试验研究[J].工程力学,2011,28(Ⅱ):182-186.

[11] 杜守继,职洪涛.经历高温后花岗岩与混凝土力学性质的试验研究[J].岩土工程学报,2004,26(4):482-485.

[12] 覃丽坤,宋玉普,王玉杰,等.高温对混凝土力学性能影响的试验研究[J].混凝土,2004,5:9-11.

[13] 徐彧,徐志胜,朱玛.高温作用后混凝土强度与变形试验研究[J].长沙铁道学院学报,2000,18(2):14-21.

[14] Harun Tanyildizi,Ahmet Coskun. The effect of high temperature on compressive strength and splitting tensile strength of structural lightweight concrete containing fly ash[J]. Construction and Building Materials,2008,22(11):2269-2275.

[15] Neville A M,DIlger W H,Brooks J J. Creep of Plain and structural concrete[M]. London. And New York:Construction Press,1983.

[16] F. Dlydon. Effect of coarse aggregate and water/cement ratio on intrinsic permeability of concrete subject drying[J]. Cement and Concrete Research,1995,25(8):1737-1746.

[17] 余红发,孙伟,鄢良慧,等.盐湖地区干燥气候和碳化作用对混凝土强度和耐久性的影响[J].混凝土,2003,10:28-31.

[18] Alvaredo A M, Wittmann F H. Shrinkage and crack of common concrete and high durability concrete [A]. High performance concrete material properties and design. 1997, 44-53.
[19] 李政. 环境湿度对混凝土徐变影响研究[D]. 北京:北京交通大学,2008.
[20] 高慧,翁宁泉,孙刚,等. 我国不同区域高空温度和相对湿度的分布特征[J]. 大气与环境光学学报,2012,7(2):101-107.
[21] 周胜波. 影响路面水泥混凝土耐久性能的湿度环境分类研究[J]. 四川建筑科学研究,2016,42(03):28-31.
[22] J. M. Khatib, P. S. Mangat. Influence of high-temperature and low-humidity curing on chloride penetration in blended cement concrete[J]. Cement and Concrete research, 2002, 32 (11):1743-1753.
[23] 杨淑雁,张强,万惠文. 引气高性能混凝土显微结构研究[J]. 武汉理工大学学报,2008, 30(9):16-18,23.
[24] 陈伟,田亚坡,周紫晨. 粉煤灰混凝土抗碳化性能及显微硬度分析[J]. 武汉理工大学学报,2009,31(11):48-51.
[25] 李志强,周宗辉,徐东宇. 基于超声波技术的混凝土无损检测[J]. 水泥工程,2010,3: 72-75.
[26] 林跃忠,王铁成,张洪波. 超声波在海水侵蚀混凝土强度检测中的应用研究[A]. 第14届全国结构工程学术会议论文集(第二册),2005:78-81.
[27] 闫国亮,赵庆新. 含水率对受损混凝土超声波波速的影响[J]. 无损检测,2009,31(1): 48-49.
[28] 建筑工程部建筑科学研究院建材室物化组. 关于活化矿渣混凝土抗渗性与孔结构关系的初步探讨[J]. 硅酸盐学报,1966,5(1):42-46.
[29] 周立霞,王起才,张粉芹. 矿物掺合料和孔结构对混凝土抗渗性的影响[J]. 水力发电学报,2010,29(3):196-201.
[30] 张伟潼,江守恒,王洪生. 孔结构与混凝土抗渗性的关系[J]. 低温建筑技术,2012,5: 17-18.
[31] Powers T. C. Helmuth R. A. Theory of volume changes in hardened Portland anent paste during freezing[J]. Proceedings of the Highway Research Board, 1956(32):285-297.
[32] 胡泽清,邹一宝,马芳. 用气泡参数判定混凝土抗冻耐久性的探讨[J]. 粉煤灰,2009 (3):3-5.
[33] 严捍东,孙伟,李钢. 大掺量粉煤灰水工混凝土的气泡参数和抗冻性研究[J]. 工业建筑,2005,31(8):46-49.
[34] ASTM C 457-06. Standard Test Method forMicroscopical Determination of Parameters of the. Air-Void System in Hardened Concrete[S]. ACI 201. 28. Guide to Durable Concrete, 2008.
[35] 李国强,邓学钧. 水泥混凝土微裂纹演化的混沌分析[J]. 重庆交通学院学报,1996,15 (1):22-26.
[36] 谢和平,鞠杨. 混凝土微细观损伤断裂的分形行为[J]. 煤炭学报,1997,22(6):586-590.
[37] 赵爱红,虞吉林. 准脆性材料的细观损伤演化模型[J]. 清华大学学报(自然科学),

2000,40(5):88-91.

[38] Peter Grassl,Hong S. Wong,Nick R. Buenfeld. Influence of aggregate size and volume fraction on shrinkage induced micro-cracking of concrete and mortar[J]. Cement and Concrete Research,2010,40(1):85-93.

[39] 李曙光,陈改新,鲁一晖. 基于微裂纹定量分析的混凝土冻融损伤评价方法[J]. 水力发电学报,2013,32(3):207-212.

[40] Andrzej Cwirzen,Vesa Penttala. Aggregate-cement paste transition zone properties affecting the salt-frost damage of high-performance concretes[J]. Cement and Concrete Research, 2005,35(4):671-679.

[41] AndreasLeemann,Beat Münch,Philippe Gasser,Lorenz Holzer. Influence of compaction on the interfacial transition zone and the permeability of concrete[J]. Cement and Concrete Research,2006,36(8):1425-1433.

[42] 张雄,黄廷皓,张永娟. Image-pro Plus 混凝土孔结构图像分析方法[A]. 2013 年混凝土与水泥制品学术讨论会论文集,2013,7:171-179.

[43] Milica M. Vlahović,Maja M. Savić,etal. Use of image analysis for durability testing of sulfur. concrete and Portland cement concrete[J]. Materials & Design,2012,34:346-354.

[44] 过镇海,张秀琴,张达成,等. 混凝土应力—应变全曲线的试验研究[J]. 建筑结构学报,1982,1:1-12.

[45] 李永强,车惠民. 混凝土弯曲疲劳累积损伤性能研究[J]. 中国铁道学报,1998,19(2):52-59.

[46] 邹超英,赵娟,梁锋,等. 冻融环境下混凝土应力—应变关系的试验研究[J]. 哈尔滨工业大学学报,2007,39(2):229-231.

[47] Abid Nadeem,Shazim Ali Memon,Tommy Yiu Lo. ualitative and quantitative analysis and identification of flaws in the microstructure of fly ash and metakaolin blended high performance concrete after exposure to elevated temperatures[J]. Construction and Building Materials,2013,38:731-741.

[48] 段安,钱稼茹. 冻融环境混凝土的应力—应变全曲线试验研究[J]. 混凝土,2008,8:13-16.

[49] 牛开民. 水泥混凝土路面温度和荷载耦合作用的研究[D]. 上海:同济大学,2003.

[50] Zbigniew Giergiczny,Michal A. Glinicki,Marcin Sokołowski,et al. Air void system and frost-salt scaling of concrete containing slag-blended cement[J]. Construction and Building Materials,2009,23:2451-2456.

[51] Milani S. Sumanasooriya,Narayanan Neithalath. Pore structure features of pervious concretes proportioned for desired porosities and their performance prediction[J]. Cement and Concrete Composites,2011(33):778-787.

[52] 赵霄龙,卫军,黄玉盈. 混凝土冻融耐久性劣化与孔结构变化的关系[J]. 武汉理工大学学报,2002,24(12):14-17.

[53] 周胜波,申爱琴,冯云,等. 基于细观孔结构特征探讨矿渣微粉对混凝土抗冻性能的影

响[J],混凝土,2012,10:94-96.

[54] 金南国,金贤玉,郭剑飞.混凝土孔结构与强度关系模型研究[J].浙江大学学报(工学版),2005,39(11):1680-1684.

[55] Andrés Idiart,Jan Bisschop,Antonio Caballero,Pietro Lura. A numerical and experimental study of aggregate-induced shrinkage cracking in cementitious composites[J]. Cement and Concrete Research,2012(42):272-281.

[56] 田威,党发宁,梁昕宇.混凝土细观破裂过程的CT图像分析[J].武汉大学学报(工学版),2008,41(2):69-72,77.

[57] Mauricio Lopez a,Lawrence F. Kahn b,Kimberly E. Kurtis. Characterization of elastic and time-dependent deformations in high performance lightweight concrete by image analysis [J]. Cement and Concrete Research,2009,39:610-619.

[58] Celalettin Basyigit,Bekir Comak,Semsettin Kılıncarslan,et al. Assessment of concrete compressive strength by image processing technique[J]. Construction and Building Materials, 2012,37:526-532.

[59] 段跃华,张肖宁.基于CT断层扫描图像的混凝土粗集料三维虚拟筛分[J].吉林大学学报(工学版),2012,42(4):918-923.

[60] 牛立聪,孙香花,左晓宝.混凝土断面浆体和骨料面积的图像分析方法研究[J].混凝土,2012(1):10-12.

[61] J. Valença, L. M. S. Gonçalves, E. Júlio. Damage assessment on concrete surfaces using multi-spectral image analysis[J]. Construction and Building Materials,2013(40):971-981.

[62] Rafael C. Gonzalez,Richard E. Woods. 数字图像处理[M].4版.阮秋琦,阮宇智,等,译.北京:电子工业出版社,2011:62-101.

[63] 周胜波.水泥混凝土的孔结构分形特征研究[J].混凝土,2016,3:56-58.

[64] 申爱琴.水泥与水泥混凝土[M].北京:人民交通出版社,2004.

[65] 邓学钧.路基路面工程[M].北京:人民交通出版社,2000.

[66] 方永浇,郑波.荷载与其他因素共同作用下混凝土耐久性研究进展[J].材料导报,2003,17(9):48-50.

[67] 黄士元.混凝土耐久性设计要点[J].混凝土,1995,(3):5-8,18.

[68] 袁春毅,申爱琴,韩继国,等.磨细矿渣高性能路面混凝土的耐久性[J].中国公路学报,2007,20(5):24-29.

[69] 卫军,张晓玲,赵霄龙.混凝土结构耐久性研究现状和发展方向[J].低温建筑技术,2003,2:1-4.

[70] 中华人民共和国交通运输部.公路水泥混凝土路面施工技术规范:JTG F30—2013[S].北京:人民交通出版社,2003.

[71] 孙增智,申爱琴,胡长顺.聚丙烯酰胺改性混凝土的微观分析[J].公路,2005,9:143-149.

[72] 王晓飞,申爱琴,朱建辉.磨细矿渣改性超细水泥修补微裂缝的性能[J].中国公路学报,2006,19(3):24-28.

[73] Dormieux, L. , Lemarchand, E. Homogenization approach of advection and diffusion in cracked porous material[J]. Eng, Mech. 2001, 127(12): 1267-1274.

[74] 王新友,蒋正武,高相东,等. 混凝土中水分迁移机理与模型研究评述[J]. 建筑材料学报,2002,5(1):66-71.

[75] 胡曙光,覃立香,谢伟平. 混凝土抗硫酸盐侵蚀专家系统结构及设计思想[J]. 混凝土与水泥制品,1997,(4):11-13.

[76] 焦修刚,刘光廷. 混凝土温湿度耦合方程组的数值解法[J]. 清华大学学报(自然科学版),2005,27(4):329-332.

[77] 吴学礼,杨全兵,朱蓓蓉. 抗冻混凝土设计微机化的几个问题[J]. 混凝土与水泥制品,1994,(4):3-7.

[78] 梁军林. 水泥混凝土路面断裂破坏机理研究:2005 年全国公路科技青年论坛论文集[C]. 北京:人民交通出版社,2005.

[79] Kurtz, Mark A. , Constantiner, Daniel. Resistance to freezing and thawing cycles and scaling resistance of very high early strength Cement[J]. Concrete and Aggregates concrete, 2004, 26(2): 160-164.

[80] Delatte, Norbert, Storey, etal. Effects of density and mixture proportions on freeze-thaw durability of roller-compacted concrete pavement[J]. Transportation Research Record, 2005, 45-52.

[81] 中国公路学会道路工程分会. 道路工程学术交流会论文集[M]. 北京:人民交通出版社,2004.

[82] 唐明,李晓. 混凝土材料宏观结构形貌的分形解析[J]. 沈阳建筑工程学院学报(自然科学版),2004,20(1):46-49.

[83] 申爱琴,李祝龙,王小明. 聚合物乳液改性水泥混凝土的微观结构[J]. 公路,2005,9:143-149.

[84] Meschke, G. , Lackner, R. , Mang, H. A. An anisotropic elastoplastic-damage model for plain concrete[J]. Int. J. Numer. Methods Eng, 1998, 42(4): 703-727.

[85] J. F Shao. Poroelastic behaviour of brittle rock materials with anisotropic damage[J]. Mechanics of Materials, 1998, 30: 41-53.

[86] van Zijl, G. , de Borst, R. , Rots, J. G. A numerical model for the time-dependent cracking of cementitious materials[J]. Int. J. Numer. Methods Eng, 2001, 52(7): 637-654.

[87] Biot, M. A. General theory of three-dimensional consolidation[J]. Appl. Phys. , 1941, 12(2): 155-165.

[88] Biot, M. A. , Willis, D. G. The elastic coefficients of the theory of consolidation[J], Appl. Phys. , 1957, 24: 594-602.

[89] Coussy, O. , Eymard, R. , Lassabatère, T. Constitutive modeling of unsaturated drying deformable materials[J]. Eng. Mech, 1998, 124(6): 658-667.

[90] Cheng, A. H. -D. Material coefficients of anisotropic poroelasticity[J]. Int. J. Rock Mech. Min, 1997, 34(2): 199-205.

[91] CastelA, Francois R, Arliguie G. Effect of loading on carbonation penetration in reinforced concrete elements[J]. Cement and Concrete Research, 1999, 19:561.

[92] 袁承斌. 预应力混凝土结构在碳化及氯离子侵蚀环境下的耐久性研究[D]. 南京:河海大学,2002.

[93] Ludirdija D, Derger R L, Young J F. Simple method for measuring water permeability of concrete[J]. ACI Materials Journal, 1989, 86(5):433.

[94] 王媛俐,姚燕. 重点工程混凝土耐久性的研究与工程应用[M]. 北京:中国建材工业出版社,2001.

[95] 余红发,慕儒,孙伟. 弯曲荷载—化学腐蚀和碳化作用及其复合对混凝土抗冻性的影响[J]. 硅酸盐学报,2001,33(4):492-499.

[96] 张滨生,吴科如. 水泥混凝土疲劳破坏的损伤力学分析[J]. 同济大学学报,1989,17(1):59-70.

[97] 石小平,姚祖康. 水泥混凝土的弯曲疲劳特性[J]. 土木工程学报,1990,23(3):12-22.

[98] 李永强,车惠民. 在等幅重复应力作用下混凝土弯曲疲劳性能研究[J]. 铁道学报,1999,21(2):76-79.

[99] Shilang Xu, Wen Liu. Investigation on crack propagation law of ultra-high toughness cementitious composites under fatigue flexure[J]. Engineering Fracture Mechanics, 2012, 93:1-12.

[100] S. Goel, S. P. Singh, P. Singh. Flexural fatigue strength and failure probability of Self Compacting Fibre Reinforced Concrete beams[J]. Engineering Structures, 2012, 40:131-140.

[101] Jianzhuang Xiao, Hong Li, Zhenjun Yang. Fatigue behavior of recycled aggregate concrete under compression and bending cyclic loadings[J]. Construction and Building Materials, 2013, 38:681-688.

[102] H. S. Shang, Y. P. Song. Experimental study of strength and deformation of plain concrete under biaxial compression after freezing and thawing cycles[J]. Cement and Concrete Research, 2006(36):1857-1864.

[103] Powers T. C. A working hypothesis for further studies of frost resistant concrete [J]. ACI, 1945, 41:245-272.

[104] Powers T. C. The air requirement of frost resistant concrete [J]. Portland Cement Association Highway Research Board, Skokie, 1949, 29(3):184-211.

[105] SETZER M J. Micro-ice-lens formation in porous solid[J]. J Colloid Interface Sci, 2001, 243(1):193-201.

[106] 杨全兵. 冻融循环条件下氯化钠浓度对混凝土内部饱水度的影响[J]. 硅酸盐学报,2007,35(1):96-100.

[107] 杨全兵. 混凝土盐冻破坏机理(Ⅰ):毛细管饱水度和结冰压[J]. 建筑材料学报,2007,10(5):522-527.

[108] 杨全兵. 混凝土盐冻破坏机理(Ⅱ):冻融饱水度和结冰压[J]. 建筑材料学报,2012,15(6):741-746.

[109] P. S. Mangat, B. T. Molloy, Prediction of long term chloride concentration in concrete[J]. Materials and Structure, 1994, 27: 763-770.

[110] Ve′ronique Baroghel-Bounya, Pierre Mounangab, et al. Autogenous Deformations of Cement Pastes Part Ⅱ. W/C Effects, Micro-Macro Correlations, and Threshold values [J]. Cement and Concrete Research, 2006, 36: 123-136.

[111] 王冲,王勇威,蒲心诚,等.超低水胶比水泥混凝土的自收缩特性及其机理[J].建筑材料学报,2010,13(1):75-78.

[112] YangYang, Ryoichi Sato, Kenji Kawai. Autogenous Shrinkage of High-Strength Concrete Containing Silica Fume under Drying at Early Ages[J]. Cement and Concrete Research, 2005, 35(3): 449-456.

[113] M. H Zhang, C. T Tam, M. PLeow. Effect of water-to-cementitious materials ratio and silica fume on the autogenous shrinkage of concrete[J]. Cement and Concrete Research, 2003, 33(10): 1687-1694.

[114] TENNIS P D, JENNINGS M. A model for two types of calcium silicate hydrate in the microstructure of portland cement pastes [J]. Cement and Concrete Research, 2000, 30: 855-863.

[115] 吴浪,宋固全,王信刚.基于各相矿物组成含量的水泥早龄期化学收缩预测研究[J].混凝土,2010,10:84-86.

[116] 周胜波,黄兴亮,梁小英,等.DSC-TG 法分析矿渣在水泥中的水化过程[J].材料导报,2012,26(19):358-377.

[117] 周胜波,李庚飞,侯新凯.矿渣水泥浆体中结晶矿物的 XRD 分析[J].中国矿业,2008,17(12):88-93.

[118] 高英力,周士琼.粉煤灰对水泥浆体化学收缩的影响[J].混凝土,2002,6:37-39.

[119] 史延田.粉煤灰对混凝土塑性收缩开裂性能的影响[J].低温建筑技术,2010,5:12-13.

[120] 刘玉兰.超细粉煤灰高性能混凝土的早期塑性收缩变形研究[J].中外公路,2007,27(4):246-249.

[121] 王川,杨长辉,吴芳,等.矿渣和粉煤灰对混凝土塑性收缩裂缝的影响[J].混凝土,2001,11:45-48.

[122] 刘英,彭鹏.不同养护制度下路面混凝土长龄期干缩性能试验研究[J].混凝土,2013,6:149-153.

[123] 李豪举,杨长辉,王冲.水泥细度对混凝土强度与干燥收缩的影响[J].混凝土,2011,10:7-9.

[124] 刘建忠,孙伟,缪昌文.矿物掺合料对低水胶比混凝土干缩和自收缩的影响[J].东南大学学报,2009,39(3):580-585.

[125] 吕丽华,汪翔,杨宏生.引气剂对混凝土干缩趋势的影响[J].东北林业大学学报,2007,12:48-49.

[126] ShimomuraT, Maekawa K. Analysis of the drying shrinkage behaviour of concrete using a

micromechanical model based on the micropore structure of concrete[J]. Magazine of Concrete Research,1997,49(181):303-322.

[127] C. -L. Hwang, J. F. Young. Drying shrinkage of portland cement pastes Ⅰ. Microcracking during drying[J]. Cement and Concrete Research,1984,14(4):585-594.

[128] Waheeb A. Al-Khaja, Ismail M. Madany, Mohammed H. Al-Sayed, etc. The mechanical and drying shrinkage properties of cement mortars containing carbide lime[J]. Waste Resource, Conservation and Recycling,1992,6(3):179-190.

[129] Kayali, M. N. Haque, B. Zhu. Drying shrinkage of fibre-reinforced lightweight aggregate concrete containing fly ash[J]. Cement and Concrete Research, 1999, 29(11): 1835-1840.

[130] 王铁梦. 钢筋混凝土结构的裂缝控制[J]. 混凝土,2000,5:3-6.

[131] KiyoshiEguchi, Kohji Teranishi. Prediction equation of drying shrinkage of concrete based on composite model[J]. Cement and Concrete Research,2005,35(3):483-493.

[132] 陈拴发,高蕾,董小坤. 高性能混凝土配合比设计参数对温缩系数的影响[J]. 长安大学学报,2005,25(4):1-4.

[133] 王铁梦,黄善衡. 大体积混凝土的瞬态温度场和温度收缩应力的计算机仿真[J]. 工业建筑,1990,1:37-42.

[134] M. Klisinski, Z. Mroz. Description of inelastic defermation and degradation of concrete[J].

[135] International Journal of Solids and Structures,1988,24(4):391-416.

[136] S. Pietruszczak, et al. An elastoplastic constitutive model for concrete[J]. International Journal of Solids and Structures,1988,24(7):705-722.

[137] 范镜弘. 内蕴时间弹塑性本构方程及其在非均匀应变场条件下的试验验证[J]. 计算结构力学及其应用,1988,12:98-107,118.

[138] Wenting Li, Wei Sun, Jinyang Jiang. Damage of concrete experiencing flexural fatigue load and closed freeze/thaw cycles simultaneously[J]. Construction and Building Materials, 2011,25:2604-2610.

[139] 孙伟,严捍东,严安,等. 冻融和荷载共同作用下混凝土损伤和抑制过程及其损伤统计模型的建立[A]. 第五届全国混凝土耐久性学术交流会,大连,2000:191-201.

[140] Castel, R. François, G. Arliguie. Effect of loading on carbonation penetration in reinforced concrete elements[J]. Cement and Concrete Research,1999,29(4):561-565.

[141] 牛建刚,牛荻涛,刘万里. 弯曲荷载影响粉煤灰混凝土碳化规律的研究[J]. 硅酸盐通报,2011,30(1):140-146.

[142] T. Vidal, A. Castel, R. François. Corrosion process and structural performance of a 17 year old reinforced concrete beam stored in chloride environment[J]. Cement and Concrete Research,2007,37:1551-1561.

[143] Steven H, Kosmatka. 混凝土设计与控制:第 14 版[M]. 钱觉时,唐祖全,卢忠远,王智,译. 重庆:重庆大学出版社,2005.

[144] 高润东,赵顺波,李庆斌,等. 干湿循环作用下混凝土硫酸盐侵蚀劣化机理试验研究

[J]. 土木工程学报,2010,43(2):48-54.

[145] 吴庆,汪俊华,吴公勋. 混凝土硫酸盐侵蚀双因素影响及干湿循环与连续浸泡差异分析[J]. 四川建筑科学研究,2010,36(6):192-194.

[146] 邢锋,冷发光,冯乃谦. 长期持续荷载对素混凝土氯离子渗透性的影响[J]. 混凝土,2004,5:3-8.

[147] 施锦杰,孙伟. 弯曲荷载与氯盐耦合作用下混凝土中钢筋锈蚀程度评估[J]. 硅酸盐学报,2010,38(7):1201-1208.

[148] LEEMANN A,MUNCH B,GASSER P,et al. Influcnc of compaction on the interfacial transition zone and the permeability of concrete[J]. Cement and Concrete Rcsearch,2006:1425-1433.

[149] 水中和,万惠文. 老混凝土中骨料—水泥界面过渡区(ITZ)(Ⅰ)——元素与化合物在ITZ的富集现象[J]. 武汉理工大学学报,2002(4):21-25.

[150] 王嘉. 水泥石—石灰石集料界而过渡层结构和性能的研究[J]. 硅酸盐学报,1987,15(2):114-121.

[151] M. Brouxel. The alkali-aggregate reaction rim:Na_2O、SiO_2、K_2O and CaO chemical distributions[J]. Cement and Concrete Research,1993,23:309-320.

[152] F HWittmann. Structure of concrete with respect to crack growth[M]. Fracture Mechanics of Concrete,1983:56-69.

[153] Rakesh Kumar,B Bhattacharjee. Porosity,pore size distribution and in situ strength of concrete[J]. Cement and Concrete Research,2003,33:155-164.

[154] 张士萍,邓敏,吴建华,等. 孔结构对混凝土抗冻性的影响[J]. 武汉理工大学学报,2008,30(6):56-59.

[155] Lu Cui,Jong HermanCahyadi. Permeability and pore structure of OPC paste[J]. Cement and Concrete Research,2001,31:277-282.

[156] 陈磊,何俊辉,赵艳纳. 孔结构对水泥混凝土抗冻性的影响[J]. 公路工程与运输,2009,2:70-75.

[157] 张驰,赵镇浩. 水泥砂浆的孔结构与抗渗性[J]. 重庆建筑大学学报,1996,18(3):61-66.

[158] Pavla Halamickova,et al. Water permeability and chloride ion diffusion in Portland cement.

[159] mortars:relationship to sand content and critical pore diameter[J]. Cement and Concrete Research,1995,25(4):790-802.

[160] C. C. Yang. On the relationship between pore structure and chloride diffusivity from accelerated chloride migration test in cement-based materials[J]. Cement and Concrete Research,2006,36:1304-1311.

[161] Han Young Moon,et al. Relationship between average pore diameter and chloride diffusivity in various concretes[J]. Construction and Building Materials,2006,20:725-732.

[162] J. J. Zheng,C. Q. Li,X. Z. Zhou,Characterization of microstructure of interfacial transition zone in concrete[J]. ACI Materials Journal,2005,102(4):265-271.

[163] J. J. Zheng, C. Q. Li, X. Z. Zhou, Thickness of interfacial transition zone and cement content profiles around aggregates[J]. Magazine of Concrete Research2005, 7(7): 397-406.

[164] 吴静,王发洲,胡曙光,等. 集料—水泥石界面对混凝土损伤断裂性能的影响[J]. 北京工业大学学报,2013,39(6):892-896.

[165] Andrzej Cwirzen, Vesa Penttala. Aggregate-cement paste transition zone properties affecting the salt-frost damage of high-performance concretes[J]. Cement and Concrete Research, 2005, 35: 671-679.

[166] Evdon Sicat, Fuyuan Gong, Tamon Ueda, Dawei Zhang. Experimental investigation of the deformational behavior of the interfacial transition zone (ITZ) in concrete during freezing and thawing cycles[J]. Construction and Building Materials, 2014, 65(4): 122-131.

[167] Gao Peiwei, Lu Xiaolin, Yang Chuanxi, et al. Microstructure and pore structure of concrete mixed with superfine phosphorous slag and super plasticizer[J]. Construction and Building Materials, 2008, 22: 837-840.

[168] AhmedHadj-sadok, Said Kenai, Luc Courard, Anne Darimont. Microstructure and durability of mortars modified with medium active blast furnace slag[J]. Construction and Building Materials, 2011, 25: 1018-1025.

[169] Guneyisi E, Gesoglu M. A study on durability properties of high-performance concretes incorporating high replacement levels of slag[J]. Materials Struction, 2008, 40(3): 479-493.

[170] Shi HS, Xu BW, Zhou XC. Influence of mineral admixtures on compressive strength, gas permeability and carbonation of high performance concrete[J]. Construction Building Materials, 2009, 23(5): 1980-1985.

[171] 潘庆林,孙恒虎,吴绍军. 粒化高炉矿渣的微观结构和物相分析[J]. 水泥,2004,5:4-7.

[172] 杨南如. 无机非金属材料图谱手册[M]. 武汉:武汉工业大学出版社,2000.

[173] 冯奇,王培铭. 煤矸石热活化及水泥水化的红外分析[J]. 建筑材料学报,2005,8(3):215-221.

[174] 何真,张立君. 水泥浆体的微结构及其与强度的关系[J]. 水泥工程,2004,2:33-36.

[175] Dron R. Brivor F. 粒化矿渣反应活性的探讨;第七届国际水泥化学会议论文集[C]. 北京:中国建筑工业出版社,1985,290-295.

[176] 周胜波,李庚飞. 不同矿渣水泥水化情况的微观分析[J]. 冶金分析,28(11):50-56.

[177] 袁润章. 胶凝材料学[M]. 武汉:武汉工业大学出版社,1996,160-169.

[178] 杨南如. 无机非金属材料图谱手册[M]. 武汉:武汉工业大学出版社,2000.

[179] 许淑惠,林宏飞,等. 矿渣微晶玻璃产品的研究与开发[J]. 玻璃与搪瓷,2000,28(2):51-56.

[180] 袁润章,高琼英,欧阳世翕. 矿渣结构与水硬活性及激发机理[J]. 武汉工业大学学报,1987,3:297-302.

[181] A. E. 谢依金,O. B. 契霍夫斯基,M. N. 字力鲁谢尔. 水泥混凝土的结构与性能[M].

胡春芝,袁教敏,高学善,译.北京:中国建筑工业出版社,1984,5.

[182] 朱卫华.水泥石微孔各向异性的描述与实验测定[J].河海大学学报,1997,5:45-48.

[183] 许雅莹,孔卓.粒化高炉矿渣微粉对混凝土耐久性影响[J].低温建筑技术,2005,4:25-27.

[184] 冯奇,王培铭.煤矸石热活化及水泥水化的红外分析[J].建筑材料学报 2005,8,(3):215-221.

[185] 彭春元,赵辉.利用红外光谱技术分析水泥性能[J].水泥技术,2001,4:63-65.

[186] 袁宏,姚祖康.考虑温度应力和荷载应力共同作用的混凝土路面结构设计方法[J].同济大学学报,1986,14(4):479-490.

[187] 胡昌斌,曾惠珍,阙云.湿热地区水泥混凝土路面温度场与温度应力研究[J].福州大学学报(自然科学版),2011,39(5):727-737.

[188] 金海军,于继寿,李立辉,等.在硫酸盐环境下冻融—干湿循环对混凝土的影响[J].混凝土,2012,6:46-50.

[189] 闫东明,林皋,刘钧玉,等.不同环境下混凝土动态抗压特性试验研究[J].大连理工大学学报,2006,46(5):707-711.

[190] 李庆斌,陈樟福生,孙满义,等.真实水荷载对混凝土强度影响的试验研究[J].水力学报,2007,38(7):786-791.

[191] Ross C A,Jerome D M,Tedesco J W,Hughes M L. Moisture and strain rate effects on concrete strength[J]. Materials Journal,1996,93(33):293-300.

[192] 王瑞敏,赵国藩,宋玉普.混凝土在变幅重复应力下疲劳性能的研究:混凝土结构基本理论及应用第二届学术讨论会论文集[C].北京:清华大学出版社,1990,107-113.

[193] 郭寅川,申爱琴,田丰,等.动态疲劳荷载作用下路面混凝土力学性能研究[J].中国公路学报,2017,30(7):18-24.

[194] 赵永利,孙伟.混凝土材料疲劳损伤方程的建立[J].重庆交通学院学报,1999,18(1):17-22.

[195] 李朝阳,宋玉普.混凝土海洋平台疲劳损伤累积 Miner 准则适用性研究[J].中国海洋平台,2001,16(3):1-4.

[196] Parviz Soroushian,Mohamed Elzafraney. Damage effects on concrete performance and microstructure[J]. Cement and Concrete Composites,2004,26(7):853-859.

[197] M. C. Torrijos,G. Giaccio,R. Zerbino. Mechanical and transport properties of 10 years old concretes prepared with different coarse aggregates[J]. Construction and Building Materials,2013,44:706-715.

[198] 郭寅川,申爱琴,王胜难,等.季冻区路面混凝土界面区劣化行为及与强度相关性[J].中国公路学报,2019,32(08):49-57.

[199] 李曙光,陈改新,鲁一晖.基于微裂纹定量分析的混凝土冻融损伤评价方法[J].2013,32(6):207-212.

[200] Samaha H R,Hover K C. Influence of microcracking on the mass transport properties of concrete[J]. ACI Materials. Journal,1992,89(4):416-424.

[201] 万小梅,苏卿,赵铁军,等.单轴受压混凝土的微裂缝和氯离子侵入性[J].土木建筑与环境工程,2013,35(1):104-110.

[202] 谢和平.岩石与混凝土损伤机理[M].北京:中国矿业大学出版社,1996:47-48.

[203] A R Mohamed, W Hansen. Micro-mechanical modeling of concrete response under static loading-Part 1: Model development and validation[J]. ACI Materials Journal, 1999, 96(2):196-203.

[204] Tetsuya Suzuki, Hidehiko Ogata, Ryuichi Takada, et al. Use of acoustic emission and X-ray computed tomography for damage evaluation of freeze-thawed concrete[J]. Construction and Building Materials, 2010:2347-2352.

[205] 周胜波,龚文剑,申爱琴.荷载低温干燥条件下路面混凝土强度损伤及寿命预测模型[J].公路交通科技,2016,33(07):35-39.